王陽明 칼과책

王陽明

전쟁의 신
왕양명의 기이한 생애

둥핑 지음 ○ 이준식 옮김

칼과 책

글항아리

차 례

제1장
특출했던 소년

명 정덕正德 **원년(1506) 겨울,** 하늘엔 잔뜩 구름이 드리웠고 매서운 바람이 몰아치는 차가운 날이었다.

북경 자금성 남문 밖, 몇몇 금의위錦衣衛 교위校尉가 서른 남짓한 젊은 관리를 호송해와 그의 관복을 벗기고 땅바닥에 엎드리게 했다. 곧 곤장을 내리칠 참이었다. 곤장은 죄수의 볼기짝을 때리는 형벌로, 명 개국 황제 주원장朱元璋이 처음 고안해낸 것이다. '고분고분하게 굴지 않는' 관리들만을 골라 때리는 특별한 형벌의 일종이었다. 교위가 막 몽둥이를 내리치려는 순간 곁에서 지켜보던 환관이 소리쳤다.

"잠깐, 그자의 바지도 벗겨라!"

교위가 젊은 관리의 바지를 벗겼다.

"쳐라!"

환관의 말이 떨어지기 무섭게 몽둥이가 내려왔고 순식간에 살점이 떨어지고 선혈이 낭자했다.

과거 곤장을 맞는 사람은 몸에 두꺼운 옷을 걸치고 솜을 두둑하게 넣을 수 있었다. 담요나 방석 따위로 몸을 감쌀 수도 있었다. 하지만 그렇게 해도 종종 곤장에 맞아 죽는 경우가 있었다. 바지마저 다 벗긴 채 곤장을 치는 것은 그해에 처음 생겨난 '중대한 변화'였는데, 바로 지금 이 환관의 아이디어였다.

조정 관리로서 사람들 앞에서 곤장을 맞는다는 건 엄청난 치욕이자 인격 모독이었다. 게다가 바지까지 벗긴다는 건 인격적인 수모에 더해 육체적으로도 견디기 어려운 몹쓸 재앙이었다. 명대에는 곤장을 맞아 목숨을 잃는 사례가 다반사로 일어났다. 다행히 이 젊은 관리는 운이 좋았다. 곤장 40대를 흠씬 두들겨 맞아 거의 실신 상태가 되긴 했지만 그래도 목숨은 붙어 있었다. 그는 황궁의 감옥으로 보내졌다. 한번 황궁 감옥에 갇히면 십중팔구 생명을 잃었지만 이 젊은이는 운 좋게도 살아남았고, 마침내 유배지로 내몰리게 되었다. 또 유배지로 향하는 내내 금의위 군사들이 그를 죽이려고 따라붙었지만 간신히 목숨을 건질 수 있었다.

이 젊은 관리는 그 후 중국 역사에서 전설적인 위인이 되었다. 그는 공자·맹자에 이어 중국 문화 발전에 탁월한 공헌을 남긴 인물이라는 평가를 받았다. 500년 전, 역사상 최초로 바지가 벗겨진 채 대중 앞에서 곤장을 맞는 특별 취급을 당했던 그가 바로 이 책의 주인공 왕양명王陽明이다.

다들 알다시피 옛사람의 이름은 좀 복잡해서 성과 이름 외에도 자와 호가 있다. 왕양명의 이름은 수인守仁이었다. 자가 백안伯安이고 양명이 그의 호였다. 옛날에는 남의 이름을 직접 부르는 게 예의에 어긋난다고 여겼다. 그래서 사람들은 존경의 의미로 왕수인을 양명 선생이라 불렀다. 이 책에서도 이런 관례에 따라 그를 왕양명이라고 호칭하겠다.

왕양명이라는 인물은 요즘 사람에게는 다소 낯설게 느껴질지도 모르겠지만 100년 전만 해도 모르는 사람이 없을 정도로 꽤 지명도가 높았다. 그가 살았던 명 중엽은 지금으로부터 약 400~500년 전이지만, 명대 역사를 논하자면 누구든 꼭 이 인물을 거론하기 마련이다. 그를 배제한 채 명대 역사를 완벽하게 설명하기란 불가능하다.

왕양명을 총괄하는 말이 있다면 '기이와 특출'이라고 해야겠다.

'기이'하다고 말하는 이유는 그의 인생행로가 엽기적이라고 할 만큼 너무나 파란만장해서다. 이에 관해서는 상상을 초월할 정도로 많은 이야기가 전해진다. '특출'하다는 말은 장구한 중국의 역사에서 그가 홀로 우뚝 솟은 산봉우리와도 같은 존재로 비유될 만큼 특별하기 때문이다. 이 점과 관련해서는 다음 몇 가지 사례를 들어 그 면모를 알아보자.

⑴ 열두 살. 그는 장원 급제하기 위해 공부하는 게 아니라 '성인聖人'이 되기 위해 공부한다고 호언장담했다.

⑵ 열다섯 살. 그는 군사 정세를 살피러 혼자 변방으로 나가 기마와 궁술을 익혔고, 돌아와서는 변방 수비에 대한 자신의 견해를 황제에게 상소하겠다는 마음을 한시도 잊지 않고 있었다.

⑶ 열일곱 살. 결혼 당일 밤 그는 홀연 종적을 감추었다.

⑷ 진사 급제 후 관리가 된 그는 입바른 말을 곧잘 했는데 결국 죽을 만큼 곤장을 맞고도 살아남아 황궁의 감옥에 갇혔고, 출옥 후 유배길에서도 살해의 위협에 시종 시달렸다.

⑸ 황폐한 오지로 유배되어 날마다 생명의 위협을 받는 와중에도 그는 성인의 도를 깨칠 수 있었다.

⑹ 병들고 허약한 몸으로도 첩첩산중에서 군사를 지휘했고, 거뜬히 백전백승의 전과를 거두었다.

⑺ 명 황실 내부에서 군사 정변이 일어나자 그는 1만 명의 오합지졸을 규합하여 10만 반란군에 대항하고 열흘 만에 신속히 반란을 평정했으며 반

란군 수괴를 생포했다.

  ⑧ 천부적으로 군사적 자질을 타고났고 유불도의 학설에도 남다른 조예가 있었다. 또 상당한 수준의 '도술'을 구비했다고도 알려져 있다.

'기이하고도 특출한' 이 왕양명이라는 인물은 탁월한 군사 전략가이자 위대한 사상가, 교육가이자 시인이다. 중국 고대 문화의 정수를 한 몸에 구비한 이상적인 인물이었다. 그래서 지금껏 옛사람들이 그에게 내린 평가도 거의 최상급이다. '고금을 통틀어 가장 완벽한 인물' 혹은 '진실로 세 가지 불후를 갖춘 인물眞三不朽'이라는 평가가 그것이다. 소위 '삼불후'란 문자 그대로 '썩지 않고 영원히 변하지 않는 세 가지'란 뜻인데, '입덕立德' '입업立業' '입언立言', 이 세 측면에서 탁월한 업적을 이룬 사람을 기려 대대손손 칭송하는 말이다.

  입덕이란 숭고한 도덕심을 바탕으로 최고 수준의 도덕적 품행을 보여서 후세의 귀감이 된다는 의미다. 입업은 위대한 공적을 세워 길이길이 칭송을 받는 것을 말한다. 입언은 독창적 사상의 학설을 수립하여 후세인이 두고두고 배움을 일컫는다. 이것이 바로 삼불후다.

  인류 역사상 무수한 영웅호걸이 등장했다. 하지만 도덕적 품성이 뛰어난 자가 반드시 큰 공적을 세운 건 아니었다. 또 위대한 공적을 이룬 자가 독창적 사상까지 수립한 예는 없었다. 마찬가지로 독창적 사상을 수립했다고 해서 반드시 도덕적 품성이 구비된 긴 아니었다. 세 가지를 겸비하기란 그만큼 어렵다.

  그러나 왕양명은 달랐다. 그는 모범적인 도덕군자였고 혁혁한 전공을 쌓았으며, 특히 독창적인 사상을 수립하는 데 크게 기여했다. 57년의 생애를 통해, 그는 실로 삼불후를 제대로 구현했기에 '진정한 삼불후' 혹은 '고금을 통틀어 가장 완벽한 인물로 칭송받았다.

도덕적 측면에서는 어려서부터 '성인'이 되겠다는 각오 아래 성인을 본보기로 삼아 처신해옴으로써 뭇사람들의 도덕적 귀감이 되었다. 공적을 논하자면 군사적 자질을 구비한 문인 장수로서, 그가 수립한 지대한 전공으로 인해 명 왕조는 정치적으로 안정을 기할 수 있었다. 학설로 보자면 그는 중국 역사상 가장 창의적인 사상가이자 철학자다. 지행합일설知行合一說과 양지설良知說은 심대한 영향력을 발휘해서 명 중엽 이후 중국 사상사의 전반적 체계를 확립하는 데 결정적으로 기여했다. 그의 사상은 당시는 물론 현재까지도 면면히 계승되어 오고 있다. 현대 중국의 저명한 교육가 타오싱즈陶行知가 왕양명의 지행합일설을 충실히 신봉하고 있는 것이 그 한 예다. 타오싱즈는 원래 이름이 타오원쥔陶文濬이었지만 왕양명의 지행합일설을 깨친 후에는 그 학설에 감복하여 스스로 이름을 바꾸었다. 처음엔 타오즈싱陶知行, 나중에는 다시 타오싱즈로 개명했는데 거기다가 또 '행' 자와 '지' 자를 합친 글자 '衙'의 모양을 고안하여 자신의 서명으로 사용했다. 이 안에는 '지행합일'의 의미가 고스란히 녹아 있다.

왕명명의 학설을 연구하는 학자는 무수히 많으며, 그 사상을 연구하는 전문 영역을 '왕학'이라고 부르기도 한다. 그의 사상은 일본을 비롯한 많은 나라에 전파되었는데, 특히 일본 사상사나 메이지 유신에 큰 영향을 미쳤다. 장타이옌章太炎은 "왕학이 일본의 유신에서 선도자적 역할을 했다"라고 했다. 일본 학자 다카세 다케지로高瀬武次郎 역시 『일본의 양명학』이라는 책에서 "일본 양명학의 특징은 생동적인 실천에 있다. 유신 시대 영웅들이 이룬 위업은 대부분 왕학에서 비롯되었다"라고까지 했다.

'진정한 삼불후'의 삶은 그러나 힘들고 고달픈 수난의 연속이었다. 맹자가 이런 말을 한 적이 있다.

"하늘이 장차 어떤 사람에게 큰 사명을 주려고 할 때는 먼저 그의 심지를 고통스럽게 하고, 그 힘줄과 뼈를 지치게 하고, 그 육체를 굶주리게 하고 궁핍하게 만들어 그가 하고자 하는 일을 어지럽힌다. 이는 그의 마음을 흔들어 인내심을 키움으로써 지금껏 할 수 없었던 사명을 감당케 하려 함이다."

맹자의 이 말은 왕양명의 일생에 그대로 투영된다. 공명정대한 그에게 암울한 현실 정치는 지옥이나 다름없었고, 고달픈 인생 역정은 그를 부단히 성인의 경지로 나아가게 한 정신적 동력이 되었다. 그가 '기이하고도 특출한' 인물이 될 수 있었던 이유도 바로 이런 상황과 밀접한 관련이 있다. 이것이 바로 그가 고결한 인품, 불세출의 위업, 당당한 포부, 심오한 사상으로 후세인의 마음에 진정한 '대장부'로 자리잡을 수 있었던 배경이다.

왕양명의 시대는 이제 과거가 되었다. 그러나 특정 역사적 인물과 사건이 아직 매력을 발산할 수 있는 것은 그 역사적 의미에 담긴 현재성 때문이다. 왕양명을 새롭게 조명하려는 이유도 여기에 있다. 우리는 단순히 그의 파란만장한 인생 역정을 회고하고 있을 수만은 없다. 평범하지 않았던 그의 생애를 통해 그가 품었던 원대한 포부, 심오한 사상, 거침없는 기개, 고결하고 당당한 인품을 체득하고 받아들일 수 있을 것이다.

명 헌종憲宗 성화成化 연간(1465~1487), 절강성浙江省 여요余姚의 왕씨 집안. 이 가문의 조상들은 서진西晉(265~316) 시기에 산동성 낭야琅琊에서 이주해왔는데 꽤 명망 있는 선비 집안이었다.

이 가문의 주인은 왕륜王倫으로 자가 천서天敍, 호가 죽헌옹竹軒翁이었다. 유난히 대나무를 좋아해서 집 주변에 심었고 죽헌옹이라는 호를 직접 지었다. 그는 독서와 음악을 좋아하는 단아한 선비였다. 선비의 아들은 이름이 왕화王華이며 시문에 능하고 능력이 출중한 젊은이였다.

한때 이 왕씨 집안사람들은 위아래 없이 모두 수심에 찬 나날을 보내고 있었다. 왕화의 아내 정鄭씨가 임신한 지 14개월이 넘도록 출산을 못 하고 있었기 때문이다. 특히 여주인 잠岑씨의 걱정은 유별났다. 그녀는 거의 식음을 전폐하다시피 하면서 한시바삐 손자가 태어나기만을 학수고대했다.

어느 날 잠씨는 기이한 꿈을 꾸었다. 오색찬란한 옷을 입은 신선이 오색 구름을 타고 내려와 잠씨의 품에 아기를 안겨주었다. 감미로운 선계의 음악이 흐르는 가운데 잠씨가 아기를 받아드는 순간, 아기는 '으앙' 울음을 터뜨렸고 그녀는 그만 잠에서 깨어났다. 바로 그때 옆방에서 우렁찬 아기의 울음소리가 들려왔다. 임신 14개월 만에 드디어 며느리가 사내아이를 분만한 것이다. 집안에서 요란한 환호성이 터져 나왔다.

왕륜과 잠씨는 이 손자가 하늘이 내려준 예사롭지 않은 아이라고 생각해서 '운雲'이라는 아명을 지어주었다. 꿈에 신선이 타고 왔던 상서로운 구름을 생각해서였다. 아기의 탄생과 함께 잠씨의 꿈 이야기도 사방으로 퍼져나갔다. 다른 사람들도 이를 자못 신비롭다고 생각해서 아이가 태어난 집을 '서운루瑞雲樓'라고 불렀다. '서운'이란 상서로운 구름이라는 뜻이다. 서운루에서 태어난 왕운이 바로 후일의 왕양명이다. 그가 태어난 날은 성화 8년 9월 30일, 양력으로는 1472년 10월 31일이었다.

중국 역사에서 범상치 않은 인물의 탄생에는 으레 예사롭지 않는 이야기가 뒤따르듯 왕양명의 출생에서도 신비로운 분위기가 연출되었다. 그가 태어나던 순간, 실제로 조모 잠씨의 꿈속에서 오색찬란한 차림을 한 신선이 음악과 함께 등장했는지는 알 길이 없다. 물론 그 진위 여부를 따질 필요도 없겠다. 분명한 것은 왕운의 조부모가 이 귀여운 손자를 보배 다루듯 금이야 옥이야 받들었다는 사실이다.

왕운은 조부 왕륜이 서재에서 책을 읽을 때면 잠시도 그 곁을 떠나지 않고 조용히 듣고만 있었다. 하지만 점차 시간이 흐르면서 왕씨 집안에서는 이 어린 왕운에 대한 걱정이 더해지기 시작했다. 여느 아이들과 달리 왕운이 도무지 입을 떼지 않는 것이었다. 그는 다섯 살이 지나도록 여전히 말을 하지 못했다. '이 아이가 혹시 농아로 태어난 건 아닐까?' 그래도 평소 제법 총명하게 반응하는 걸 보면 농아 같지는 않아 보였다. 바로 이 때문에라도 왕운에 대한 조부의 관심은 각별했다.

어느 날, 왕운이 또래 아이들과 문밖에서 놀고 있었는데 스님 한 분이 그곳을 지나게 되었다. 건장하고 위엄이 있어 보이는 스님이었다. 스님이 왕운에게 다가와 머리를 쓰다듬으며 말했다.

"참 귀여운 아이로구나. 한데 아쉽게도 그만 누설되고 말았구나."

마침 곁에 있던 조부 왕륜이 이 말을 듣고는 깜짝 놀랐다. 마치 뭔가를 깨달았다는 듯 그 자리에서 손자의 이름을 '수인守仁'으로 바꾸어버렸다. 왕운은 수인으로 이름이 바뀐 후 곧바로 입을 열었다고 기록되어 있다.

스님이 말한 '누설'이란 도대체 무슨 의미일까?

여기서 잠시 왕운의 조모 잠씨가 꾸었다는 꿈 이야기를 되짚어보자. 이 아이는 신선이 오색구름을 타고 와서 건네준 아이다. 이것이야말로 하늘의 뜻이 내려진 것인데, 아이의 이름을 '운'이라고 했으니 이는 바로 '천기天機'를 누설한 것이 아니겠는가. 게다가 '운雲'은 '말하다'의 뜻을 가진 '운云'과 발음이 같다. 이래저래 '누설'했다는 누명을 쓸 수밖에 없다. 그뿐인가. 아이의 이름자 '운雲'의 모양을 보면 '운云' 위에 '우雨'가 드리워진 형상이다. 이렇게 되었으니 '말하기云'가 어려울 수밖에 없지 않겠는가.

조부가 지어준 '수인'이라는 이름에도 유래가 있다.

『논어』「위영공衛靈公」편에 "지혜로 말미암아 얻기는 했지만, 인이 그것

왕양명은 다섯 살이 되도록 말을 하지 못했다. 어느 날 아이들과 놀고 있는데 노스님 한 분이 길을 지나다가 왕양명을 유심히 살펴보더니 머리를 쓰다듬으며 말했다. "참 좋은 아이인데 애석하게도 그만 천기가 누설되고 말았구나." 이 말을 들은 왕륜은 즉석에서 손자의 이름을 운에서 수인으로 바꾸었다.

을 지켜내지 못한다면 비록 얻었다고 해도 반드시 잃고 말 것이다"라는 말
이 있다. 즉 사람의 지혜가 빼어나 어떤 지위나 사물을 얻었다고 해도 어
진 마음씨[인仁]로 그것을 지켜내지 못한다면 그 성취를 반드시 놓친다는
말이다. '수인'이라는 이름 속에는 이런 의미가 담겨 있다. 손자가 천부적으
로 타고난 지혜를 '어진 마음씨로 잘 지켜내라'는 것이 조부의 염원이었다.
어질고 사랑하는 마음, 하늘이 내려준 지혜를 잘 지켜 천하에 두루 쓰이
기를 기원하는 마음이었다.

정말 그가 '운'에서 '수인'으로 개명한 후에야 비로소 말할 수 있었는지에
대해서는 지금으로선 알 길이 없다. 다만 그가 여느 아이들과는 달리 다
섯 살 이후에야 말하게 됐다는 건 분명한 사실이다. 수인으로 개명한 후
입을 떼자 왕씨 집안은 안도의 한숨을 내쉬었다. 왕양명은 한 가문의 자
손으로 건강하게 성장해갔고, 남달리 총명하고 재능이 많았기에 조부의
사랑을 독차지하게 되었다.

하루는 왕륜이 서재에서 책을 읽고 있는데 왕양명 역시 여느 때처럼 그
곁을 지키고 있었다. 왕륜은 이때 갑자기 손자가 과거 자신이 읽었던 문장
을 줄줄 외우는 걸 보고 깜짝 놀랐다.

"이걸 언제 배웠니?"

"전에 할아버지께서 읽으실 때 제가 기억해두었어요. 그땐 말을 할 줄
몰랐거든요."

이를 계기로 왕륜은 자기 손자가 유난히 총명하고 비범하다는 걸 깨달
았다. 이 아이가 정말 하늘이 내려준 탁월한 인재라는 걸 확신했다. 당연
히 손자에 대한 그의 관심도 배가될 수밖에 없었다.

성화 17년(1481), 왕양명이 열 살 되던 해, 부친 왕화는 장원 급제하여
한림원 수찬修撰에 제수되었다. 이듬해 왕화는 부친 왕륜을 곁에서 모시기

여덟 살 되던 어느 날, 왕양명은 조부가 평소 읽던 경전의 내용을 줄줄 암송해냈다. 조부가 깜짝 놀라 물으니 왕양명은 이렇게 대답했다. "지난날 할아버지께서 글을 읽으실 때 곁에서 듣고 기억해두었지요. 그때는 제가 말은 못 했어도 입안에서 중얼거리고 있었습니다."

위해 북경으로 모셔가려고 생각했다. 왕륜은 흡족해하면서 이참에 손자 양명도 같이 데리고 갈 결심을 했다.

이런 결정엔 여러 가지 이유가 있었다. 고향 여요에서 수도까지는 꽤 먼 거리였기에 총명한 손자를 곁에 두면 여정이 한결 즐거우리라는 것이 첫 번째 이유였다. 또 손자에게 산천 경계며 온갖 세상살이의 진면모를 보여 줌으로써 식견과 지식을 넓혀줄 기회도 될 수 있었다. 수도에서 삼대가 한 가정을 이루어 지내면서 가족 간의 즐거움을 한껏 누릴 수 있다는 것 또한 큰 행복이었다. 무엇보다 중요한 게 또 있었다. 수도는 번영의 땅이자 내로라하는 인재들이 한데 모이는 곳, 손자가 거기서 생활한다면 풍부한 경험과 지식을 쌓을 수 있고, 좀더 좋은 교육을 받을 수도 있었다.

마침내 왕륜은 손자 양명을 데리고 수도로 향했다. 첫날, 그들은 진강鎭江 금산사金山寺에 당도했다. 날이 저물어 숙소를 마련하자 그곳에 사는 왕륜의 옛 친구들이 금산사에서 그를 위한 주연을 베풀었다. 휘영청 밝은 달, 따스한 바람 속에 저 멀리 내다보이는 하늘과 강은 하나가 되어 한껏 아름다움을 발하고 있었다. 술이 몇 순배 돌자 왕륜과 친구들은 저절로 시흥이 솟구쳤다. 저마다 시상을 떠올리느라 수염을 매만지거나 나지막이 혼잣말을 읊조리고 있을 무렵, 곁을 지키던 왕양명이 문득 시 한 수를 읊고 나섰다.

한 점 주먹만 한 저 금산으로
물속에 비친 유양維揚의 하늘을 부수어볼거나
술 취해 기대선 묘고대妙高臺 달빛
옥피리 고운 소리에 용마저 깨어날 듯

지금의 금산사는 양쯔강 남쪽 언덕에 자리잡고 있다. 하지만 옛날에 이 금산은 강 가운데 홀로 우뚝 솟은 섬이었다. 청 중엽 이후 섬이 점점 강 언덕과 합쳐지게 되었다. 넓고 너른 양쯔강에 비하면 이 금산은 마치 '주먹 정도의 크기'에 불과했다. 그러나 강심에 우뚝 솟은 금산은 마치 강을 꿰뚫고 있는 듯한 형상을 하고 있었을 것이다. '물속에 비친 유양의 하늘을 부수어볼거나'라는 말은 여기서 나온 표현이다. 유양은 곧 양주揚州를 가리키는데, 금산이 있는 지금의 전장鎭江이 옛날에는 양주 지역에 속해 있었다. 묘고대는 금산에서 가장 높은 누대다. 거나하게 취한 나그네는 달이 걸린 묘고대에 비스듬히 기대서서 옥피리 소리를 들었을 것이다. 유장하게 울려 퍼지는 맑은 피리 소리, 어쩌면 그곳 동굴에 숨어 살던 용마저도 그 감미로운 소리에 놀라 깨어나지 않았을까.

　한 폭의 그림 같은 정경이 상큼하게 다가온다. 어린 왕양명의 시가 표현은 소박하지만 기개만은 예사롭지 않았다. 깔끔한 시상에 담긴 광활한 경지, 눈앞에 전개되는 풍경에 더하여 기발한 상상력이 돋보인다. 시를 듣는 순간 그 자리에 있던 노인들은 하나같이 그의 천재적 소질에 찬탄을 금치 못했다. 한 노인이 왕양명에게 말했다.

　"어린 나이에 이런 발상을 하다니 대단하다. 우리가 오히려 부끄럽구나. 달을 품은 금산, 강물에 일렁이는 달그림자, 산방에 가리어진 달 그리고 광활한 강과 하늘…… 얘야, 그렇다면 '산방에 가리어진 달'이라는 시제로 한 수 더 지어보지 않겠니?"

　어쩌면 이 노인은 이제 겨우 열한 살에 불과한 어린애의 순발력을 못 미더워했는지도 모른다. 사전에 미리 준비한 것이라면 그 의미는 반감될 터, 즉석에서 시제를 한번 던져본 것이었다. 노인의 말이 떨어지기 무섭게 왕양명은 바로 또 한 수를 읊어보았다.

왕양명의 부친이 과거에 급제한 후 왕륜은 손자를 데리고 수도 북경으로 향했다. 금산사에 당
도했을 때 왕륜이 손님들과 술을 나누면서 시를 지었다. 이때 왕양명이 즉석에서 시 한 수를
지어내자 손님들은 그를 시험해볼 요량으로 '산방에 가리어진 달'이라는 시제를 내놓으며 한 수
더 지어보라고 했다. 왕양명은 바로 시를 읊조렸다.

산은 가깝고 달은 멀어 달이 작게 보이니
산이 달보다 크다고들 하지만
사람이 하늘만큼 큰 눈을 가졌다면
아마도 산은 작고, 달은 더욱 장대해 보이리

일상생활에서 접하는 사물의 크기와 높낮이는 흔히 그 사람이 가진 시야의 폭에 따라 판단되기 마련이다. 산은 가깝고 달은 멀리 있으니, 산이 달보다 크다고 생각하는 것이 우리의 '상식'이다. 물론 이 상식은 실제 상황과는 정반대다. 만약 인간이 하늘만큼 큰 시야를 갖는다면 세상 만물이 다 그 속으로 들어올 것이고, 인간의 시야는 무한정 넓어질 것이다. 이렇게 되면 당연히 산은 크고 달은 작다는 이 무지와 편견을 넘어 사물의 본질을 좀더 정확하게 파악할 수 있다. 왕양명의 이 시는 이런 점에서 그 심원한 경지가 더 돋보인다. 상식과 편견을 넘어 좀더 심오한 진리로 다가가려는 심경이 표출된 것이다.

하지만 당시 열한 살에 불과했던 왕양명은 그때까지 정식 학교 교육도 받기 전이었다. 이듬해인 열두 살 때, 북경에서 함께 기거하던 부친 왕화는 따로 스승을 초빙하여 그에게 정식으로 유가 경전을 익히게 했다. 학습 기간에도 왕양명의 독특하고도 거침없는 기질은 여지없이 발휘되었다. 그는 여느 아이들과는 확실히 달랐다. 스승의 말을 고분고분 따르거나 법도를 충실히 지키는 경우가 별로 없었고, 자주 엉뚱한 행동을 보이기도 했다. 그는 장난꾸러기였고 농지거리도 곧잘 했다. 친구들과의 주먹질도 잦았다. 이 때문에 주변에서는 그를 '삐딱한 아이'로 치부하고 있었다.

그런가 하면 그는 누가 곁에 있건 없건 혼자 골똘히 생각에 잠기는 때도 많았다. 왕화는 그런 아들이 못마땅했다. 공부도 제대로 하지 않고 실력도 갖추지 못한 채 혼자 잘난 척하고 저만 아는 사람이 될까 염려스러웠다. 당연히 아들에 대한 교육은 유난스레 엄격했고 그의 거친 행동을 호되게 나무라는 일도 잦았다. 그럴 때마다 그를 챙겨준 이는 조부였다. 왕륜은 손자가 보통 아이들과는 달리 총명하고 포부가 원대해서 장차 큰 인물이 되리라는 걸 굳게 믿고 있었다.

한번은 왕양명이 스승에게 진지한 표정을 지으며 질문했다.

"우리 일생에서 가장 중요한 일이 무엇인지요?"

스승이 정색을 하고 대답했다.

"가장 중요한 일? 그야 물론 공부 열심히 해서 네 아버지처럼 장원 급제하는 거지."

잠시 생각을 가다듬은 왕양명이 미심쩍다는 듯 다시 물었다.

"장원 급제가 그리 중요한 것 같지는 않은데요."

"그럼 뭐가 가장 중요한지 한번 말해보아라."

"열심히 공부해서 성인이 되는 게 중요하지 않을까요?"

마침 곁에서 이 말을 들은 왕화가 한 마디 거들었다.

"네가 평소 이런 식으로 하면서도 성인이 되겠다고?"

'성인이 되기 위한 공부!' 열두 살짜리 소년의 말치고는 좀 우습게 들릴지도 모르겠다. 성인이 누구인가. 성인은 중국 전통문화에서 가장 이상적인 인격을 갖춘 인물을 가리킨다. 요순堯舜 임금, 하夏의 우왕禹王, 상商의 탕왕湯王, 주周의 문왕과 무왕, 주공周公, 공자나 맹자 같은 인물이라야 성인 소리를 듣는다. 훌륭한 인품, 풍부한 문화 소양, 숭고한 도덕심으로 사회에 크게 기여한 인물들이다. 공자가 말했듯이 '백성에게 은덕을 베풀어서 그들을 구제할 수 있을' 때에나 가능한 경지다. 열두 살짜리 왕양명이 과연 성인의 의미를 제대로 이해하고 있었는지는 모르겠지만, 어쨌든 그는

'성인이 되기 위한 공부'가 그의 숭고한 목표임을 분명히 했다.

이 시기, 그는 아직 본격적으로 사회생활을 시작하지는 않았지만 인생의 제1목표가 무엇인지에 대한 신념은 명확했다. 소년 왕양명은 이제 인생의 목적과 의미라는 이 중대한 과제를 심각하게 고민하기 시작했다. 이 과제는 그 후 한시도 그의 마음속에서 사그라지지 않았다. 또한 그는 자신만의 방식과 생활 태도를 통해 이 과제에 대한 해답을 찾아가고 있었다.

이상의 정황을 놓고 보면 왕양명은 분명 '유별나고 독특한' 소년이었다.

아기는 보통 어미의 뱃속에서 열 달 만에 세상에 나오는 데 비해 그는 열네 달 만에 탄생했다. 한두 살이면 으레 말을 하지만 그는 다섯 살이 되어서야 입을 뗐다. 열한 살 나이에 '산은 가깝고 달은 멀어 달이 더 작게 보인다'라는 시를 쓴 것도 평소 주변 사물을 세밀하게 관찰해왔기에 가능한 일이었다. 독자적으로 사유하기를 좋아하고, 남의 말에 무조건 순종하지는 않는 유별난 기질 때문에 그는 '인생에서 가장 중요한 것'에 대해 강한 의문을 품었다. 어떻게 보면 좀 유치하게 들리기도 하지만 그의 독특한 발상이 어린 시절부터 이미 시작되었음을 잘 보여준다.

또 다른 측면에서 그는 여느 아이들과 별반 다를 바 없었다. 개구쟁이에다 장난질을 잘하고 말썽꾸러기이기도 했다. 역사의 기록을 보면 그는 우스갯소리나 쓰잘머리 없는 농담을 곧잘 했고, 규칙이나 관습에 얽매이지 않고 자유분방했으며 상식을 뛰어넘는 기발한 행동도 마다하지 않았다고 한다.

그의 가정 환경은 남들에 비해 월등히 좋았다. 선비 집안에다 조부는 독서를 즐기는 지방의 유지, 부친은 장원 급제한 관리, 자연스럽게 그의 곁에는 늘 시문이나 책이 따랐다. 그는 잡기나 투전 따위와는 거리가 먼 좋은 환경에서 성장했다. 글 읽기를 좋아하는 조부와 함께 생활하고 학습하는 이런 환경이라면 어느 누군들 부러워하지 않으랴. 가정 환경이 아동의 성장에 미치는 영향은 지대하다. 흔히들 '먹을 가까이하면 검어지고 인주를 가까이하면 붉어진다'거나 '꾸불꾸불한 쑥대도 삼밭에서 자라면 저절로 곧아진다'고 하는데, 이는 바로 성장 환경의 중요성을 일깨워주는 말이다.

대개 아버지들은 자식을 어릴 때부터 엄격하게 가르친다. 하지만 왕양명에게는 늘 자기를 배려하고 총애해주는 할아버지가 있어서 일종의 완충 역할을 해주었다. 그가 자유분방한 성격이 된 배경도 따지고 보면 어린 시절 조부로부터 받은 이런 영향 때문이기도 할 것이다. 성년이 된 후 왕양명은 유아 교육에 대한 자신의 견해를 이렇게 표명하기도 했다.

"어린아이는 천성적으로 장난을 좋아하고 남의 간섭을 싫어한다. 초목에 비유해보면 막 싹이 돋았을 때 그것이 잘 자라도록 좋은 환경을 마련해주면 잎과 가지가 무성해지는 것과 같다. 만약 그 싹 위에 돌을 얹어두면 그것이 큰 나무로 자랄 수 없는 건 너무나 당연하다. 따라서 어린아이를 교육할 때는 그들의 정서를 고려하여 잘 이끌어주는 게 중요하다. 그들의 지적 호기심을 자극하여 스스로 배움에 대한 관심을 갖게 하고 진심으로 좋아하도록 해야 한다. 이렇게 하면 새싹이 햇볕과 수분의 자양분을 제때 흡수하여 큰 재목으로 자라듯, 아이도 나날이 잘 성장할 수 있다. 아이에게 지나치게 간섭하거나 그 천성을 억제한다면 그것은 마치 새싹이 찬바람과 눈의 재해를 입어 전혀 생기를 발할 수 없는 것과도 같다."(『전습록傳習錄』)

이 말은 왕양명의 경험담에서 우러나온 것으로, 우리에게도 시사하는 바가 적지 않다.

왕양명은 운이 좋았다. 학구적 기풍이 농후한 선비 집안인 데다, 자유롭게 자신의 천부적 소질을 발휘하도록 해주는 남달리 좋은 분위기에서 성장했던 것이다. 어린 시절 그의 '기이하고도 특출한' 행동도 따지고 보면 천부적인 지혜에서 나온 것이라기보다는 이런 가정 환경과도 밀접한 관련이 있을 것이다.

그런데 열다섯 살 되는 해, 왕양명은 돌연 가출을 해버렸다.

무엇 때문에?

제 2 장
유별났던 청년

앞서 소년 왕양명의 기이하면서도 특출한 면모를 보여주는 일화들을 소개했다. 그는 열두 살에 '독서는 모름지기 성인이 되기 위해서 한다'라는 원대한 포부를 품었다. 포부란 자기 미래에 대한 기대를 말한다. 흥미롭게도 인간은 실제 생활에서 자신의 기대를 이루는 사례가 적지 않다. 이런 면에서 한 인간이 어떤 포부를 가지느냐는 매우 중요한 의미를 갖는다. 포부를 가진 자만이 자신만의 독창적인 인생 좌표를 설정할 수 있고, 삶의 목표와 의미가 생겨나는 법이다.

왕양명이 '성인을 위한 공부가 인생에서 가장 중요한 일'이라고 말했을 때 부친 왕화의 비웃음을 산 적이 있다. 그러나 그건 어디까지나 비웃음이었을 뿐, 아들이 얼토당토않은 생각을 하고 있다거나 제 할 일을 제대로 못 한다고 비난하지는 않았다. 그리고 보면 왕화의 자식 교육 또한 당시로서는 꽤 진보적인 셈이었다. 또 왕양명은 아버지로부터 비웃음을 샀다고 해서 성인이 되겠다는 자신의 포부를 포기하지도 않았다. 오히려 그의 신념은 더더욱 공고해졌다.

그렇다면 '성인의 길'이란 도대체 무엇일까?

이 문제에 대해서는 왕양명 자신도 딱히 정의를 내리기가 쉽지 않았다. 다만 성인이라면 외적으로부터 국가의 안전을 지키고, 안으로는 백성의 안락한 삶을 위해 무언가를 이루는 것이라는 막연한 생각은 있었다. 이를 위해 그는 병법을 연구하고 무예를 익혔으며 변방의 상황에 관심을 두기 시작했다.

열다섯 살 되던 해 어느 가을, 그는 나이 어린 두 하인을 데리고 불현듯 집을 뛰쳐나갔다. 당초 왕화는 아들의 가출에 별로 신경 쓰지 않았다. 평소 장난이 심하고 곧잘 말썽을 피우는 기질을 알고 있었기에 하루 이틀쯤은 어디 바람이라도 쐬러 간 줄 알았다. 하지만 며칠이 지나도록 아들의 그림자조차 보이지 않자 다급해졌다. 사람을 동원해서 사방으로 찾아 나섰지만 그의 행적은 오리무중이었다.

그로부터 한 달 남짓, 초췌해진 몰골로 드디어 왕양명이 나타났다. 까맣게 그을린 채 깡마른 몸으로 나타난 그는 협객이라도 된 양 허리춤에는 칼까지 차고 있었다. 이 열다섯짜리 소년은 그동안 무엇을 했을까. 그는 북쪽 변경의 관문인 거용관居庸關·자형관紫荊關·도마관倒馬關 세 지역을 둘러보고 왔다.

당시 명은 원의 통치를 종식시키긴 했지만 북쪽 변경은 늘 불안정했다. 당시 몽골 부족은 '왕'을 자처하는 다얀 칸Dayan Khan(황제를 일컫는 몽골식 발음. 한자로는 달연한達延汗으로 표기한다)의 통솔 아래 막강한 세력을 형성하고 있었고, 명과는 북쪽 변경에서 자주 무력 충돌을 일으켰다. 왕양명이 열다섯 살이 되던 그해에도 다얀 칸이 감숙성甘肅省 감주甘州로 쳐들어와 명 장수들을 살해한 사건이 발생했는데 이는 그에게 상당한 자극이 되었다. 성인이 되려면 무엇보다 국가의 안전을 지킬 수 있는 자질이 있어야 할 것이고, 이를 위해서는 변방의 상황을 제대로 파악해야겠다는 생각이 들었다. 그는 바로 실천에 옮기기로 하고 거용 3관의 현지답사를 감행했다. 이 세 곳은 북방 소수민족의 침입을 방어하는 북쪽 변경의 주요 관문이었다.

거용관은 명 홍무洪武 원년(1368)에 축조된 관문이다. 그는 그곳에 올라 사방으로 우뚝 솟은 험산들과 끝없이 이어진 만리장성을 둘러보면서 끓어오르는 호연지기를 억누를 길이 없었다. '내가 이 관문을 지킨다면 더 이상 외적의 침입은 없을 테지. 백성도 안락한 삶을 영위할 것이다!' 역사서에는 이때 그가 '천하를 다스리겠다는 장대한 포부를 품었다'라고 기록하고 있다. 국가대사를 위해 자신의 기량을 한껏 발휘하겠다는 포부였다. 국가대사가 무엇이겠는가. 변방을 수호하여 나라를 안정시키고 정치적 안정을 통해 백성의 삶을 윤택하게 하는 것이다.

당나라 진자앙陳子昻이 지은 「유주幽州의 누각에 올라」라는 시가 있다.

앞으로는 옛사람을 보지 못하고
뒤로는 올 사람을 보지 못하네
천지의 아득함을 생각하면서
홀로 비통함에 젖어 눈물 흘리네

광활한 공간과 유구한 시간, 진자앙은 천지의 무궁함에 처연히 눈물지으며 탄식했지만, 거용관에 오른 왕양명에게는 실제 행동이 중요했다. 한 달 남짓, 그는 관내 백성을 통해 소수민족의 성향과 역사 등을 파악했고 역사 속 인물들은 그들을 어떻게 방어했는지, 그들이 중원으로 침입해왔을 때 효과적으로 격퇴할 수 있는 대책이 무엇인지를 알아보려고 했다. 이에 더하여 거용관 일대의 지형, 산세, 도로 사정은 물론 아군의 방어 체계에 대해서도 면밀히 조사했다. 말로 하는 조사가 아니라 실지 답사를 진행했고 소수민족들과도 직접 접촉했다. 소수민족 청년들과 함께 말을 타고 활을 쏘면서 힘을 겨루어보았고, 그들과 함께 기마술과 궁술을 훈련하기도 했다. 호방한 기백, 민첩한 몸놀림, 결연한 의지, 혹독한 훈련…… 그의 무예는 급속히 성장했고, 소수민족 청년들조차 그의 모습에 경탄해마지 않았다. 이렇게 한 달여를 보낸 후 왕양명은 다시 북경으로 돌아왔다.

북경으로 돌아온 다음에도 '천하를 다스리겠다'는 그의 호기는 한시도 시들 줄 몰랐다. 그가 열여섯이 된 이듬해, 연이은 흉작과 기아로 인해 호광湖廣(지금의 후난성과 후베이성 일대)·하남·섬서陝西성의 경계 지역에서 유랑민의 폭동이 일어났다. 유통劉通·석룡石龍 등을 수괴로 한 그들은 황색 깃발을 내세우며 국호를 한漢, 연호를 덕성德性으로 정했는데, 순식간에 수도 일대를 경악시켰다.

이때 왕양명에게 묘안이 떠올랐다. '지금이 바로 내가 나설 기회다!' 그는 일필휘지로 황제에게 올리는 상주서上奏書를 작성했다. 자신이 가진 군사적 지략, 반군 제압에 대한 방책, 거용관 실지 답사에서 얻은 지식 등을 총동원한 상주서였다. 심지어 황제에게 자신이 직접 군대를 통솔하여 유통·석룡 등 반군의 수괴들을 토벌케 해달라는 요구까지 포함시켰다. 이 상주서를 그는 부친 왕화에게 건넸다. 황제에게 전해달라는 뜻이었다. 그러나 그 결과는 불문가지, 이번에도 그는 아버지로부터 호된 질책만 받았을 뿐이었다.

병법 공부, 변방 답사, 무술 연마…… 이 모든 것은 원래 그가 성인이 되겠다는 일념으로 스스로 결정한 생활 방식이었다. 그렇게 해서 조정에 상소를 올리면 자신의 지혜를 충분히 발휘할 수 있다고 생각했다. 하지만 돌아온 것은 아버지의 호된 질책이었고, 그는 찬물을 뒤집어 쓴 꼴이 되고 말았다. 그렇다고 해서 곧바로 성인의 꿈을 버릴 그가 아니었다. 다시 마음을 다잡고 책 속으로 빠져들었다.

당시 선비들 사이에서는 송 주희朱熹의 학설이 꽤 유행하고 있었다. 주희는 공자·맹자 이후 가장 위대한 성인의 한 사람으로 인정받고 있었다. 이런 상황이다 보니 그로서도 주희의 저술을 공부하지 않을 수 없었다. 주희를 연구하면 자신도 성인의 반열에 들 수 있을지 모를 일이었기에 그는 본격적으로 주희의 저술을 연구하기 시작했다.

주희의 사상 가운데 당시 가장 잘 알려져 있고, 또 가장 유행했던 것은 격물치지설格物致知說이었다. 격물치지설은 그 개념이 다소 복잡해서 학자마다 해석이 분분한데, 여기서 간단하게 의미를 알아보자.

주희가 말하는 '격格'이란 '격투'의 '격'이며, '물'은 '사물'이다. 격투를 벌이려면 두 사람이 서로 얼굴을 마주해야 한다. 따라서 '격물'이란 '사물과 마주하는 것'이다. 사실 우리는 매일 온갖 사물과 마주하고 있다. 하지만 그렇다고 해서 '그 사물이 그렇게 된 이치'를 다 이해하지는 못한다. 주희는 사물의 이치를 제대로 이해하려면 사물과 마주할 때 이성을 활용하여 '그 사물이 그렇게 된 궁극적 이치'를 깨달아야 한다고 말한다. 그렇게 해야만 사물의 본질을 이해할 수 있다. 이렇게 해서 '앎에 도달하는 것'이 바로 '치지致知'다.

요컨대 격물치지란 '일상생활에서 사물의 궁극적인 이치를 명백히 이해하는 것'을 의미한다. 갖가지 방법을 동원해서 사물에 대한 지식을 부단히 습득할 때 우리는 결국 '모르는 게 없는 경지'에 도달할 수 있다. 그렇지만 이 세상 만물의 이치를 무슨 수로 하나하나 다 이해할 수 있단 말인가?

주희의 관점은 이렇다. 천하 만물은 표면적으로 보면 각기 서로 다르지만 본질적인 측면에서는 가장 근본적이고 유일무이한 '이치'를 기반으로 하고 있다. 이를 '천리天理'라고도 말할 수 있다. 주희는 이런 '이치'를 '근본이 하나인 이치'라는 뜻으로 '일본지리 一本之理'라고 말한다. 이는 가장 크고, 근본적이면서 또 보편적인 이치를 의미한다.

그러나 각각의 사물은 다른 사물과 구별되는 저마다의 독특한 모양을 갖추고 있다. 즉 자기만의 '이치'를 가지고 있다. 주희는 이것을 '분수지리 分殊之理'라고 말한다. '서로 상이하여 차별되는 이치'라는 뜻이다. 우리가 멈추지 않고 '사물을 마주'하면 특정 사물에 담긴 이 독특한 '이치'를 깨달을 수 있다. 그저 멈추지 않고 오늘은 한 사물의 이치를 이해하고, 내일은 또 다른 사물의 이치를 깨닫게 되면 언젠가는 세상 모든 사물이 '그렇게 될 수밖에 없는 이치'를 깨달아 통달의 경지에 이를 수 있다. 이렇게 되면 완벽하고도 오류 없이 근본적이면서도 보편적인 '일본지리'를 깨우칠 수 있다. 바로 '성인'의 경지에 도달하는 것이다.

주희의 이 격물치지설은 당시 보편적으로 인정받고 있었다. 왕양명 역시 이를 아무런 의심 없이 굳게 믿었다. 주희가 말한 대로 각 사물의 독특한 이치, 즉 천리가 존재한다면 초목 하나하나에도 다 이런 '지극한 이치' 혹은 '천리'가 내포되어 있을 것이라는 게 왕양명의 생각이었다. 그는 '사물을 철저하게 마주한다면 그 이치를 이해할 수 있고, 그렇게 된다면 결국 성인이 될 수 있다니, 그럼 이제부터 사물을 한번 철저히 마주해보자!'라고 결심했다.

당시 그에게는 전錢씨 성을 가진 친구가 하나 있었는데, 두 사람은 논의 끝에 성인이 되자는 데 서로 의기투합했다. 마침 부친 왕화가 근무하는 관아의 뜰 안에 대숲이 있었다. 왕양명이 친구에게 말했다.

"사물을 잘 파악해서 성인이 되고자 한다면 우선 이 대나무부터 시작해볼까. 이 대나무에 과연 어떤 천리가 담겨 있는지 자네가 먼저 한번 잘 관찰해보게."

친구는 그때부터 하루 종일 대나무를 마주하여 관찰에 들어갔다. 그야말로 '격죽格竹'이었다. 이렇게 꼬박 사흘을 대나무 앞에 섰던 친구는 그만 과로로 쓰러지고 말았다. 이번에는 왕양명이 나섰다. 그 역시 온종일 대나무를 마주하여 관찰에 들어갔다. 하루, 이틀, 사흘…… 아무리 관찰하고 있어도 거기서 무슨 '천리'가 발견되지는 않았다. 이렇게 일주일이 지나자 그 역시 과로로 쓰러졌다. 그가 친구에게 말했다.

"우리가 성인이 되긴 글렀나 보네. 한 사물을 관찰하여 이해하는 것도 이렇게 어려운데 우리가 무슨 수로 세상 만물을 다 관찰하여 깨달음을 얻겠는가?"

이 대나무 사건이 벌어진 때가 그의 나이 열여섯. 당시 그는 수도에 거주하고 있었는데, 실패로 끝나긴 했으나 이 사건은 그의 일생에 적지 않은 영향을 미쳤다.

이것은 그가 성인이 되기 위해 주희의 가르침대로 실행했다가 좌절을 겪은 사건이다. 이것을 계기로 왕양명은 성인이 되겠다는 포부를 접었을까? 오히려 그는 주희의 학설에 회의를 품게 되었다. '주희의 격물치지설은 성인의 경지로 통하는 첩경이 아니다. 다른 방법을 찾아야 한다.' 그의 이런 회의는 후일 심학心學을 제시하는 기반이 되었다. 왕양명은 성년이 된 이후 줄곧 병치레를 해서 곧잘 기침과 각혈을 했다고 기록되어 있는데, 어쩌면 당시 일주일 동안의 '대나무 관찰'에서 얻은 병일 가능성도 있다.

열여섯 이 시기는 왕양명에게는 암울하기만 했다. 나라와 백성을 지키는 성인이 되겠다고 변방으로 나가 무예를 익히고 돌아왔지만, 황제에게 올리는 상소문은 미처 전달하기도 전에 질책만 당했다. 성인이 되려고 주희의 격물치지설을 신봉하여 실행하려 했지만 병만 얻었다. 고민과 방황은 지속되었고 의기소침한 상태로 하루하루를 보내야 했다. 그의 이런 모습에 조부와 부친의 근심도 깊어져만 갔다. '이 아이가 엉뚱한 생각에 사로잡혀 제 할 일을 못하다가 폐인이 되는 건 아닐까. 결혼을 시키면 혹 나아지지 않을까.' 이듬해인 홍치洪治 원년(1488), 왕양명의 나이 열일곱 되던 해에 부친 왕화는 아들의 혼사를 주선했다. 배필은 강서성 포정사布政司 참의參議 제양諸讓의 딸이었다.

고대 예법상 남자가 아내를 맞으려면 직접 여자 집으로 가서 예식을 올리고 신부를 데려오게 되어 있었다. 장인 제양도 왕양명의 집안처럼 원래 여요가 고향이었는데, 이때 그는 강서 포정사 참의로 있었기 때문에 남창南昌에 살고 있었다. 왕양명의 집안은 여요에서 당시 이미 절강성 소흥紹興으로 옮겨와 살고 있었다.

이해 7월, 왕양명은 제씨 집안의 처녀를 아내로 맞아들이기 위해 소흥에서 남창으로 왔다. 남창에 도착하자 장인 제양은 왕양명이 기백이 넘치고 재주도 뛰어난 인물이라는 걸 알고 매우 흡족해하면서 곧바로 혼례를 올리자고 했다. 그러나 혼례 당일, 그 누구도 상상하지 못한 일이 벌어지고 말았다. 왕양명이 흔적 없이 사라져버린 것이다.

이미 집안에는 하객이 북적대고 예식 시간이 가까워졌는데도 신랑이 보이지 않았다. 그러니 혼례가 어떻게 치러지겠는가? 가을이라 날씨는 선선했지만 장인 제양은 땀을 뻘뻘 흘리며 어쩔 줄 몰라 했다. 사람을 시켜 도처를 찾아보게 했다. 멀쩡하던 사람이 어떻게 이럴 수가 있단 말인가.

불안과 초조 속에 제양은 안절부절 어쩔 줄을 몰랐다. 딸이 마음에 들지 않아 도망쳐버렸을까. 예쁘기로 치면 보석이나 꽃과도 견줄 만한 용모이니 그럴 리는 없을 터다. 자신이 공무에 몰두하느라 사윗감을 제대로 챙겨주지 못했으니 혹 그 때문에 불만을 품었을까. 왕양명이 장인의 그런 사정을 이해하지 못할 리도 없을 터였다. 그도 저도 아니라면 남창이 초행길이라 혼자 나다니다 혹 무슨 변고라도 당한 건 아닐까. 정말 그런 일이 일어났다면 오랜 친구 왕화에게는 또 뭐라고 설명해야 할까. 온갖 잡생각에 초조해진 제양은 더 많은 사람을 동원하여 그를 찾아 나섰다. 꼬박 하루가 다 지나도록 왕양명의 종적은 찾을 길이 없었다. 그런데 이튿날 아침, 해가 제법 높이 뜰 때쯤 되자 왕양명이 혼자서 여유로운 미소를 지으며 슬그머니 얼굴을 내밀었다.

어떻게 이런 일이 벌어졌을까?

제씨 집안 식구들이 온통 혼례 준비에 여념이 없을 때, 일 없이 한가하게 지내던 왕양명은 남창 주변을 한번 둘러볼 생각에 혼자서 그 집을 빠져나왔다. 정해진 목적지도 없이 어슬렁거리던 그는 마침 남창 서남쪽 성문 광윤문廣潤門 부근에 당도했다. 현지에서는 가장 번화한 곳, 상인들이 들끓는 곳이었다. 성 밖은 장강章江, 유명한 남포정南浦亭이 그곳에 있었다. 당 시인 왕발王勃의 「등왕각서滕王閣序」에 등장하는 명구 "아침이면 화려한 누각은 남포의 구름 속에서 나를 듯 우뚝하고, 저녁 나절 주렴을 걷으니 서산에 비 내리네"가 바로 이곳에서 나왔다. 이곳은 왕발의 이 시로 더욱 유명해진 곳이기도 하다. 광윤문 안쪽으로는 유명한 도교 사원 철주궁鐵柱宮이 있었다.

한가로이 산책하면서 어느덧 그는 광윤문 부근에 다다랐다. 성 밖으로 나와 장강과 남포정의 풍광이나 한번 즐겨보자는 생각이었다. 철주궁을 막 지날 무렵 그 안에서 어떤 나이 많은 도사가 미소를 머금은 채 정좌를 하고 있는 게 보였다. 고요하고도 편안한 자세, 한껏 여유로운 도사의 모습에 왕양명은 저도 모르게 매료되었다. 호기심 어린 눈으로 그는 도사 곁으로 다가가 말을 붙여보았다. 도사의 이야기는 거침없었고 왕양명은 도교의 양생술에 흠뻑 빠져들었다. 흥이 나서 말을 멈출 줄 모르는 도사, 넋을 놓고 그 얘기를 듣는 왕양명, 두 사람은 그새 날이 새는 줄도 모르고 있었다.

자기 혼례조차 잊은 채 신혼 첫날을 도사와의 대화에 빠져버렸던 왕양명, 보통 사람으로서는 상상조차 할 수 없는 '별종別種'임이 분명했다. 하지만 그로서는 이것이 하등 이상할 게 없는 지극히 자연스러운 일에 불과했다. 애당초 그는 성인이 되는 방법을 찾는 데 골몰해 있었고 또 '대나무 관찰'의 실패로 의기소침해 있던 터라, 도사로부터 양생술이나 장생불로술에 관한 이야기를 듣는 순간 더더욱 성인의 길을 모색하겠다는 결심을 굳히게 되었다. 성인이 도대체 어떤 모습인가에 대해 알 길이 없지만, 그로서는 장생불로술 하나만 해도 꽤 흥미로운 화두가 아닐 수 없었다. 게다가 그는 '대나무 사건' 이후 심한 천식을 앓고 있었기 때문에 열일곱 나이 치고는 몸이 상당히 허약한 편이었다. 도사의 양생술이나 장생불로술에 관심이 가는 건 어쩌면 당연했다.

결혼 당일 도사와의 대화 때문에 혼례를 놓친 사건은 왕양명으로서는 최초로 도교와 인연을 맺는 계기가 되었고, 이는 그의 인생 역정에 지대한 영향을 미쳤다. 뒤에서 다시 자세히 언급하겠지만 그는 사상적으로 도교의 영향을 많이 받았고 도교의 수양법에 대해서도 상당한 조예를 갖게 되었다.

결혼 후 왕양명은 남창 처가에서 1년 반을 지낸 다음, 이듬해 12월에야 아내 제씨 부인과 함께 고향 땅 여요로 돌아왔다. 이때 그의 나이 열여덟. 6~7년 동안 줄곧 어떻게 하면 성인이 될 수 있을까를 고민해왔고, 자기 나름의 방식대로 별별 시도를 다 해보았다. 하지만 아무런 소득 없이 몸만 쇠약해지고 말았다.

이 무렵, 그에게는 지극히 현실적인 문제가 하나 대두했다. 과거를 볼 나이가 된 것이다. 만약 그가 뭔가 실질적인 업적을 이루고, 더 나아가 천하를 다스리겠다는 원대한 포부를 실현하려면 우선 과거에 급제하는 것이 당면 과제였다.

스물한 살 되던 홍치 5년(1492), 왕양명은 절강성 향시鄕試를 거뜬히 통과해서 거인擧人이 되었다. 그 직후 다시 북경으로 돌아왔다. 곁에서 부모님을 봉양하고 또 이듬해에 치를 회시會試도 준비하기 위해서였다. 회시에 합격하면 진사라는 지위가 부여되는데 진사가 되면 정식으로 조정 관리가 될 수 있었다. 그는 회시에 꼭 급제하리라 작심하고 매일 밤늦도록 공부했다. 너무 공부에 몰두하는 걸 지켜본 아버지 왕화는 아들이 안쓰러워 하인을 시켜 아들의 방에는 촛불을 켜지 못하게 할 정도였다. 그러나 왕양명은 가족이 모두 잠든 틈을 이용해 몰래 불을 켜서 날 새는 줄 모르고 공부에 매진했다.

원래부터 남달리 재능이 뛰어난 데다 이렇게 열심히 공부하기까지 했으니 진사가 되는 건 시간문제였다. 하지만 뜻밖에도 그는 이듬해 회시에서 낙방했다. 이유는 물론 왕양명 자신에게도 있었고 외적인 요인도 작용했다. 그가 공부에 몰두한 건 사실이지만 공부한 내용이 당시에 두루 통용되던 소위 '모범 문장'은 아니었다. 그는 경전·문집·역사서 등 중국 문화의 근간을 이루는 핵심 자료들을 두루 읽었다. 그러나 이런 지식이 개인의 정신 수양에는 매우 중요했겠지만 과거를 보는 데 유리하게 작용하지만은 않았다. 다른 외적 요인이라면 그의 재능을 시기하는 인물이 존재했을 가능성인데, 이에 대해서는 확실한 근거가 있는 건 아니다.

이에 관한 역사 기록을 잠깐 보자.

왕양명이 회시에 낙방하자 그를 위로해주려고 지인들이 몰려왔는데, 특히 이동양李東陽의 발언이 주목을 끈다. 당시 이동양은 대단한 인물이었다.

재상이자 문단의 영수로서 선비들 사이에서 명망도 높고 영향력도 무척 컸다.

"금년 회시에는 낙방했지만 자네의 재능으로 볼 때 다음에는 분명 장원 급제할 걸세. 내가 자네에게 제목을 하나 주겠네. 「미래의 장원 급제」, 이 제목으로 지금 한번 글을 지어볼 수 있겠는가?"

그가 왕양명에게 이런 제목을 주었다는 게 무슨 의미일까. 사람들은 금방 그의 말 속에 모종의 비아냥과 해학이 담겨 있다는 것을 눈치챘다. 대입 수능에 불합격한 사람에게 다음에는 일류 대학에 한번 도전해보라는 비유가 아니겠는가.

어쨌든 이런 난감한 상황에 처했지만 왕양명으로서는 사실 어려울 것도 없었다. 전에도 이런 식으로 즉석에서 테스트를 받은 적이 있었다. 당시에는 시, 이번은 문장이라는 점만 달랐다. 둘 다 그의 재능을 제대로 한번 시험해보겠다는 의도였다. 이 시기의 왕양명은 열한 살 때와는 비교할 수 없을 정도로 달라져 있었다. 침착하고 여유 있는 태도, 한 번도 자신의 재능을 의심해본 적이 없는 이 천재는 일필휘지로 단숨에 문장을 써내려갔다. 아쉽게도 이때 지었다는 「미래의 장원 급제」라는 문장은 오늘날 남아 있지 않다.

그의 문장을 보고 주변 사람들이 모두 찬탄을 금치 못하면서 '천재!'를 연발했다고 한다. 그런가 하면 또 일부에서는 '재능은 있지만 이런 자가 장원 급제해서 높은 관리가 된다면 우리 같은 사람은 설 자리가 없겠다'며 시기하기도 했다고 한다. 뛰어난 인재에 대한 시기와 모함은 동서고금을 불문하고 자주 보이는 관례고, 또 이는 인간이 가진 가장 추악한 본성의 하나이기도 하다. 『왕양명 선생 연보』를 보면, 그는 그로부터 3년 뒤에 치러진 회시에서도 역시 낙방하여 진사가 되지 못했다. 이때도 그의 재능이 뭇사람들로부터 질시를 받았는지는 알 길이 없다.

왕양명이 젊은 시절에 겪었던 몇몇 사례를 보면 확실히 그가 '유별난' 청년이었음은 분명하다. 열다섯 나이에 거용관 등 변방을 둘러보겠다고 홀로 가출한 것도 다른 청년과는 자못 판이하다. 독특한 그의 포부와 행동 양식은 '유별난 가출'로 표출되었다. 열여섯에 주희의 격물치지설을 실천해보겠다고 '대나무 관찰'에 나선 것도 '유별난 실천'에 해당한다. 물론 주희가 말한 '격물'의 진정한 의미를 그가 오해한 데서 비롯되었다는 비판은 피하기 어렵다. 열일곱 나이, 남창에서 혼례식 날 사라져버린 것도 '유별난 혼례'다. 스물 둘에 회시에 낙방했을 때 재상 이동양이 그에게 「미래의 장원 급제」라는 문장을 짓게 한 것도 '유별난 시험'이다. 또 훗날 그가 귀주貴州성 용장龍場으로 유배되어 갔을 때 거의 매일 죽음의 위험이 도사리자 아예 관 속에 누워서 지내기도 했는데, 이 역시 '유별난 체험'이 아닐 수 없다.

이처럼 왕양명의 일생은 시종 '유별난 것'으로 일관했다고 해도 과언이 아니다. 소위 유별나다는 말은 통상적인 관례와는 다르게 '특별함'을 의미한다. 왕양명이 이렇게 유별났다는 사실은 그의 독특한 성격, 자신감 그리고 거침없는 실천력을 보여주는 것이기도 한데, 가식 없고 당당한 인격이 여기서 그대로 드러난다.

재능이 남다르다고 알려졌던 그가 스물 둘의 나이에도 진사가 되지 못했으니 그 인생행로에서 느꼈을 좌절감은 충분히 상상할 만하다. 하지만 그는 그다지 대수롭지 않게 여겼다. 진사가 되진 못했지만 성인이 되겠다는 포부는 한시도 포기하지 않았고, 줄곧 자기만의 '유별난' 방식으로 그 이상을 실현하고자 했다.

그로부터 6년이 지난 스물여덟, 마침내 그는 진사가 되었다.

제 3 장
나만의 길

왕양명은 스물 둘에 회시를 치렀지만 급제에 실패하여 진사가 되지 못했다.

대개 이런 좌절을 겪으면 정신적으로 큰 타격을 입거나 적어도 자신의 노력이 수포로 돌아갔다는 후회에 사로잡히기 마련이다. 그러나 그는 여전히 자신만만했다. '진사 급제가 뭐 그리 대단한 일인가.' 진인사대천명이라고, 그로서는 스스로 최선을 다했는가가 더 중요했다. 결과는 좋지 않았지만 그는 결코 이 일로 부끄러워하지 않았고 오히려 담담한 심경이었다. 진사가 되지 못한 것을 자책하거나 남을 원망한다면 그것이야말로 더 떳떳치 못한 일이라는 게 그의 생각이었다. '흔히 세상 사람들은 진사가 되지 못해 공명을 얻지 못하면 부끄럽게 생각한다. 하지만 난 다르다. 진사 때문에 자존심 상하거나 의기소침해 한다면 그게 더 부끄러운 일이지.'

하지만 솔직히 말해서 회시 낙방으로 진사가 되지 못한 왕양명이 과연 전혀 정신적 동요나 충격을 받지 않았을까? 아마도 덤덤하게 그냥 넘기진 못했을 것이다. 당시는 어쨌든 '취업 기회'가 지금처럼 다양하지 않았던 시절이었다. 한 개인이 자신의 이상과 포부를 실현하는 데 과거에 급제하여 관리가 되는 길만큼 명예로우면서도 사회적으로 존경받는 방식은 없었다. 또 그것이 가장 손쉬운 방법이기도 했다. 그런 터에 진사가 되지 못한 그가 크든 작든 심리적으로 충격을 받았으리라는 것은 충분히 짐작할 수 있다. 그는 회시가 끝나자마자 수도를 떠나 고향 여요로 돌아왔다.

당시 그의 집안은 이미 여요에서 소흥으로 이주했지만, 고향 여요에는 아직 친척들이 살고 있었다. 게다가 처가도 원래 여요였기에 그는 자주 여요와 소흥을 왕래했다.

워낙 자신감에 차 있던 왕양명이었기에 진사가 되지 못한 게 적어도 겉으로 보기엔 그다지 대수롭지 않은 일인 듯했다. 그렇다 하더라도 이런저런 구설수를 피하려면 독서에 몰두하면서 다음 번 과거를 잘 준비했어야 했다. 그러나 그는 귀향 후 과거를 위한 자료를 본다든가 소위 '모범 문장'을 공부하는 데는 전혀 신경을 쓰지 않았다. 그는 우선 대자연 속에 한번 들어가보자고 결심했다.

여요에는 용천산龍泉山이 있었고 산속에 용천사라는 절이 있었다. 용천사는 이미 사라졌지만 용천산만은 지금도 빼어난 풍광을 자랑하고 있다. 여요로 돌아온 왕양명은 친구 몇 명을 모아 용천사에서 시사詩社를 하나 결성했다. 친구들끼리 어울려 산천을 노닐면서 자신의 느낌을 시로 지어 감상하고 품평하는 모임이었다. 웅대하고 수려한 산, 청풍명월 따위를 마음껏 감상하면서 호연지기를 기르고 심신의 피로를 푸는 모임이다 보니 자연 그의 시재詩才는 날로 발전했고, 결국 저명 시인으로 명성을 떨치게 되었다.

하지만 '풍월이나 화초 따위를 읊어대는 풍류 시인'의 생활이 그의 목표가 될 수는 없었다. 성인이 되겠다는 야망을 한시도 포기한 적이 없었던 그가 아무리 걸작을 남긴들 '기껏해야 시인밖에' 더 되겠는가. 이렇게 문학에 빠져들다 보니 그 실력은 일취월장했지만 어쨌든 자신이 당초 품었던 이상과는 더 멀어지고 있었다. 그제야 그는 그동안 살아온 삶의 여정을 곰곰이 되짚어보면서 진지하게 반성하는 시간을 가졌고, 그로부터 다시금 성인이 되겠다는 포부를 되새겼다.

이에 그는 여요를 떠나 북경으로 되돌아가기로 결심했다. 시와의 작별, 친구들과의 작별이었다.

다시 북경으로 돌아오긴 했지만 왕양명은 심각한 번민과 갈등에 시달렸다. 왜 그랬을까? 인생 최대의 목표를 성인으로 설정한 이상 과거를 통해 관리가 되는 건 중요하지 않았지만, 어떻게 해야 성인이 될 수 있는가에 대한 해답이 없었다. 소년 시절부터 그는 자기만의 방식대로 탐구하고 실천하는 노력을 기울였지만 번번이 좌절했고, 그럴 때마다 형용하기 어려운 번민과 곤혹감을 경험했다.

그뿐인가. 3년에 한 차례씩 치르는 회시가 또 당장 코앞에 다가와 있어서 회시 준비를 서두르지 않으면 안 되었다. 이렇게 그는 이상과 현실의 모순 속에서 방황해야 했다. 어떤 사료를 봐도 그가 스물다섯 살이던 이때 두 번째 회시에 참가했다는 기록은 없다. 하지만 그가 이때 과거에 급제하지 못했다는 사실은 확실하다. 저번처럼 남들의 시기를 받아 낙방했는지 아니면 본인 스스로가 과거 준비에 모든 열정을 다 쏟아붓지 못했기 때문인지는 알 길이 없다.

두 차례의 회시 낙방. 보통 사람으로서는 견디기 어려운 타격이었을 테고 아예 포기할 수도 있었을 것이다. 그러나 특이하게도 그는 과거도 포기하지 않으면서(이 관문을 통과하지 못하면 자기 이상을 실현하기가 어렵다는 건 그도 잘 알고 있었다), 또 그렇다고 과거 준비에 전적으로 몰입하는 것도 아니었다. 제3자가 봤을 때 여전히 그는 '제대로' 공부하는 쪽은 아니었다. 스물여덟, 세 번째 회시에서 그는 마침내 급제했고 진사가 되었다. 스물 네댓부터 시작하여 진사가 된 스물여덟 이후 4~5년간 즉, 서른네댓 살이 되도록 약 10년 가까이 그는 여전히 성인의 꿈을 버리지 않았고 자기 방식대로 그 길을 모색했다. 그는 스물 둘 이전에 시도했던 여러 방법을 다시금 '복습'해보자는 생각을 가지고 있었다.

그 '복습' 과정이란 무엇일까?

스물다섯의 그는 두 번째 과거에 실패한 후 별로 아쉬워하지도 않았고, 독한 마음을 먹고 다음 시험을 철저하게 준비하지도 않았다. 그의 주요 관심사는 오히려 병법이었다. 그는 비법을 기록해놓은 병서들을 수집하는 데 주력하면서 체계적으로 연구하기 시작했다. 그러면서 책에다 자신의 견해나 느낌을 기록하는 등 미친 듯이 그 일에만 매달렸다. 손님이라도 오면 신이 나서 상대방에게 병법에 관한 이야기를 늘어놓았다. 관습대로 하자면 손님에게는 대개 땅콩이나 호박씨를 대접하기 마련이었는데, 왕양명은 그것을 대접하면서도 탁자 위에 잔뜩 늘어놓으며 군사 배치나 전투 배열에 대해 설명을 해댔다. 한번 그 일에 빠져들면 주변 사람들의 존재에 대해서는 전혀 의식하지 않았다.

스물여덟 살에 그는 진사가 되었지만 정식으로 관직이 주어지지는 않았고 우선 공부工部에 임시로 배치되었다. '관정觀政'이라고 해서 업무를 익히는 일종의 수습 관리 같은 역할이었다. 수습 기간에 한번은 조정에서 그에게 왕월王越이라는 인물의 묘지 조성을 감독하는 일을 맡긴 적이 있었다. 왕월은 하남성 준현浚縣 사람으로 병부 상서를 지낸 유명한 장수였는데, 위령백威寧伯이라는 작위까지 받은 인물이었다. 망자의 지위가 높다 보니 조정에서 특별히 그를 위해 묘지를 조성해준 것이다.

통상 묘지 조성의 감독직은 특별할 게 없는 직책. 하지만 왕양명은 이 일을 대충대충 넘기지 않고 자기 나름대로 독창적인 아이디어를 짜냈다. 그는 묘지 조성에 동원된 백성을 병사로 간주하여 그들을 군대처럼 조직했다. 그리고는 병사를 훈련하듯 그들을 지휘하여 공사를 진행했다. 휴식 시간이든 작업 시간이든 다 군대식이었다.

또 공사 중에도 틈틈이 시간을 내서 그들에게 실제 군사 훈련을 시키기도 했다. 흥미롭게도 그의 이런 군대식 관리는 작업의 효율성을 크게 높여주었다. 이렇게 해서 위령백의 묘지는 제때에, 성공리에 완공되었다. 위령백의 가족은 왕양명의 일 처리에 감동한 나머지 재물로 그에게 사례하려 했다. 그러나 그가 한사코 거절하자 그 집안에서는 생전에 위령백이 차던 보검을 선사했고 왕양명은 그것만은 기꺼이 기념으로 받았다.

왜 그가 그 보검은 사양하지 않고 받았을까. 소문에 의하면 당초 왕양명은 묘지 조성 감독으로 가기 직전 꿈을 꾸었는데, 꿈속에서 위령백이 자신의 활과 화살을 그에게 건네주었다고 한다. 그래서 위령백의 가족이 주는 재물은 거절했지만 보검은 주저 없이 받아들였던 것이다.

병법을 연구하고 연마하는 동안에도 왕양명은 성인이 되려는 꿈을 포기하지 않았다. 그는 다시 주희의 저술을 연구하는 데 주력했고 격물치지설의 연구에도 재도전했다. 열여섯 살 때 '대나무 관찰' 사건으로 병을 얻은 것은 주희가 주장하는 방식을 제대로 지키지 못했기 때문이라고 생각했다. 그 방식이란 '순서에 입각해서 단계적으로 익혀가는 것'이었다. 결국 이치를 깨닫지 못하고 병만 얻은 것은 바로 자신에게 문제가 있었기 때문이라는 결론을 내렸다. 이번에는 제대로 '순서에 입각해서 단계적으로 익혀가는 방식'을 따를 참이었다.

과연 어느 정도 효과는 있었다. '격물'의 과정, 즉 사물을 관찰하는 과정에서 얼마간 깨달음을 얻은 것이다. 그렇다고 해도 그 성과가 대단한 건

왕양명은 위령백 왕월이 자신에게 활과 보검을 건네는 꿈을 꾼 적이 있다. 훗날 왕양명은 실제로 위령백의 분묘를 수축하는 일을 맡게 되었고, 분묘 조성이 잘 마무리되자 과연 꿈속에서처럼 그 가족들이 그에게 위령백이 남긴 보검을 선사했다.

아니었다. 게다가 신경을 너무 많이 쓴 탓인지 과거보다 더 심한 병을 얻고 말았다. 이에 그는 또다시 주희의 방식을 포기할 수밖에 없었다. '성인이 되려면 아무래도 인연이 있어야 하나 보다. 아무나 그렇게 될 수는 없겠지!' 저절로 이런 탄식이 흘러나왔다. 결국 그는 주희의 학설에 대해 근본적인 회의마저 들 정도가 되었다.

지병이 재발하자 그는 다시 도교에 관심을 쏟기 시작했다. 진사가 된 다음 그는 공부에서의 수습 기간을 거쳐 형부 주사로 발령을 받아 강소江蘇성 회안淮安 등지를 다니며 형사 사건을 담당했다. 근무에 충실하면서도 가끔씩 틈을 내어 안휘安徽성에 위치한 구화산九華山을 찾았다. 구화산은 빼어난 명승지이면서 동시에 불교와 도교의 성지이기도 하다. 이 시기, 구화산에서 도사들과 교유하면서 아마 왕양명은 도교의 깨달음에 대해 뭔가 터득한 바가 있었을 것이다. 당시 그가 남긴 시문 속에는 속세를 떠나 수도하겠다는 의지를 담은 내용이 나타나 있다.

하지만 형사 사건을 맡아 바쁜 업무에 긴장감마저 더해지면서 그의 건강은 현저히 악화되었다. 각혈이 심해지자 이듬해인 홍치 15년(1502), 서른 한 살의 나이에 병가를 얻어 요양을 위해 소흥의 집으로 돌아왔다. 그는 회계산에 있는 '양명 동굴'을 찾아 굴속에서 도가의 양생술을 수련했다. 양생술 수련은 물론 병을 치료하기 위해서였다. 그런데 수련이 점차 깊어지면서 상당한 경지에까지 이르렀고, 미래의 일을 예측하는 예지력까지 갖추게 되었다고 전해진다.

한번은 왕양명이 동굴 속에 정좌하고 있다가 하인에게 이런 말을 했다.

"너 어서 하산하거라. 아무개 등 친구 네 명이 찾아올 텐데, 아마 그들이 지금은 어디 어디쯤 와 있을 것이다."

하인이 반신반의하며 주인의 분부대로 하산했는데, 과연 산 중턱에는 방금 양명이 말한 친구 네 명이 있었다. 다들 깜짝 놀라며 양명의 수양이 이제 '득도得道'의 경지에 이르렀다고 감탄했다. 사실 여부에 대해 우리가 지나치게 신경 쓸 건 없지만, 그와 관련된 이런 '전설 같은' 소문은 헤아릴 수 없을 정도로 많다. 한 가지 분명한 사실은 당시 사람들 사이에서 그의 도교 수양이 상당한 경지에 도달해 있었다고 알려졌다는 점이다. 그 후 그는 많은 제자를 상대로 강의했는데, 당시 그들은 그에게 도가의 수련법을 가르쳐달라고 요청했다. 하지만 그는 일언반구 대답이 없었다. '정신만 혼란하게 할 뿐 도라고 할 만한 게 없다'는 게 그의 생각이었다.

신체 단련을 위한 도교의 양생술 외에 양명은 불교에 대해서도 관심이 무척 많았다. 특히 선종禪宗 사상에 대한 조예가 상당했다. 이런 일이 있었다. 그가 도교의 수련법을 익히고 '예지력'을 갖춘 이듬해인 홍치 16년(1503), 한번은 요양차 항주杭州 서호西湖에 들른 적이 있었다. 거기서 그는 호포사虎跑寺와 정자사淨慈寺 두 절을 자주 다녔다. 이때 호포사의 한 선승禪僧이 3년째 외부와의 내왕을 끊은 채 수련 중이라는 사실을 알게 되었다. 온종일 정좌하여 눈을 감고 묵언수행黙言修行하고 있다는 것이었다. 궁금증을 이기지 못하고 양명이 선승을 찾았다.

선승을 보자마자 양명은 다짜고짜 대갈일성을 내질렀다.

"아니, 스님! 하루 종일 무얼 그리 중얼거리시오? 또 눈을 그렇게 동그랗게 뜨고 무얼 쳐다보고 있소?"

이게 무슨 소린가. 선승은 이미 3년째 외부와 단절한 채 눈을 감은 채 묵언수행을 하고 있거늘 무얼 중얼거리고, 또 무얼 쳐다보고 있단 말인가. 혹 이것이 바로 불교에서 말하는 선기禪機(참선을 통해 수행 설법의 이치를 깨닫게 되는 비결)가 아닐까. 선승은 깜짝 놀랐다. 순간 그는 눈을 번쩍 뜨고 왕양명과 대화를 나누기 시작했다. 왕양명이 물었다.

홍치 15년(1502), 북경에 온 왕양명은 당시 시문으로 이름을 떨치던 교우喬宇, 이몽양李夢陽, 하경
명何景明 등과 어울리기도 했는데, 어느 날 그는 "내 어찌 보잘 것 없는 재주로 쓰잘머리 없는 글
이나 쓰겠는가"라고 탄식하면서 병을 핑계로 소흥 회계산에 있는 양명 동굴을 찾아 도가의 양
생술을 수련했다.

"스님의 집안에 가족이 있습니까?"

"어머니가 계시지요."

"스님은 어머니 생각이 나지 않으십니까?"

"왜 생각이 나지 않겠소?"

왕양명은 선승의 이 대답을 시작으로 그에게 유가의 도리를 설파했다.

"가족에 대한 그리움, 이는 우리가 어려서부터 길러온 본성이지요. 이는 또 인간의 본성이 본래부터 선하다는 증거이기도 합니다. 가족에 대한 그리움조차 마음에서 다 없애버릴 수 있다면 사람이라고 할 수도 없겠지요."

왕양명의 이 말에 3년 동안이나 묵언수행을 했던 선승은 그만 대성통곡을 하면서 이튿날 바로 짐을 꾸려 하산했다.

왕양명이 포호사의 선승에게 했던 이 말은 사실 그 자신의 깨달음에서 나온 것이다. 양명 동굴에서의 수행을 통해 그는 이미 이 문제에 대해서는 통달해 있었던 것이다. 한때는 그 자신도 수행을 위해 속세를 아주 떠나야겠다는 생각을 품고 있었다. 하지만 조모 잠^岑씨와 부친의 얼굴이 무시로 마음속에 떠올랐고 그분들에 대한 그리움을 떨칠 수가 없었다.(모친 정씨는 그가 열세 살 때, 조부 왕륜 역시 그가 열아홉 살 때 이미 세상을 뜨고 없었다.) 이 때문에 그는 출가수행의 결심을 포기했다. 선승을 향한 그의 '대갈일성'은 원래 선종에서 흔히 쓰는 독특한 수법인데, 이는 왕양명이 이때 이미 선종의 교리를 철저하게 깨달았음을 보여준다. 왕양명이 선승에게 한 말, 이는 어떤 의미에서 보자면 자신의 깨달음이 현실 속에서 충분히 설득력이 있었음을 증명해준다.

이상 여러 사례를 통해서 왕양명의 두 가지 특징적인 성격을 알 수 있다. 하나는 확고부동한 신념, 다른 하나는 거침없는 실천력이다.

왕양명은 시종 목표가 뚜렷했고 의지가 강인했다. 여러 차례 파란과 우여곡절을 겪긴 했지만 열두 살 때부터 성인이 되겠다고 결심한 이래 서른이 넘을 때까지 한 번도 그 목표를 바꾼 적이 없었다. 무술 연마, 병법 연구, 도사와의 교류, 참선 수행…… 이 모든 것이 다 성인의 꿈을 향한 노력이었다. 강인한 의지가 있었기에 그는 흔들림 없이 목표로 나아갔고 진정한 삶의 의미를 찾을 수 있었다. 포호사 선승과의 대화 이후 양명은 그 스스로도 이제는 더 이상 방황하거나 망설이지 않고 한층 더 꿋꿋하게 성인의 길을 향해 내달릴 수 있었고, 좀더 심오한 정신세계를 구축하게 되었다.

실천력에 있어서도 그는 한 치 소홀함이 없었다. 자신이 뱉은 말은 기어이 실천하고야 마는 근성이 있었다. 열두 살 때 성인의 꿈을 품고, 성인이라면 최소한 국가와 백성의 안녕을 지켜야 한다는 생각으로 혼자서 변방을 찾았고 무술을 익혔다. 모든 사물에는 다 저마다의 이치가 담겨 있다는 주희의 학설을 배운 다음에는 '대나무 관찰'을 통해 사물의 궁극적인 이치를 탐색하려고 했다.

남창 시절, 도사로부터 양생술을 들은 다음에는 곧바로 양생법 수련에 몰두하기도 했다. 자신의 서예 실력이 남보다 뒤진다는 생각이 들자 날마다 서예 공부에 몰입하여 마침내 당대의 저명 서예가로 발돋움하기도 했다. 당시 저명 시인들에 비해 자신의 작품이 부족하다고 생각했을 때는 고향 여요로 돌아가 친구들과 시 모임을 만들어 시작詩作에 매진했다. 결국 그는 시단의 주요 인물과 어깨를 겨루는 수준으로까지 성장했다. 병법을 연구할 때는 단순히 이론에만 치우치지 않고 실제 훈련까지 실시했다. 위령백의 묘지 조성에 동원된 백성을 상대로 실제 군사 훈련을 한 예가 바로 그것이다.

이런 사례들을 보면 왕양명은 분명 이론과 실천을 겸비한 인물이라고 할 수 있고, 바로 이런 성격 때문에 후일 그는 지행합일설의 기초를 다진

홍치 16년(1503) 이후 왕양명은 오로지 유학에만 집중하면서 더 이상 불교나 도교 쪽을 넘보지 않았다. 이후 광동성 증성 출신으로 역시 성학을 즐겨 강의하는 담약수와 친교를 맺고 함께 성인의 학문을 창도하자고 했다.

공로를 인정받을 수 있었다.

32년간의 우여곡절을 겪으면서 왕양명은 마침내 '성인의 도聖人之道'로 통하는 중요한 길을 찾아냈다. 특별할 건 없었다. 유가 사상을 근간으로 하는 인의지도仁義之道가 바로 그것이었다. 성인의 경지란 곧 도덕의 경지, 성인의 생활이란 곧 도덕적 생활 그뿐이었다. 도덕의 최고 경지란 '천하 만물이 일체를 이루는 것'이고, 숭고한 도덕적 생활이란 '사람들에게 두루 은혜를 베풀어 그들을 구제하는' 바로 그것이었다.

서른두 살이던 홍치 16년(1503) 이후 왕양명은 자신의 공부를 오로지 유학 하나로만 집중시켰다. 이제 더 이상 불교나 도교 쪽을 넘보지 않았다. 그는 유학을 성인에 이르는 학문, 즉 '성학聖學'이라고 불렀다. 성학의 기치 아래 그는 유가 사상의 신봉자이자 실천가가 되기로 마음먹었다. 그는 인생의 목표를 확고하게 정하는 것, 즉 '입지立志'의 중요성을 강조하면서 '입지'만이 모든 학문과 인생의 근간이라고 보았다. 인생은 그 목표를 확고히 할 때 비로소 의미가 있고, 성취도 이룰 수 있다고 생각했다.

서른네 살 때부터 그는 정식으로 제자를 받아들여 성학을 강의했고 성인의 도를 가르쳤다. 그의 문하에는 확고한 목표를 가진 사람들이 하나둘씩 모여들기 시작했다. 이때 그는 담약수湛若水라는 친구를 알게 되었다. 광동성 증성增城 출신으로 그 역시 성학을 즐겨 강의하는 사람이었다. 두 사람은 서로 마음이 잘 통하는 지기이자 동지가 되었다. 그런 동지가 있어서 왕양명은 성인의 도에 대한 신념을 한층 더 확고하게 가지게 되었다. 지금처럼 성학에 몰두하면서 평온하게 지내는 이상, 이제 왕양명도 존경받는 사상가 혹은 철학자로서 순탄한 생활을 영위할 수 있을 것이었다.

그러나 왕양명에게 아주 특별한 한 해가 찾아왔다.

서른넷의 왕양명뿐 아니라 홍치 18년(1505)은 명조 전체를 통틀어서도 아주 특별한 해였다. 이해 5월 효종 孝宗 주우탱 朱祐樘이 나이 서른여섯에 붕어하고 아들 주후조 朱厚照가 새 황제로 등극한 것이다. 아버지가 죽으면 아들이 황위를 계승하는 건 너무도 당연한 이치이니 특별하다고까지 할 것도 없었다. 하지만 새로 등극한 황제 주후조는 여느 황제들과는 달라도 너무 달랐다.

이때 황제의 나이는 불과 열다섯. 어린 나이에 태자로 책봉되었던 그는 온종일 궁녀와 환관들 사이에서 응석받이로 성장해왔다. 놀기 좋아하고 뭐든지 제멋대로 하는 괴팍한 성격을 가진 그야말로 전형적인 '망나니 군주'였다.

사실 나이 열다섯이면 꼭 어리다고만은 할 수 없다. 철이 없다고 할 수도 있겠지만, 또 세상 이치를 알고 곧잘 자기주장을 내세울 수 있는 나이이기도 했다. 선황은 붕어 직전 아홉 명의 원로대신에게 태자를 잘 보좌해주기를 당부해둔 터였다. 이 '고명대신 顧命大臣'들이 태자를 잘 보필하여 조정 대사를 원만하게 처리해달라는 바람에서였다. 하지만 주후조가 보기에 그 대신들은 너무 근엄하기만 했다. 평소 그들과 함께 지내는 게 마냥 무료해서 그들의 조언도 잘 받아들이지 않았다. 마치 삶의 유일한 목표가 놀고 즐기는 것이라도 되는 양 어린 황제는 그런 쪽으로만 관심을 쏟았다.

주후조가 이런 기질과 습관을 가지게 된 것은 신분이나 환경 때문이기도 하지만 곁을 따르는 한 인물의 역할도 컸다. 환관 유근 劉瑾이었다. 유근은 예사로운 인물이 아니었다. 그는 섬서 陝西성 흥평 興平 사람으로, 원래 유씨가 아니라 담 談씨였다. 어려서부터 고달픈 생활을 보내던 그는 우연한 기회에 북경으로 흘러 들어와 유씨 성을 가진 한 환관을 알게 되었다. 그가 보기에 궁중을 드나드는 유 태감은 생활도 여유로웠고 평소 뭇사람이 앞다투어 그에게 아첨하는 모습이 너무나 부러웠다. 자신도 그 환관처럼 궁중을 출입하고 싶다는 뜻을 말하자 유 태감이 말했다.

"안될 말일세. 나야 태감의 신분이라 궁중을 자유로이 드나들지만 자넬 데리고 들어가는 건 불가능하네."

이 말을 듣자마자 유근은 그 자리에서 입을 악다물고 자신의 중요 부위를 도려냈다. 환관이 될 수 있는 가장 중요한 조건을 만든 것이다. 이런 악착같은 근성을 본 유 태감은 즉석에서 그를 받아주었고 성까지 유씨로 바꾸어주었다. 어려서부터 이미 독한 삶을 살아온 유근인지라 스스로 몸에 칼을 대는 것쯤은 대수도 아니었다. 그의 잔인한 성정이 그대로 드러나는 사건이었다. 역사에서 그를 '교활하고 잔인한' 인물로 평가하는 것도 하등 이상할 게 없다.

물론 단순히 교활하고 잔인한 기질만으로 후일 그가 도달한 지위를 성취할 수는 없다. 당연히 그는 나름대로의 '지혜'를 구비하고 있었다. 자신이 섬기는 주인의 마음을 헤아리는 데 남다른 재주가 있어서, 오래지 않아 주후조의 신임을 얻을 수 있었다. 주후조가 태자로 책봉된 후 그는 동궁에 입궐하여 줄곧 태자의 곁을 지켰다. 이 과정에서 그는 최선을 다해 태자의 환심을 샀다. 그 누구보다 그는 태자의 비위를 잘 맞춰주면서 두터운 신임을 얻었는데, 사실 주후조가 '망나니 황제'라는 악명을 얻은 데는 태감 유근의 역할도 적지 않았다.

홍치 18년(1505), 황제가 붕어하면서 주후조는 황제로 등극했고 이는 유근에게는 하늘이 내린 희소식이었다. 유근은 이제 자신이 한껏 도약할 수 있는 봄날이 바야흐로 눈앞에 펼쳐지리라는 걸 예감했다.

유희와 쾌락에만 탐닉하는 황제, 그에 화답하여 교묘하게 황제의 비위를 맞추면서 갖은 지혜를 짜내는 데 골몰하는 유근, 이 둘이 서로 어울리다 보니 조정은 하루도 조용할 날이 없었다. 과거 동궁 시절에 이미 주후조가 무엇을 좋아하는지 훤히 꿰뚫고 있었던 터라 유근이 황제의 신임을 얻는 데는 아무런 어려움이 없었다. 게다가 그는 궁중 내에 자신의 세력을 규합하여 사욕을 채우는 데도 열을 올렸다. 유근은 자기 휘하에 태감 일곱 명을 거느리고 있었는데, 사람들은 당시 그들을 '팔호八虎'라고 불렀다.

호랑이 여덟 마리, 이들 환관의 행태가 얼마나 포악했는지를 여실히 보여주는 별명이다. 유근을 중심으로 한 팔호는 황제 주후조를 따르며 매일같이 향락에 탐닉했다. 투계, 경마, 매 사냥, 음주가무, 축구, 격투에다 심지어 장터에 있는 유흥가까지도 드나들었다. 주후조의 음란한 생활과 패악질은 그가 황제로 등극한 다음에는 더더욱 심해졌고, 유근 등 팔호도 더한층 기세등등하며 날뛰었다.

어차피 태자의 역할이란 게 조정 대사에 결정적인 영향을 미치는 건 아니다. 따라서 주후조가 태자 시절에 이런 망나니짓을 하고 다닌 것은 혹 어느 정도 묵인해줄 여지가 있을지 모르겠다. 하지만 이제는 황제 신분인데도 여전히 그런 악행을 자행한다면 도저히 용납될 수 없는 일이었다. 선황이 임종하면서 고명대신에게 신신당부했던 조국강산의 번성은 이제 주후조와 팔호의 손아귀에서 여지없이 망가질 판이었다. 이런 상황이 되니 아홉 대신은 종묘사직에 대한 걱정이 이만저만이 아니었다. 침울한 나날을 보내면서 그들은 종묘사직을 지켜낼 대책을 강구하는 데 골몰했다. 기필코 유근 일당을 제거해야 했다. 이때부터 조정 내부에서는 엄청난 정치 투쟁이 전개될 조짐이 서서히 움트고 있었다.

이듬해인 정덕正德 원년(1506), 마침내 공개적인 정치 투쟁이 치열하게 전개되었다.

바로 이런 위기 상황에서 왕양명의 신상에도 급격한 변화가 일어났다.

정의를 구현하기 위해서, 또 자신이 염두에 둔 성인의 도를 실현하기 위해서 그는 기꺼이 혹독한 대가를 치를 준비가 되어 있었고, 그동안 단련해 온 자신의 기량을 발휘할 각오가 되어 있었다.

제 4 장
'호랑이' 때려잡기

황제가 된 주후조는 일부 타락한 환관과 어울려 오락, 유희, 방탕을 일삼으며 조정 대사는 아랑곳하지 않았다. 또 유근을 필두로 한 팔호역시 황제의 위세를 등에 업고 기고만장하여 온갖 전횡을 부렸다. 이와 동시에 황제 등극 직후부터 조정 충신들의 상소 또한 거의 하루도 빠짐없이올라왔다. 황제로서의 존엄과 권위를 지키면서 국가대사에 전념하되 한시바삐 팔호를 내치라는 내용이었다. 그러나 주후조는 이 모든 상소를 깡그리 무시했고 조정은 날로 혼탁해져갔다. 급속히 악화되는 정국을 보면서조정 충신들의 근심도 깊어졌다.

'더 이상 팔호의 비리와 전횡을 묵인해서는 안 된다. 아직 나이가 젊은황제도 이대로 두었다가는 종묘사직이 여기서 끝나고 말지도 모른다.' 충신들의 생각은 거의 일치했다. 원로대신 유건劉健·사천謝遷·이동양李東陽등이 앞장서서 상소를 올려 공개적으로 팔호를 주살할 것을 요구했다. 아무런 반응이 없자 이번에는 북경·남경의 각부 관리가 연거푸 상소해서 똑같이 요구했다. 그래도 아무런 반응이 없었다. 조정 내의 정치 투쟁은 이렇게 공개적으로 그 서막이 올랐다.

정덕 원년(1506) 10월, 하루는 호부 상서 한문韓文이 조회가 끝난 뒤 국사에 대해 한탄을 늘어놓더니, 팔호의 전횡을 토로하는 과정에서 그만 대성통곡을 했다. 곁에 있던 호부 낭중戶部郞中 이몽양李夢陽이 말했다.

"대감은 조정 원로이시니 종묘사직과 명운을 같이 해야 할 분이 아니오? 이 조정을 살릴 대책을 내놓으셔야 할 판에 통곡이라니, 이게 다 무슨 소용 있겠소?"

호부 낭중은 정5품으로, 높은 직위는 아니었지만 이몽양은 저명한 문장가로 당시 선비들 사이에서 꽤 명망이 높았다. 그는 문장도 잘 지었고 성품도 남달리 강직했다. 한문이 들어보니 일리 있는 말이었다.

"그렇기는 하오. 그런데 이제 어떻게 하면 좋겠소?"

"요즘 많은 조정 대신이 유근 일당을 탄핵하라는 상소를 올리고 있소. 이는 대감의 뜻에 공감하는 사람이 그만큼 많다는 말이지요. 대감께서 그들과 잘 협의해서 연명으로 상소를 올려 결사코 유근 일당을 제거하려 하신다면 그리 큰 어려움은 없을 듯하오."

한문이 바로 호응했다.

"그대 말이 맞소. 설사 이 일이 실패한다 해도 내 이 나이에 국가를 위해 목숨을 바치는 일이니 아까울 게 없소."

이튿날 조회에 참석한 한문은 각부 상서와 몇몇 대신을 은밀히 접촉했다. 다들 연명 상소하여 유근을 제거하자는 그의 제안에 흔쾌히 동의했다. 한문은 이몽양에게 상소문의 초안을 부탁했다. 당시 문장이라면 그 말고 또 누가 있겠는가. 과연 이몽양은 일필휘지, 즉석에서 초안을 써서 한문에게 건네주었다. 한문이 초안을 수정하면서 말했다.

"이번 상소문은 여느 때와는 달라야 합니다. 고상하고 화려한 문체를 쓸 필요가 없습니다. 너무 고상하게 쓰면 아마 황제께서 그 뜻을 잘 모르실 수도 있어요. 너무 길어서도 안 됩니다. 너무 길면 읽는 것조차 지겨워하실 테니 헛수고가 될 수도 있습니다."

이몽양이 초안을 잡고 한문이 수정한 이 상소문의 핵심은 유근 등 팔호를 탄핵해야 한다는 것. 쉬운 문장이면서 단호한 어투로 기세당당한 위엄까지 배어 있었다. 문장에서는 팔호의 이름을 하나하나 거명했고, 그들의 비리와 전횡을 비호한 황제의 태도에 대해서도 대놓고 질책하는 내용을 담았다.

이튿날 한문은 6부 상서·대리시 경大理寺卿·통정사사通政司使·도어사都御史 등을 대동하고 연대 서명한 상소문을 황제에게 올렸다. 6부 상서 외에 이들은 각각 감찰·사법·행정 기구의 최고위 관리로서, 이른바 '구경九卿'이 바로 그들이었다. 유흥에만 탐닉해온 나이 어린 황제, 그로서는 여태껏 이런 식의 상소문을 본 적이 없었던지라 읽는 순간 그 자리에서 울음을 터뜨리고 말았다. 그 후에는 식사조차 제대로 하지 않았다. 이런 상황에 처하자 팔호 역시 당황하기는 마찬가지였다. 그들은 그저 서로 부둥켜안고 통곡을 해댈 뿐이었다.

여러 대신의 연명 상소를 계기로 조정의 세력은 이제 노골적으로 양분되는 상황을 맞았다. 위기에 몰린 황제는 어떻게든 이 일에 대해 자신의 의견을 내놓아야 했다. 황제는 결코 팔호를 처결하고 싶지 않았다. 그렇다고 국가대사를 맡긴 중신들의 의견을 묵살할 수도 없었다. 진퇴양난이었다. 이에 황제는 타협안을 하나 제시했다.

"유근을 비롯한 팔호는 북경을 떠나 남경에 가 있도록 하겠다. 굳이 저들을 처결할 필요는 없지 않은가."

그러나 유건劉建 등 조정 중신은 황제의 이 타협안을 단호히 거부했다. 일을 확실히 마무리해야지, 질질 끌었다가는 분명 저들이 권토중래할 것이라고 생각했기 때문이다. 황제가 다시 의견을 제시했다.

"그렇다면 사례감司禮監의 책임자를 불러 여러 중신과 함께 이 일에 대해 논의해보라고 하겠다."

사례감이란 태감을 관리하고 궁중 내부의 업무를 총괄하는 부서로, 그 구성원은 모두 태감이었다. 책임자는 장인태감掌印太監이라고 했다. 유근 등 팔호도 당연히 사례감에 소속되어 있었다. 황제가 장인태감을 불러왔다. 팔호를 남경으로 보내자는 황제의 의견에 대해 단 하루 동안 세 차례의 논의가 이루어졌다. 말이 논의지 지시나 다름없었다. 하지만 유건 등 중신들의 입장은 완강했다. 반드시 저들을 처결해야 한다는 것이었다. 심지어 이때 황제와 중신들 사이에는 말다툼까지 벌어졌다. 특히 사천謝遷은 대의명분을 내세우며 유근 등을 엄중하게 질타하고 나섰다.

당시 장인태감을 맡은 이는 왕악王岳. 마침 그는 유건 등 조정 중신의 입장을 옹호하는 편이었다. 그는 팔호가 국가와 백성에게 재앙을 가져다주었으니 당연히 처결해야 한다고 주장했다. 같은 태감의 신분이었지만 왕악은 정의감이 투철한 인물이었다. 과거 그 역시 동궁 시절 주후조를 모신 적이 있어서 언제든 황제와의 독대가 가능했다. 그는 황제에게 나라에 변고가 생기면 수습하기 어려우므로 대신들의 견해를 존중하는 게 좋을 것이라고 건의했다.

중신들의 거듭되는 요구와 왕악을 위시한 사례감 내부의 지지에 아무리 황제라고 해도 팔호 처결을 묵살하기가 쉽지 않았다. 차기 조회朝會에서는 유근 등의 하옥을 결정하지 않을 수 없는 상황이 되었다. 결론이 이런 식으로 나자 이번 정치 투쟁에서는 아무래도 유건을 중심으로 하는 중신들의 승리가 확실해 보였다. 이튿날 아침, 유근 일당을 하옥하라는 황제의 명령 한 마디면 만사는 순조롭게 마무리될 것이었다.

그러나 일이란 게 꼭 예상대로만 진행되지는 않는 법. 이 결정적인 시점에서 뜻밖에 배신자가 하나 등장했다. 이부 상서 초방焦芳이었다. 이부 상서로서 초방은 사건 처리의 전 과정에 참여했고, 사건의 결말에 대해서도 훤히 다 알고 있었다. 원래 그는 불학무식한 데다 인품도 제대로 갖추지 못한 소인배였다. 평소 그는 유근과 가까이 지내면서 유근의 세력이 만만치 않다는 점을 알고서 갖은 아첨을 다 떨었다. 그 자신도 유근의 탄핵 상소문에 서명을 하긴 했지만 상황이 급박하게 돌아가는 걸 간파한 뒤에는 자기 혼자 독자적인 행보를 취했다. 유근 일당을 체포하는 것으로 결론이 나자 초방은 야밤에 유근을 찾아가 이 엄청난 기밀을 죄다 털어놓았다.

기밀을 알게 된 유근은 대경실색했다. 어마어마한 공포감이 엄습했다. 하지만 그가 어떤 인물인가. 교활하고 야심만만한 그는 잠시 마음을 가다듬은 뒤 즉각 나머지 일곱 '호랑이'들을 불러 모았다. 그리고는 다함께 그 야밤에 황제를 배알하러 나섰다. 팔호는 황제를 알현하자마자 털썩 무릎을 꿇고 황제를 에워쌌다. 그들은 머리를 바닥에 처박으며 황제에게 눈물로 하소연했다.

"폐하, 소신들을 살려주십시오. 폐하께서 은전을 베풀어주시지 않으면 평소 목숨을 걸고 폐하를 받들었던 소신들은 내일 아침이면 짐승의 먹이가 되고 말 것입니다."

앞서 말했듯이 황제는 애당초 그들을 처결할 생각이 없었다. 하옥시키기로 결정한 것도 어쩔 수 없이 내린 조처가 아니던가. 측은한 생각이 들었다. 그렇다고 이미 내린 결정을 번복할 수도 없는 일, 황제는 그저 이마를 찌푸리고 있을 뿐 아무 말이 없었다. 눈치 하나는 둘째가라면 서러워할 유근, 그는 금방 황제의 용안에서 한 가닥 희망의 빛을 발견했다. 이번에는 얼른 눈물을 감추면서 불평을 늘어놓았다.

"폐하, 소신들을 해치려는 자는 결코 조정 대신들이 아닙니다. 왕악이 바로 원흉입니다."

말이야 바른 말이지, 유근 일당의 처결을 요구하는 상소를 올린 건 유건·사천·이동양 등 조정 대신이다. 당초 왕악은 이 일에 아예 개입조차 하지 않았다. 그런데 왜 유근은 왕악을 물고 늘어졌을까? 이런 점만 보더라도 유근이란 자가 얼마나 음흉하고 교활한지를 알 수 있다. 그 배경을 살펴보자.

당시 정치권력의 구도를 보면 조정은 황제·조정 대신·사례감 이 세 축이 서로 경쟁관계였다. 그중 어느 한쪽이 다른 쪽에 기울면 힘의 균형은 그쪽으로 쏠리게 되어 있었다. 따라서 만약 사례감이 황제 편으로 기울면 조정 대신이 승리하기는 어렵다. 유근은 이 기회에 사례감의 책임자인 왕악을 제거함으로써 사례감을 황제 편에 두려고 했던 것이다.

갑자기 유근이 이런 말을 끄집어내자 황제도 영문은 알 수 없었지만 솔깃해졌다.

"그게 무슨 말이오?"

유근이 바로 대답했다.

"왕악이란 자는 원래 동창東廠(명대에 반역 사건 따위를 방지하기 위하여 동안문東安門의 북쪽에 설치했던 황실 직속 기관) 출신으로, 온갖 감언이설로 관리들을 부추겨 탄핵인가 뭔가를 모의했습니다. 유건 등 조정 대신과 의논할 때도 그쪽 편을 들어서, 소신들이 폐하께 사냥용 맹수를 진상하여 나라에 재앙을 불러왔다고 떠들어댔습니다. 그자 또한 황제께 맹수를 헌상하지 않았습니까. 어떻게 지금 와서 소신 등 몇 사람에게만 죄를 뒤집어씌울 수 있단 말입니까?"

황제가 생각하기에도 맞는 말이었다. 버럭 화를 내며 소리쳤다.

"이 왕악이란 자를 가만두지 않겠다!"

황제가 이렇게 나오자 유근은 적잖이 안심이 되었다. 애써 흡족한 마음을 감추면서 겉으로는 여전히 불만이 있는 듯 말했다.

"폐하께서는 한시도 거르지 않고 국사에 몰두하시니 참으로 노고가 크십니다. 소신들이 평소 폐하를 모시고 잠시 밖으로 나들이한 것도 다 폐하의 기분 전환을 위해서였습니다. 사냥용 맹수를 바친 것도 알고 보면 폐하께서 국정을 다스리는 가운데 잠시나마 즐거움을 찾으시라는 생각에서였습니다. 이게 잘못되었다고 할 수는 없겠지요. 이걸 어떻게 나라의 재앙을 야기한다고 할 수가 있습니까. 사냥용 맹수와 국가대사가 도대체 무슨 관계가 있단 말입니까? 지금 조정 대신들이 오만방자하게 폐하를 협박하는 것도 따지고 보면 모두 사례감 왕악이 주도한 일입니다. 지금 사례감에는 소신들과 가까운 인물은 다 빠져 있습니다. 만약 소신들이 사례감을 관할한다면 매사가 폐하의 뜻대로 될 것입니다. 하늘 높은 줄 모르고 설쳐대는 조정 대신도 더 이상 쓰잘머리 없는 말을 함부로 내뱉지는 못할 것입니다."

황제의 마음에 쏙 드는 발언이었다. 즉각 황명이 떨어졌다.

"왕악의 장인태감직을 박탈하고 그 자리에 유근을 임명한다. 아울러 구취丘聚와 곡대용谷大用은 각각 동창과 서창을 맡도록 하라!"

순식간에 상황은 이렇게 역전되고 말았다. 구취와 곡대용은 팔호의 일원이었다.

여기서 잠깐 동창, 서창, 금의위錦衣衛에 대해 알아보자.

이 기구들은 모두 명대에만 설치되었던 황실 직속의 감찰 기구로서 특수 업무를 전담했다. 그 권력은 막강했고 포악하기로도 유명했다. 금의위는 명대 초기에 설립되었는데 황제 경호와 관리에 대한 감찰을 책임졌다. 독자적으로 감옥을 설치하여 법적 절차 없이도 언제든 관리를 가둘 수 있었다. 동창은 성조成祖 영락永樂 18년(1420)에 설치되었는데 황제의 측근 환관들로 조직되었다. 황제 1인을 위해 설치한 기구인지라 그 권력은 금의위보다 더 막강했다. 서창은 헌종憲宗 성화成化 13년(1477)에 설치되었는데 처음에는 그 지위가 동창보다 더 높았다. 그러나 그 횡포가 너무 극심하여 여론이 비등하자 5년 정도 유지되다가 없어졌다.

이렇게 볼 때 황제가 유근을 장인태감으로 임명한 정덕 원년(1506)에는 이미 서창이 폐지되어 존재하지도 않았다. 그런데 황제의 한 마디로 서창이 부활하여 곡대용이 그 책임자로 발탁되었다. 이때부터 다시 서창은 동창이나 금의위보다 권한이 더 막강해진 기구가 되었다.

이날 밤, 유근은 그야말로 천당과 지옥을 오가는 기분을 맛보았다. 간담이 서늘해지는 순간이었다. 하지만 자신의 교활한 술수로 구사일생, 목숨을 부지했을 뿐 아니라 졸지에 사례감의 대권까지도 거머쥐게 되었다. 그는 더 이상 잔인하고 악랄한 본성을 숨길 필요가 없었다. 그 야밤에 그는 지체 없이 장인태감 왕악과 그 무리를 체포하여 감옥에 가두었다.

궁중에서 벌어진 심야의 이 대반전을 유건 등 조정 중신은 전혀 눈치채지 못하고 있었다. 이튿날 아침, 이들은 유근을 위시한 팔호를 체포하라는 황제의 조서가 내리기만을 기다리고 있었다. 하지만 조서의 내용은 전혀 예상 밖이었다.

"유근을 사례감 장인태감으로 임명하고, 구취와 곡대용을 각각 동창과 서창의 책임자로 임명한다. 아울러 왕악 일당을 남경으로 내려 보낸다!"

이 조서를 듣는 순간 유건·사천 등은 비분강개했다. 하지만 그들은 일이 이렇게 된 이상 돌이킬 방도가 없다는 것을 잘 알고 있었다. 그들이 선택할 수 있는 유일한 방도는 일제히 사직 상소를 올리는 것뿐이었다.

애당초 유근을 처결하라는 상소에 연대 서명한 사람은 유건·사천·이동양 세 사람이었다. 당연히 사직 상소에도 이 세 사람이 공동으로 서명했다. 사태가 이미 자기 쪽으로 기울었다는 것을 안 유근은 가차 없이 반대쪽 사람들을 몰아붙였다. 그는 성지聖旨를 빙자하여 즉각 유건과 사천의 직위를 빼앗고 조정에서 몰아냈다. 그런데 유독 이동양만은 그대로 두었다. 왜 그랬을까? 애당초 황제와 팔호 문제를 논의할 때, 유건은 한 치도 양보하지 않고 말다툼까지 벌이면서 유근을 처결해야 한다고 했다. 사천 역시 유근 일당의 죄상을 조목조목 열거했다. 하지만 이동양만은 줄곧 침묵을 지켰다. 바로 이 때문이었다.

유건과 사천이 수도를 떠나게 되자 이동양이 전별연을 열었다. 탄식과 함께 눈물까지 흘리는 이동양을 보고 유건이 한마디 했다.

"울긴 왜 우시오? 유근을 처결하자는 자리에서 대감은 말 한마디 없이 침묵으로 일관하지 않았소? 그때 대감께서 양심껏 뭐라고 한마디 했더라면 아마 우리 셋이 다 떠나야 했겠지요!"

여전히 이동양은 말이 없었다. 그의 인품을 보여주는 한 장면이다.

유건·사천 등 원로대신이 조정을 떠난 사건은 당시 엄청난 정치적 파장을 몰고 왔다. 일시에 여론은 들끓어 오르고 북경·남경 등지에서는 의분에 찬 관리들이 잇따라 상소를 올렸다. 유건·사천을 옹호한 반면 팔호의 전횡을 비난하는 상소였다. 그러나 이미 동창·서창·금의위를 장악하고 권력의 대세를 거머쥔 팔호가 잠자코 있을 리 없었다. 그들은 도처에 수하들을 내보내 대규모 보복 행위를 자행했다.

유건·사천의 축출과 함께 당초 구경九卿의 연명 상소를 주도한 한문韓文이 삭탈관직되었고, 그 상소문의 초안을 만든 호부 낭중 이몽양도 산서山西성 포정사布政司 경력經歷으로 좌천되었다. 사례감의 장인태감 왕악은 남경으로 쫓겨났지만 도중에 유근이 보낸 금의위 자객에게 살해되었다. 반면, 일자무식에 인품까지 천박했던 이부 상서 초방은 밀고한 공로를 인정받아 문연각 文淵閣 대학사까지 겸하게 되었다.

이후 초방은 유근과 한 패가 되어 간신 역할을 톡톡히 했다. 한층 기세가 오른 유근 역시 황제의 권세를 등에 업고 관료들을 더욱 철저하게 감시했고, 바른 말 잘하는 관리를 마구잡이로 잡아들였다. 조정은 그야말로 암흑천지였고, 북경에서든 남경에서든 관료사회의 분위기는 그지없이 흉흉하기만 했다.

그러나 정의의 목소리가 아주 단절된 건 아니었다. 남경 호과급사중戶科給事中 대선戴銑, 감찰어사 박언휘薄彦徽 등은 여전히 상소를 올려 국법을 농단한 간신배 유근 일당을 엄벌해야 조정 정치가 정상화될 것이라고 했다. 아울러 유건·사천 등 조정에서 축출된 충신을 중용하라는 요구가 빗발쳤다. 하지만 유근은 황제의 뜻임을 빙자하여 대선·박언휘마저 금의위의 감옥에 가두었다.

명대의 급사중과 감찰어사는 조정 대신의 행동을 감찰하면서 그 비리나 전횡을 직접 황제에게 보고하는 직책이었다. 또 백성의 민원을 파악하여 황제에게 전달해야 하는 임무도 부여받고 있었다. 그래서 이들을 '언관言官' 혹은 '간관諫官'이라고 불렀다. 언관은 또 조정의 각종 정책이나 조치를 비판하고 바로잡는 역할도 했다. 관례대로라면 그들이 조정 정치를 비판했다고 해서 처벌받는 일은 있을 수 없었다. 그렇지 않다면 누가 언관으로 나서겠는가. 언관이 없다면 언로가 막히고 군주와 신하 간의 소통이 불가능해져서 군주에게는 눈과 귀가 없어지는 것이나 다름없다. 따라서 대선·박언휘 등과 같은 언관이 조정을 비판하는 상소를 올렸다고 감옥에 갇혔으니 이는 지극히 비정상적인 상황이었다. 조정 내 분위기가 이렇게 암울하게 돌아가자 이제는 올곧은 관리마저 침묵하기 시작했다.

이런 와중에 목숨을 걸고 앞장서서 대선·박언휘를 지지하는 상소를 올린 사람이 있었다. 왕양명이었다. 당시 그의 직책은 병부 주사, 정6품관으로 병부에서는 거의 최하위직에 해당했다. 사실 직급으로나 직책으로 보아 그가 나서서 상소할 일은 아니었다. 유근과 맞섰던 사람들은 이미 하나같이 투옥되거나 피살되는 등 온갖 보복을 다 당했기 때문에 결과는 뻔한 이치였다. 그래도 왕양명은 정의를 위해서라면 양보할 수 없다고 판단하여 기어코 상소를 올렸다. 어려서부터 그랬던 것처럼 성인이 되겠다면 천하의 대의, 인간으로서의 정도를 위해 분연히 나서야 하는 건 그로서는 너무나 당연한 이치였다. 유근 일당의 전횡을 보면서 대부분의 관리가 함구했지만 왕양명으로서는 양심상 이를 묵과할 수 없었다. 그것은 정의감, 도덕심, 위민爲民의식에서 우러나온 책임감의 발로였다.

어려서부터 그는 언행이 일치했던 성격, 반드시 양심에 따라 일을 추진하는 성격이었다. 어쩌면 당시 그는 상소를 올려봐야 그 결과가 뻔하리라는 것을 예측하고 있었는지도 모른다. 하지만 그래도 상소했다. 성인의 뜻을 품은 이상, 정의와 정도를 외면할 수는 없었다. 성인이라면 모름지기 개인의 사리사욕을 넘어 국리민복國利民福을 먼저 생각해야 하지 않겠는가. 절체절명의 위기 상황에서 왕양명이 보여준 이런 용기, 도덕성, 인품 그리고 '수천만이 말릴지언정 내 갈 길을 간다'는 호연지기야말로 수백 년이 흐른 오늘날에도 여전히 귀감이 되고 있다. 사실 이번 상소 사건은 성인의 소명의식을 가진 왕양명으로서는 단지 하나의 조그마한 시작에 불과했다.

상소문은 차분하고 담담한 어조를 띠었지만 어휘는 예리했다. 여기서 그는 다음 세 가지를 강조했다.

첫째, 대선·박언휘는 신분이 언관이니 조정을 비판하는 건 그들의 당연한 책무다. 그들의 말이 옳다면 조정은 이를 받아들여야 하고 설사 잘못되었다 하더라도 포용해야 한다. 지금 그들이 자신의 정당한 직무를 수행했음에도 금의위의 감옥에 갇혔으니 관료사회가 동요될 수밖에 없다. 이렇게 된다면 앞으로 그 누가 용기 있게 간언하겠는가. 아무도 간언하지 못할 경우 결국 황제 스스로 고립을 자초하고 만다.

둘째, 지금과 같은 엄동설한에 감옥에 갇혔으니 만약 이들이 옥사라도 하는 날에는 황제는 언관을 죽였다는 오명을 면할 수 없다. 이는 나라의 체통을 손상시키는 중대한 사안이다.(실제 대선은 곤장을 맞고 투옥되었다가 옥사했고, 박언휘 또한 출옥 후 바로 사망했다.)

셋째, 앞의 두 가지 이유로 볼 때, 대선·박언휘 등 두 사람을 즉각 석방하여 그 직위를 원상복구시키는 게 합당하다.

문무백관이 하나같이 침묵을 지키고 있던 그 순간 병부 주사라는 일개 말단 관리 왕양명이 이런 식으로 당차게 나왔으니, 유근이 그냥둘 리 만무했다. 화가 머리끝까지 치민 그는 즉시 황명을 빙자하여 왕양명을 체포했고 곤장 40대의 징벌을 명령했다.

이 곤장에 대해서는 이 책의 맨 첫머리에서 이미 설명한 바 있다. 곤장은 명대에 처음 도입된 형벌로, 고분고분하게 말을 듣지 않는 관리를 처벌하는 데 쓰였다. 자금성 남문 밖에서 뭇사람이 지켜보는 가운데 죄인의 볼기짝을 내리치는 형벌이었다. 극히 모욕적이고 잔인한 방법이었다. 형벌의 감독자는 사례감의 장인태감과 금의위의 지휘사指揮使였고, 실제 집행은 금의위 교위校尉가 맡았다.

집행자는 평소 훈련이 잘 되어 있어서 감독자의 어떤 동작이나 암시에 따라 곤장의 세기를 적절히 조절했다. 치도곤을 당하는 사람의 생사 여부는 전적으로 집행자의 손에 달려 있었다. 감독자의 구호는 보통 세 가지로 나뉘었다. '쳐라!' 하면 그것은 대충 때리는 시늉만 하라는 뜻이었다. 겉으

정덕 원년(1506), 환관 유근이 전횡과 탐욕을 일삼으며 이를 비판하는 충신들을 황실 감옥에
가두자, 왕양명은 상소를 올려 "충신의 진언을 무시하고 죄인 취급을 한다면 장차 종묘사직의
위기를 보고 누가 감히 간언하며, 폐하께서 어찌 그런 소리를 들을 수 있겠나이까"라고 했다.
유근이 대로하여 왕양명을 감옥에 가두고 곤장 40대를 치니 거의 죽을 지경에 이르렀다. 이후
그는 귀주 용장의 역승으로 쫓겨났다.

로 상처는 입지만 뼈가 부러지지는 않을 정도였다. 다음은 '매우 쳐라!'였다. 심하게 상처를 입거나 때로 평생 장애가 되는 경우도 있다. 그 다음은 '호되게 쳐라!'였는데, 이때는 거의 목숨을 부지하기 어려웠다. 또 있다. 곤장을 맞는 사람은 솜을 두둑하게 넣은 두꺼운 옷을 걸칠 수 있었다. 겉에 담요나 방석 따위로 감쌀 수도 있었다. 하지만 이렇게 해도 종종 곤장에 맞아 죽는 경우가 있었다. 잔인하기 그지없었던 유근은 올곧은 조정 대신을 증오한 나머지, 걸핏하면 이 곤장형을 내리곤 했다. 바지마저 다 벗기고 곤장을 맞게 하는 경우가 많았다. 왕양명이 바로 이런 곤장 세례의 첫 희생자였다.

유근의 명령이 떨어지자 금의위 교위들은 왕양명에게 비 오듯 곤장 세례를 퍼부었다. 순식간에 살점이 떨어져나가면서 피범벅이 되었다. 곤장 40대를 맞고 인사불성이 된 그는 숨조차 가물가물했다.

"그자를 투옥하라!"

유근의 살기등등한 한 마디에 교위들은 왕양명의 생사 여부를 확인하지도 않고 바로 끌고 가서 금의위 감옥에 던져버렸다.

제 5 장

구사일생

죽을 만큼 치도곤을 당한 왕양명은 가느다란 숨을 한 가닥 몰아쉬며 금의위의 감옥에 투옥되었다. 얼마나 시간이 흘렀을까. 마침내 그는 깨어났고 자신의 목숨이 아직도 붙어 있다는 걸 확인했다. 형언할 수 없는 감정이 북받쳐 올라왔다. 살아 있다는 것이 다행이라면 다행일 테고, 지금 이렇게까지 된 처지가 불행이라면 불행이었다. 지나온 자신의 30년 생애가 불현듯 뇌리를 스쳐 지나갔다. 성인의 길, 그는 어린 시절부터 그것을 꿈꾸어왔고, 또 그것을 위해 온갖 시도를 마다하지 않았다. 이제 그 길이 어렴풋하게 잡힐 듯하건만 뜻밖에도 이 엄청난 재앙을 당하게 되었다.

곤장의 치욕, 마음의 상처와 육신의 고통이 일시에 밀려와 잠을 이룰 수 없었다. 현실 정치는 암담하기만 하고 나라의 앞날은 잔뜩 먹구름이 낀 형국. 그래도 그는 감옥 속에서 광명의 도래를 꿈꾸었다. 사방은 암흑천지였지만 감방의 지붕을 올려다보니 뚫린 구멍 사이로 한 줄기 하얀 달빛이 흘러 들어왔다. 싸늘한 공기 속에서 달빛은 마치 예리한 칼날처럼 번뜩이며 자신의 마음을 비추는 듯했다. 만천하의 모든 생명체를 위해 존재하는 성인의 한량없이 너른 마음이 자신에게 스며드는 듯했다. 만감이 교차했다.

그 순간 문득 부친과 친구들 그리고 옛 성현이 떠올랐다. 사마천司馬遷의 『사기史記』에 있는 「태사공자서太史公自序」의 한 구절도 또렷이 생각났다.

"옛날 주 문왕은 유리羑里라는 감옥에 갇혀 있으면서 『주역』을 풀이했고, 공자는 진陳과 채蔡에서 고초를 겪은 다음에야 『춘추春秋』를 지었다. 굴원屈原은 초楚 회왕懷王에게 추방되고 나서 「이소離騷」를 지었고, 좌구명左丘明은 실명되고서야 『국어國語』를 남겼다. 손자孫子는 다리가 잘리자 병법을 설파했고, 여불위呂不韋는 촉蜀으로 쫓겨난 후에야 『여씨춘추呂氏春秋』를 남겼다. 한비자韓非子는 진秦에 갇히고 나서 「세난說難」과 「고분孤憤」 편을 지었다. 『시경詩經』 300편도 대개 성현들이 고난 속에서 용기를 얻어 엮은 것이다."

한 무제 시절, 이광李廣 장군의 손자 이릉李陵은 서북 지역인 거연居延 땅으로 흉노족을 정벌하러 나갔다. 양식은 떨어지고 원군조차 오지 않자 이릉은 그만 적군에게 투항해버렸다. 이에 무제가 이릉을 처단하려 하자 사마천은 이릉을 옹호하고 나섰다. 그는 이릉이 처음부터 투항할 의사가 있었던 게 아니니 용서해야 한다고 주장했고, 화가 난 무제는 사마천에게 부형腐刑을 내린 다음 감옥에 가두었다. 부형은 생식기를 없애는 가장 치욕스러운 형벌이었다. 그후 사마천은 옥중에서도 좌절하지 않고 울분을 삭히며 저술에 몰두했다. 그게 바로 천고에 길이 남은 역사서 『사기』다.

왕양명은 역사적 위인들이 대개 고난의 삶을 겪은 후에야 뛰어나 저술을 남겼다는 사실을 상기했다. 그리고 자신이 살아온 삶의 궤적을 돌아보았고, 역대 성현의 모습도 하나하나 곱씹어 보았다. '고달픈 삶을 비통해할 게 아니라 오히려 이를 성인의 꿈을 이루는 계기로 삼자. 차라리 정의 실현을 위해 내 자신이 희생하자!' 그는 용기백배했다.

"내 마음은 돌맹이가 아니거늘 어찌 이리저리 함부로 굴러다니랴!"

당시 그가 지은 옥중 시의 한 구절이다. 자신은 둥근 돌처럼 아무렇게나 굴러다니지 않는다. 현재 일어나고 있는 모든 슬픔과 기쁨, 영욕과 득실에 쉽사리 흔들리지 말고 꿋꿋이 성인의 길로 나아가자는 다짐이었다.

감옥에 갇힌 왕양명은 스스로 성인의 꿈을 다짐해가며 주 문왕이 그랬던 것처럼 『주역』 공부에 들어갔다. 그것은 자기 미래의 운명을 점쳐보기 위한 공부가 아니라 자신의 의지를 재확인하는 방편이었다.

첫 점괘에는 '둔遯'괘가 나왔다. '둔'은 '물러나다, 피하다'라는 뜻이다. 둔괘의 넷째 효사爻辭를 보면 "은퇴는 군자에게는 좋으나 소인에게는 좋지 못하다"라고 되어 있다. 군자는 자신의 뜻이 세속과 어긋나면 은퇴한다. 군자가 은퇴하더라도 자신의 뜻을 간직하고 있다면 그 마음이 담담하고 평온하다. 그러므로 이런 은퇴는 군자에게는 길운吉運이다. 반면 소인은 사리사욕 때문에 은퇴에 대해 늘 불만과 분노를 품는다. 그러므로 소인에게는 은퇴가 불길한 운세다. 당시 왕양명의 처지는 '은퇴'밖에는 다른 길이 없었다. 감옥에 갇혀 있는 이상 정치에 간여할 수 없었던 것이다. 기실 그는 유근 무리와 같은 소인배와는 어울리고 싶지도 않았다. 그래서 그는 이 둔괘가 자기 마음과 합치된다고 생각했다.

다음 점괘에는 '고蠱'괘가 나왔다. '고'는 '미혹되다, 혼란스럽다'라는 뜻이다. 만사가 혼돈 상태이므로 성현이 나타나 수습해야만 원래의 상태로 복귀되고 더 번성할 수 있다는 말이다. 그래서 고괘에는 "군자는 열심히 덕성을 길러 그것으로 백성을 구제해야 한다"라는 설명이 따른다. 비록 현재 자신에게 지위와 능력이 없다고 할지라도, 항상 높은 뜻을 품고 덕성을 수양한다면 군자는 마치 비나 이슬처럼 백성에게 은덕을 베풀 날이 온다는 의미다. 그래서 고괘의 효사에서는 또 "왕이나 제후 같은 높은 지도자를 모시지 못하더라도 군자는 변함없이 심지가 꿋꿋해야 한다"라고 했다. 빈천할지언정 자신의 뜻을 포기하지 않는 것이 혼란한 세상을 살아갈 수 있는 최상의 방책이라는 말이다. 그래서 왕양명은 이런 고괘의 효사가 바로 현재 자신이 취할 수 있는 최선의 방책이라고 생각했다.

이렇듯 왕양명은 곤장의 수모와 신체적 고통을 겪으면서 감옥에 갇혔을지언정 자신의 행동을 후회하지는 않았다. 그것을 오히려 자기 신념을 더욱 굳게 다지는 계기로 삼았다. 그로서는 주 문왕이 위대한 성인의 본보기였기 때문에 그 역시 문왕처럼 『주역』을 공부하면서 마음을 다잡았다. 그랬기 때문에 호방한 기질을 잃지 않고 암울한 감옥살이도 기꺼이 받아들일 수 있었다. "위로는 하늘, 아래로는 땅, 눈에 보이는 만물이 다 가없이 넓기만 하네." 이런 시구를 읊을 만큼 그의 심경은 여유롭고 담담했다. "욕심이 없으면 천지가 무한히 넓어 보인다"는 말이 바로 이런 경지가 아닐까.

그의 감방에는 죄수가 두세 명 더 있었다. 왕양명은 그들을 상대로 강의를 했고 성인의 도를 설파했다. 그들에게 마음의 여유를 잃지 말라는 격려 차원에서였다. '갑갑한 감옥살이, 그래도 강의와 시작詩作을 멈추지 않으리.' 그는 이런 시구도 남겼다. 감옥에서도 성인의 도리를 강학할 정도라면 사실 공자가 말한 '아침에 도를 듣는다면 저녁에 죽어도 좋다'는 경지가 아니겠는가. 이처럼 그는 자신의 생사 여부에 대해서는 무덤덤했다.

감옥에 갇힌 지 대여섯 달 정도가 지났을까. 정덕 2년(1507) 어느 여름, 조정에서는 마침내 왕양명에게 석방령을 내렸다. 그리고 그는 용장龍場의 역승驛丞으로 좌천되었다. 투옥되기 전 왕양명은 정6품 병부 주사였지만, 역승은 품계가 없는 자리여서 사실상 삭탈관직이나 마찬가지였다. 역은 '역참驛站'이라고도 했는데, 옛날 문서를 배달하는 관리들이 쉬거나 묵는 숙소였다. 역승은 역참의 책임자였다. 용장은 지금의 구이저우貴州성 슈원

修文에 해당하는 지역으로, 성도省都 구이양貴陽에서 40킬로미터 정도 떨어진 곳이다. 당시 용장 지역의 상황에 대해서는 이후 다시 언급하겠다.

호되게 곤장을 맞은 데다 대여섯 달 정도의 감옥 생활을 했고 또 좌천까지 당한 왕양명이었지만, 그 와중에 목숨이나마 건진 것은 천운이자 기적이었다. 출옥 이후 용장 임지로 떠나기 전 그는 준비물을 챙기기 위해 먼저 고향에 한번 들러야겠다고 생각했다. 수도를 떠나 남쪽을 향했다. 길은 멀고 몸은 불편했지만 그런 고달픔보다는 뭔가 이상한 낌새가 느껴졌다. 누군가가 그를 미행하고 있었다. 유근이 파견한 금의위 관원일 거라는 생각이 들었다. 과거 장인태감을 지낸 왕악 역시 남경으로 쫓겨나던 도중 저들에게 피살되지 않았던가.

그게 원래 유근의 장기였다. 만약 사실이라면 왕양명의 목숨은 경각에 달린 셈이었다. 그는 도중에 휴식도 취하지 않았고 한시도 경계심을 늦추지도 않았다. 자주 이동 방법을 바꾸기도 했다. 밤에 쉬고 낮에 이동하거나 그 반대로 하기도 했다. 하루 만에 그는 전당강錢塘江 북쪽 기슭에 도착했다. 강 너머 고향이 눈앞에 보였다. 이때 줄곧 미행해오던 자가 드디어 그 모습을 드러냈다. 이제 노골적인 추격이 시작된 것이다.

전당 강변에 다다른 왕양명은 도도히 흐르는 강물을 바라보면서 이제 더 이상 저들의 손아귀를 벗어날 수 없다는 생각이 들었다. 이에 「절명시絶命詩」 두 수를 지었다. 그중 한 수다.

내 일편단심은 일월에 견줄 만하다고 자신했으니
강 속 물고기 밥이 된들 무슨 여한이 있으랴
예부터 충신들은 얼마나 비참하게 죽어갔던가
오자서를 애도하는 듯, 밤낮으로 울어 예는 강물 소리

시의 대의는 이렇다. '나 왕양명은 지금껏 조정에 충성을 다 바쳤다. 내 충심은 일월처럼 광명정대하다고 확신한다. 나는 천지에, 또 내 양심에 하등 부끄러움이 없으니 강 속 물고기 뱃속에 든다고 해도 여한이 없다. 자고로 충신은 비참한 말로를 맞은 예가 많았으니, 그들은 고고한 지조를 지닌 채 기꺼이 죽음을 맞았다. 지난날 오자서는 오왕 부차夫差에게 간언하다 목숨을 잃었고, 그 시신은 양자강에 버려졌다. 지금 밤낮으로 흐르는 물결 속에 이는 파도 소리가 마치 오자서를 애도하는 듯하구나.' 시의 마지막 두 구절에서 왕양명은 스스로를 오자서에 비유했다. 「절명시」를 짓고 난 후 왕양명은 장탄식을 내뱉으며 의관과 신발을 벗어둔 채 파도가 넘실대는 야밤의 전당강으로 뛰어 들었다.

금의위의 자객들이 강변에 다다랐을 때 이미 왕양명은 보이지 않았고 그의 옷과 신발 등이 강물 위에 떠 있었다. 그리고 강변에 남겨진 「절명시」를 발견하고는 그가 이미 강으로 뛰어 들어 목숨을 끊었다고 생각했다. 이 소식은 곧바로 절강성 포정사布政司와 안찰사按察使에게 전해졌고, 그들은 직접 관원 몇 명을 데리고 와서 강변에서 왕양명을 위해 제사까지 지내주었다. 또 이 불행한 소식은 왕양명의 가족에게도 전달되었다. 가족은 대성통곡하면서 장례를 준비했다.

그러나 왕양명은 죽은 게 아니었다. 그가 의관과 신발을 벗어둔 채 전당강에 뛰어든 것은 금의위 자객에게 혼란을 주어 그 추격을 따돌리려는 계책이었다. 칠흑같이 어두운 밤, 도도히 흘러가는 강물로 뛰어들었으니 사실 죽을지 살지는 자신도 모를 일이었다. 이는 「절명시」에 그대로 나타난다. 하지만 그로서도 다른 선택의 여지가 없었다. 강으로 뛰어든 그는 금방 급류에 휩쓸려 내려갔고 강 언덕으로 기어오를 수도 없었다.

얼마나 시간이 흘렀을까. 파도에 부딪혀 정신을 잃었던 그가 눈을 떠보

정덕 2년(1507), 왕양명은 용장의 역참으로 부임하는 길에 유근이 파견한 금의위 자객의 미행을 당했다. 자객을 따돌리고 전당강에 뛰어든 후 의식을 잃었던 왕양명이 눈을 떠보니 놀랍게도 배 안이었다. 연해 지역을 다니는 상선이 강물에 떠내려가는 그를 발견한 것이었다.

니 놀랍게도 배 안이었다. 강물에 떠내려가는 그를 발견한 것은 상선이었다. 주산舟山·복건福建 일대의 연해 지역을 다니며 장사를 하는 배였다. 마침 그 배는 전당강을 따라 항주만杭州灣을 나와 주산을 거쳐 복건으로 들어가던 참이었다. 배가 복건에 이르자 왕양명은 기력을 되찾았고 뭍으로 올라왔다.

이제 어디로 가야 하나. 막막했다. 복건 지방은 그가 한 번도 와본 적이 없었다. 산 설고 물 설은 땅, 남루한 차림새. 이런 행색으로는 번화한 성내로 들어갈 수가 없었다. 그는 인적이 드문 산길을 골라 다녔는데 우연히도 무이산武夷山 자락에 도착했다. 기암괴석, 흐드러진 꽃, 무이산의 풍경은 수려했고 인적은 드물었다. 고요한 산중으로 들어서니 마음은 마냥 평안했고 형언하지 못할 희열감마저 느껴졌다.

하지만 지난 36년간의 파란만장했던 삶을 돌이켜보니 암담하기만 했다. 모진 고초를 겪으면서 성인의 뜻은 펼쳐보지도 못했던 세월, 이제는 도저히 실현되지 못할 것만 같은 원대한 이상, 암흑과도 같은 현실 정치, 군주는 무능과 사치에 탐닉하고 소인배만 들끓는 관료사회, 고단한 삶의 무게에 짓눌린 백성…… 그야말로 절망적인 세상이었다. 국리민복을 위한 웅지와 기개는 넘쳐나건만 그것을 어떻게 펼칠 수 있단 말인가. '소인배 무리에 뒤섞여 저들과 아웅다웅 발버둥치느니 차라리 이 수려한 무이산 속에 은거하는 게 낫지 않을까. 기암괴석과 벗하고 산중의 뭇짐승과 어울리면서 세상만사에 초연한 삶을 산다면 얼마나 자유롭고 여유로울까.' 원래부터 은둔 사상을 마음 깊이 품고 있었던 왕양명은 그윽한 산속에 묻히게 되자 또다시 이런 생각을 뇌리에 떠올렸다.

이렇게 마음을 정하고 나니 한결 편안해졌다. 그러나 몸은 극도로 피곤했다. 날이 저물자 허기와 졸음이 밀려왔다. 마침 먼 곳에 절이 하나 보였

다. '일단 절에 가서 하루쯤 쉬고 난 뒤에 내일 일을 생각하자.'

아주 자그마한 낡은 절이었다. 왕양명은 문을 열고 들어가 마중 나온 스님에게 자신이 온 목적을 말했다. 하지만 스님은 뜻밖에도 그의 방문을 거절했다.

"저희 절이 너무 협소한 데다 평소 방문객도 없어서 별도로 준비해둔 방이 없습니다. 다른 곳에 가서 묵으시지요."

이렇게 말하고는 문을 닫아버렸다. 하는 수 없이 그는 발길을 돌렸다. 얼마 가지 않았을 때 이번에는 이미 폐허가 된 절이 하나 나타났다. 다 허물어진 절이었지만 다행히 그 안에 탁자가 하나 있었다. 지칠 대로 지친 그는 아무 생각 없이 탁자를 침대 삼아 깊은 잠 속으로 빠져들었다.

이튿날 아침 왕양명이 눈을 떠보니 놀랍게도 지난밤 그의 투숙을 거절했던 스님이 곁에 서 있었다. 스님이 너무나 놀랍다는 표정을 지으며 말을 걸어왔다.

"잘 주무셨는지요?"

"그럼요."

"간밤에 무슨 이상한 소릴 듣진 못했나요?"

왕양명이 대답했다.

"글쎄요. 호랑이 울음소리를 들은 거 같기는 한데, 제가 너무 피곤한 나머지 그다지 신경 쓰진 않았습니다."

스님이 왕양명을 이리저리 뜯어보며 말했다.

"손님은 참 특이한 분이시군요. 도무지 이해할 수가 없는 일인데……"

스님은 연거푸 불가사의하다는 말을 중얼거렸다. 그러면서 왕양명에게 자기 절로 가서 아침을 같이 먹자고 했다. 왕양명은 이미 피골이 상접할 정도로 허기진 터라 염치 불고하고 스님을 따라 절로 갔다.

이상한 일이었다. 왜 스님은 새벽같이 이 폐허가 된 절로 왕양명을 찾아왔을까. 왕양명이 아무 일 없이 일어난 걸 보고 왜 그는 또 도무지 이해할 수 없다는 표정을 지었을까. 나중에 들으니 이 낡은 절은 그 주변에 호랑이가 자주 출몰하기 때문에 '호랑이 굴'이라고도 불렀다. 과거 이 절에서 묵은 사람은 하나같이 다 호랑이 밥이 되었다고도 했다. 이미 이런 사정을 잘 아는 스님은 일부러 왕양명을 이 절로 내보낸 것이었다. 손님은 틀림없이 호랑이에게 먹힐 것이고 그렇게 되면 손님의 짐보따리는 스님 차지가 된다. 이유는 뻔했다. 스님은 왕양명의 짐 보따리를 챙기러 온 것이었다. 결과는 대실망이었다. 왕양명에게는 작은 짐 보따리조차 없었고 곤한 잠에서 깨어나 멀쩡하게 살아 있기까지 했으니 말이다. 스님이 불가사의한 표정을 지은 건 당연했다.

스님을 따라 절에 들어온 왕양명은 게걸스럽게 음식을 욱여넣고는 자리를 뜨려고 했다.

"잠깐만요. 저희 노스님께서 손님을 한번 뵙자고 하시는데요."

의외였다. 이 적막한 무이산의 작은 절에서 어느 노스님이 자기를 만나려고 한단 말인가. 잠깐 시간이 흐른 다음, 이번에는 왕양명이 깜짝 놀랄 일이 벌어졌다. 하얀 수염을 곱게 기른 늙은 도사 한 분이 공손한 자세로 자기에게 인사를 하지 않는가. 자세히 보니 낯익은 얼굴이었다. 열일곱 살 때 남창 철주궁에서 밤새도록 대화를 나누었던 그 도사, 혼례 시간을 놓치게 한 바로 그 도사가 아닌가. 근 20년 만에 이런 지리에서 상봉하다니, 실로 꿈만 같았다.

도사는 소매 속에서 두루마리 종이 하나를 꺼내 왕양명에게 건넸다. 도사가 쓴 시였다. "20년 전 그대를 만났었는데, 오늘은 내가 먼저 그대 소식을 들었네." 아마도 도사는 이미 왕양명의 그간의 행적에 관해서는 다 알

왕양명은 혼인 직전에 만난 적이 있는 한 도사와 약 20년 만에 재회했다. 왕양명이 도사에게 자신은 앞으로 은둔생활을 할 거라고 하자 도사가 말했다. "자네가 은둔해버리면 그것 때문에 멸문지화를 당할 걸세." 그러면서 도사가 왕양명을 위해 골라준 점괘는 명이괘였다. '밝은 덕은 내면에 감추되, 겉으로 온순하게 상대를 섬기면 혼란을 극복할 수 있다'는 의미가 담긴 점괘였다. 이에 그는 은둔 대신 용장행을 결심했다.

고 있는 듯했다. 그제야 왕양명도 마음이 놓였다.

도사가 왕양명에게 물었다.

"이번에 큰 시련을 겪었다던데 앞으로 어떻게 할 셈인가?"

"저는 세상일에 초연하기로 했습니다. 이제부터는 은거하여 수양이나 하면서 유유자적 지낼 작정입니다."

"유유자적하겠다? 그렇게는 안 될 걸세. 자네가 만약 이대로 은둔해버리면 멸문지화滅門之禍를 면치 못할 걸세."

왕양명이 화들짝 놀라며 물었다.

"무슨 말씀이신지?"

"생각해보게. 가친家親께서는 아직 관직에 계시지 않은가. 다른 가족도 다 살아 계시지. 귀양이나 다름없지만 조정에서는 어쨌든 자네에게 자리를 내주었네. 게다가 자네의 이름은 이미 조야朝野에 다 알려져 있지 않은가. 만약 자네가 지금 흔적 없이 사라져버린다면 유근이 가만둘 리 없지. 그자가 자네 가친이나 가족들을 그냥 둘 것 같은가. 그자는 자네에게 모반죄나 성지聖旨를 거역한 죄명을 뒤집어씌울 걸세. 그렇게 되면 자네 스스로 멸문지화를 일으키는 꼴이 되고 말걸세."

왕양명은 잠에서 막 깨어난 듯 정신이 번쩍 들었다.

"그럼 이제 제가 어떻게 해야 하겠습니까?"

"우선 점괘부터 한번 알아보세."

도사가 고른 점괘는 '명이明夷'괘였다. 명이괘는 땅을 나타내는 곤坤괘와 불을 나타내는 이離괘가 상하로 이어진 것으로, '밝음이 땅속으로 들어가는' 형상이다. 이는 현자賢者가 큰 곤경에 처한다는 것을 상징한다. 어떻게 해야 될까. 빛을 숨기고 자기 수양에 치력하는 수밖에 없다. 자신을 과시하지 말고 은인자중隱忍自重하면서 기회를 기다려야 한다. 그래서 명이괘에는

"밝은 덕은 내면에 감추되, 겉으로 온순하게 상대를 섬기면 혼란을 극복할 수 있다"라는 설명이 따른다. 요컨대 환란의 시기에는 은밀하게 정도正道를 지키면서 때를 기다려야 살아남을 수 있다는 의미다. 지금 왕양명은 용장 역참으로 귀양을 떠나게 된 '죄인'의 몸이니 이는 현자가 큰 수난을 당한 꼴이다. 만약 그가 용장으로 가지 않고 산속에 은둔하여 도를 수양한다면 세속의 명리로부터 자유로울 수는 있다. 하지만 '밝은 덕을 내면에 감추되, 겉으로 온순하게 상대를 섬긴다'는 논리와는 상충된다.

도사의 점괘를 들으면서 왕양명은 그 자리에서 대오각성했다. 일단 소흥으로 돌아가 짐을 꾸린 다음 용장으로 가야겠다고 결심했다. 그리고 붓을 들어 벽에다 시 한 수를 썼다.

험난하든 순탄하든 다 마음에 두지 않은 건
뜬구름이 허공을 지나는 것과 다를 바 없기 때문이지
고요한 밤, 파도치는 아득한 바다
달빛 사이로 바람을 가르며 지팡이 타고 날아가려네

거리낄 것 없이 당당한 기개, 세상일에 초연하려는 고매한 인품이 묻어나는 시다. 고달픈 세상살이, 부귀영화, 명리득실, 은총이나 수모 따위를 그는 애당초 마음에 두지 않았다. 그것은 하늘을 떠도는 뜬구름 같은 것일 뿐이라고 여겼다. 고요한 밤, 그는 국가의 장래를 걱정했고 자신의 인생 행로를 되짚어보았다. 만감이 교차했다. 용솟음치며 절벽을 때리는 파도처럼 파란만장했던 굴곡진 삶이었다. 망망한 여정, 고난은 끊이지 않을 것이었다. 하지만 마음은 하늘에 걸린 하얀 달처럼 투명했다. 그지없이 맑고 깨끗했다. '옛 도사들이 그랬듯이 천지의 기운을 받으면서 이제 지팡이에 의지하여 하산하리라. 운명 앞에 다가온 그 어떤 도전이라도 다 받아들이겠노라.' 그런 심경으로 지은 시였다.

시를 완성한 후 왕양명은 도사와 작별했다. 떠날 무렵 도사가 그에게 얼마간 여비를 챙겨주었다. 무이산을 나온 그는 남창을 거쳐 파양호鄱陽湖에서 수로를 통해 남경에 다다랐다. 부친 왕화가 당시 남경 이부 상서로 있었기 때문이다. 부자 상봉은 그야말로 희비의 쌍곡선이었다. 잠시 부친을 뵌다음 그는 다시 집이 있는 소흥으로 돌아왔다. 용장으로 떠날 짐을 꾸리기 위해서였다. 당시 12월이었다.

지금까지의 왕양명의 행적은 사료의 기록을 바탕으로 기술한 것이다. 그러나 그가 금의위 교위로부터 추격당할 때 전당강에 뛰어든 사건에 대해서는 다른 사료도 있다. 다음은 그 세 가지다.

첫째 기록은 이렇다. 왕양명은 전당강에 뛰어든 후 강에서 표류하지 않고 다시 올라온 다음, 곧바로 서호西湖 주변에 있는 승과사勝果寺로 숨어들었다. 강을 표류한 건 순전히 그가 꿈속에서 경험한 일이라고 한다. 어느 정도 몸을 추스른 다음 그는 소흥으로 돌아왔고 다시 용장으로 향했다.

두 번째 기록은 이렇다. 그는 전당강에 뛰어든 후 복건성 쪽으로 상륙하여 무이산 '호랑이 굴'에 묵었다. 거기서 도사와 재회했다는 점은 앞서의 기록과 일치한다. 다만 그 후 그는 고향에 들르지 않고 곧장 용장으로 향했다고 한다.

마지막 세 번째 기록은 이렇다. 금의위 교위가 왕양명을 추격했다는 것까지는 일치한다. 그러나 그는 추격을 피해 일찌감치 항주 승과사로 피신해 들어갔다. 얼마간 시간이 지난 다음, 하루는 체격이 건장한 북방 계통의 사내 둘이 승과사에 당도했다. 금의위 교위였다. 두 교위가 왕양명에게 물었다.

"그대가 왕 주사인가?"

그렇다고 대답하자 교위들은 할 말이 있다며 왕양명을 양쪽에서 붙잡고 성 밖으로 데리고 나갔다. 한참을 걸어가는데 마침 뒤에서 승과사 이웃 마을 장정 두 명이 이들을 쫓아왔다. 금의위에서 나온 두 거한이 왕양명을 성 밖으로 끌고 가는 걸 본 마을 장정들은 뭔가 일이 잘못되었다고 생각해서 이들을 뒤따른 것이었다. 인적이 드문 곳에 이르자 두 교위가 장정들에게 말했다.

"솔직히 말하지. 우린 금의위 관원이네. 이자를 처결하라는 장인태감 유근의 명령을 받았네. 자네들과는 아무 상관없는 일이니 그만 돌아들 가게."

이웃 장정들이 말했다.

"이분은 유명한 현자이신데 어떻게 목숨을 앗는단 말이오? 더욱이 여긴 항주요. 당신들이 이분을 죽여 강에 버린다면 다들 가만있지 않을 것이오."

"그래도 할 수 없지 않은가? 이자를 살려두었다가는 우리가 돌아가서 어떻게 복명復命하겠나? 오히려 우리가 살아남지 못할 걸세."

"그래요? 기왕 이렇게 되었으니 이분이 죽더라도 시체나마 온전해야 하지 않겠소? 이분더러 스스로 강에 투신하여 자살하게 한다면 시체는 온전할 테니 그렇게 하시오. 이곳 사람들도 납득할 것이오."

결국 두 교위도 장정들의 말에 동의했다. 강변에 당도하자 왕양명이 마을 장정에게 말했다.

"나는 이제 곧 죽을 목숨이오. 두 분의 호의에 감사할 따름이오. 번거롭겠지만 내 시체라도 수습할 수 있도록 우리 가족에게 이 소식을 좀 전해주시오."

장정들이 대답했다.

"그렇다면 무슨 증표라도 하나 남기시오. 그래야 가족이 우리 얘기를 믿지 않겠소?"

이때 왕양명이 남긴 것이 바로 「절명시」다. 말하자면 이 시는 왕왕명이 자신의 죽음을 앞두고 가족에게 전달한 증표인 셈이다.

으슥한 밤, 왕양명은 홀로 강변으로 내려갔고, 은밀히 강변의 한 물구덩이로 숨어들었다. 신발과 의관은 강변에 놓아둔 채였다. 그리고는 돌덩이 하나를 들어 강 속으로 던져 넣었다. '덤벙!' 큰 소리가 들렸다. 자신이 강으로 투신한 게 아니라 돌덩이를 이용해 자살을 위장한 거였다. 이튿날 그는 작은 배로 강과 바다를 건너 복건성에 당도했다. 그 후의 행적은 앞의 기록과 대체로 일치한다.

왕양명이 복건성에 다다르기까지의 일련의 행적에 대해서는 여러 가지 전설이 남아 있지만 아무래도 맨 먼저 소개한 내용이 비교적 합리적이라고 생각한다. 그 이유를 크게 두 가지로 추정해볼 수 있다.

첫째, 전당강이 강폭이 넓고 유속이 빠르긴 하지만 목숨이 걸린 다급한 상황에 처하다 보면 왕양명도 물에 뜨려고 애썼을 것이다. 물론 강에 투신한 다음 상황이 어떻게 전개될지는 자신도 예측하지 못했을 것이다. 하지만 이때 그가 급류에 휩쓸려 표류했을 가능성이 크다. 그 후 상선에 의해 구조되어 주산舟山을 거쳐 복건성에 다다랐다고 추정해볼 수 있다. 지리직으로 볼 때, 전당강 입구를 나오면 바로 항주만이라 금방 주산 일대에 닿을 수 있기 때문이다.

둘째, 당시 왕양명이 속세를 떠나 은둔할 생각을 한 것은 그의 기질과도 부합한다. 하지만 그가 용장 역승驛丞으로 나가기로 결심한 이상, 남경을 들른 다음 일단 소홍으로 되돌아갔을 개연성이 크다. 당시 그는 줄곧 도피 중이었기에 짐도 없고 행색도 초라했을 것이다. 그러므로 곧장 용장으로 가지는 않았을 것이다. 일단 집으로 가서 임지로 나갈 채비를 했다고 보는 것이 합리적일 것 같다.

구체적인 행적이 어떠했건 간에, 당시 왕양명이 금의위 자객의 추격을 벗어나기 위해 상상을 초월하는 모진 고초를 겪었다는 사실 하나는 분명하다. 이런 풍파와 곡절을 겪으면서 그는 거의 혼비백산할 정도로 죽을 고비를 맞았지만 그래도 목숨은 겨우 부지할 수 있었다.

그해 12월, 그는 집으로 돌아가 얼마간 휴식을 취한 다음 용장으로 출발했다.

용장에 도착한 후 장차 또 어떤 시련과 고난이 닥칠지 그는 아직 까마득히 모르고 있었다.

제 6 장

용장龍場에서
도를 깨치다

보통 사람으로서는 도저히 상상하기 힘든 우여곡절을 거치면서 금의위 관원의 추격을 벗어난 왕양명은 천신만고 끝에 복건, 강서성 등지를 돌아 집이 있는 소흥으로 되돌아왔다. 집에서의 휴식도 잠시뿐, 역승 부임을 위해 그는 다시 귀주성 용장으로 향했다.

절강浙江 소흥에서 귀주 용장까지는 당시 교통 사정으로는 너무나 멀고 험난한 여정이었다. 용장의 자연환경이나 생활 여건에 대해서도 별로 아는 사람이 없었다. 하지만 왕양명은 그곳 환경이 열악하리라는 것을 어느 정도 예측하고 있었다. 그래서 임지로 떠날 때 혼자 나서지 않고 집안의 하인 몇 명을 대동했다.

떠나기 전, 가족과 그의 제자들이 배웅을 나와주었다. 그중에는 서애徐愛라는 제자도 끼어 있었는데 왕양명이 가르친 최초의 제자이자 애제자였다. 서애는 자가 왈인曰仁으로, 왕양명의 학문을 숭앙해서 '성인의 학문'을 배우겠다고 다짐했고, 왕양명 역시 그의 학문적 자세를 높이 샀다. 후일 서애는 왕양명의 매제가 되었다. 왕양명은 '나에게 서애는 안연顔淵과 같은 존재'라고 할 정도였다. 안연은 공자가 가장 아낀 제자 중의 한 사람이다. 애석하게도 서애는 안연처럼 단명해서 나이 서른한 살에 세상을 뜨고 말았다. 그는 초창기 왕양명의 사상을 전파하는 데 중요한 역할을 맡았다.

정덕 2년(1507) 12월, 왕양명은 소흥을 출발하여 이듬해 봄에 귀주 용장에 도착했다. 이곳은 해발 1300미터 정도의 고산 지대로 강수량이 많은 데다 다습해서 기후가 온화한 대신 독충과 전염병이 창궐했다. 지금은 이곳도 교통이 편리하지만 당시에는 첩첩산중이나 다름없었다. 이곳은 묘족苗族·포의족布依族 등 소수민족의 집단 거주지라 한족과는 언어가 잘 통하지 않았다. 이런 점에서 한족 출신인 왕양명은 더더욱 힘겨운 생활을 겪어야 했다.

용장에 도착한 왕양명이 처음으로 직면한 문제는 주거 문제였다. 당시 이곳은 역참이었기 때문에 그가 거주할 방이 별도로 마련되어 있지 않았다. 머물 곳이 없으니 우선 초막이라도 하나 지어야 했다. 초막은 어깨 높이 정도로 야트막해서 들고날 때 머리를 숙여야 했고 방 안도 사람 하나가 겨우 지낼 수 있을 정도로 좁았다. 워낙 누추하다 보니 비바람을 제대로 막기도 어려웠고 흐린 날이면 방안이 축축한 습기로 가득 찼다. 이런 상황에도 그는 근무에 충실했다. 사방을 돌아다니며 산천지리를 익혔고 현지 주민의 풍속과 인심이 어떤지 알아보려고 애썼다. 원래 그는 근무지가 어디든 현지의 지리적 상황과 백성의 생활을 최우선적으로 파악하는 게 습관처럼 되어 있었다. 이 점에 대해서는 이후 다시 언급하겠다.

주변 지형을 파악하러 다니던 중에 용장 북동쪽에 위치한 용강산龍岡山에서 동굴을 하나 발견했다. 고목이 우거지고 경치가 수려한 곳이었다. 동굴 안은 다소 음습했지만 그래도 비바람을 피하기엔 좋았다. 그래서 아예 이 동굴을 거주지로 삼기로 하고 짐을 죄다 꾸려왔다. 현지인들은 그곳을 '동쪽 동굴'이라고 불렀는데, 왕양명은 그 이름을 '양명 동굴'로 바꾸었다.

용장에 도착해보니 그곳은 생활 환경이 지극히 열악한 오지였다. 왕양명이 마을 사람들의 도움을 받아 서원을 건립하고 강학을 실시하자 사방에서 제자들이 모여들었다.

산속 동굴로 이사해왔으니 그야말로 '자연 속의 은거'라는 말이 제격이었다. 마음이 평온하고 즐거움마저 느껴지는 생활이었다. 공자가 말한 '욕거구이欲居九夷'가 생각났다. '변방 지역에 가서 살고 싶다'는 의미다. 당초 공자는 인의지도仁義之道를 실현하겠다는 생각에 중원의 여러 제후국을 주유했다. 하지만 자신의 이상을 실현할 기회가 오지 않자 마침내 제자들 앞에서 '욕거구이'란 말을 끄집어냈다. 중원과는 멀리 떨어진 소수민족의 거주지에 가서 살면 혹시 자신의 이상을 실현할 수도 있을지 모른다는 생각에서였다. 당시 제자가 공자에게 물었다.

"그런 곳은 누추할 텐데 어쩌시렵니까?"

공자가 대답했다.

"군자가 사는데 어찌 누추하겠는가?"

모름지기 군자는 어디를 가든 잘 적응하여 여유롭게 지낼 수 있다. 군자는 가는 곳마다 자신의 영향력을 발휘하여 사람들을 교화시킬 수 있다. 그곳의 문화와 풍속이 군자로 인해 바뀔 텐데 어찌 누추하겠느냐는 뜻이다. 왕양명은 지금 실제로 소수민족의 거주지에 살고 있고, 물질적 조건이나 주변 환경이 매우 열악하다. 그럼에도 그의 심경은 마냥 평안하고 여유로웠다. 이때 지은 시가 「동쪽 동굴을 양명 동굴로 바꾸다」라는 작품이다.

변방 한 구석에 살지언정 어찌 누추하다 하리
마음은 절로 평안하고 여유로운 걸
고향 생각 굴뚝같지만
지금 이 자리, 아무런 후회 없네

산속의 동굴 생활로 주거 문제가 해결되긴 했지만 그래도 불편한 게 한

두 가지가 아니었다. 사람이 거주지를 갑자기 바꾸면 생기는 문제는 특히 물, 음식, 기후 등에서 많이 나타난다. 그러다 보면 몸까지 이상해지는데 이를 두고 흔히 물갈이라고 한다. 귀주 용장은 고산 지대 치고는 해발이 그리 높은 편은 아니었지만 절강 지역의 자연환경과는 차이가 많았다. 특히 이곳은 생활 여건이 아주 열악한 데다 음침하고 습기가 많은 동굴 생활을 하다 보니 적응하기가 여간 어려운 게 아니었다.

이렇게 지내다 보니 왕양명이 데리고 온 하인 셋이 먼저 병이 났다. 왕양명은 자기 몸도 불편했지만 그래도 하인들보다는 나은 편이었다. 원래 왕양명을 도와주러온 그들이었지만 이번에는 오히려 상황이 역전되어 왕양명이 하인들을 보살펴야 할 처지가 되었다. 그는 직접 땔감을 베고 물을 길어다 앓아누운 하인들에게 죽을 끓여주었다. 또 그들을 위로한답시고 고향 민요를 불러주기도 했다. 몸이 불편하면 마음도 심란한 법, 그들이 노래를 듣고 싫은 내색을 하자 이번에는 우스운 이야기며 농담까지 들려주었다. 그가 갖은 방법을 동원해가며 정성껏 돌봐주는 사이 하인들도 점차 기력을 회복했다.

이렇게 얼마간 시간이 지난 후, 이번에는 또 양식 문제가 불거졌다. 먹을거리가 떨어지자 사태는 전보다 더 심각했다. 때는 마침 봄 파종기였다. 묘족민이 어떻게 파종하나 봤더니 다들 화전을 일구고 있었다. 나무를 베고 그 자리에 불을 지른 다음 파종하는 방식이었다. 원시적이긴 해도 그 방식은 아주 간단했다. 주민들로부터 파종법을 익힌 후 왕양명은 직접 황무지를 개간하고 경작에 들어갔다.

주민들이 거주하는 집은 대충대충 엮어놓은 오막살이가 대부분이었다. 그는 그들에게 흙벽돌 제조법을 가르쳐주고 나무로 집 짓는 방법을 일러주었다. 그 결과 주거 환경의 개선과 함께 한족 문화를 보급하는 효과도 있었다. 현지 주민들은 이러한 왕양명에게 매우 호의적이었고 고마워했다.

왕양명이 동굴 이름 앞에 '양명陽明'이라는 말을 붙이긴 했지만 실제 그곳은 '양지'가 아니라 '음지'였고, '광명'보다는 '암흑'에 가깝다는 걸 주민들도 잘 알고 있었다. 그들은 동굴 속이 너무 음습하다고 생각해서 벌목한 나무로 왕양명에게 여러 칸짜리 집을 지어주었다. 주거 환경이 개선되면 그가 강학을 하거나 공부하는 데 도움이 될 거라는 배려에서였다. 왕양명은 그곳을 용강 서원龍岡書院이라고 명명했다. 그 얼마 후 빈양당賓陽堂·하루헌何陋軒·군자정君子亭·완이와玩易窩 등 서원의 부속 건물들이 속속 생겨났다. 비록 원래의 모습은 아니지만 이 건물들은 현재까지도 슈원修文에 남아 있다.

왕양명이 현지 주민들과 평화롭게 지내고 있을 즈음 낯선 관리가 하나 찾아왔다. 관리는 거드름을 피우며 왕양명이 용장에 부임한 이후 한 번도 사주思州 태수에게 인사하러 오지 않은 것을 책망했다. 사주 태수가 보낸 자였다. 무언가 왕양명에게서 꼬투리를 잡으려고 나온 모양이었다. 사주 태수의 관아는 지금의 구이저우성 천궁岑鞏이었는데, 용장은 그의 관할 아래 있었다.

관리의 태도는 무례하기 짝이 없었다. 관리가 오만한 태도로 왕양명을 책망한 것에 대해 왕양명 본인은 그런대로 참을 수 있었지만 현지 주민들은 그렇지 못했다. 그들은 우르르 몰려가 왕양명에게 무례하게 구는 관리를 흠씬 두들겨 팼다. 결국 관리는 슬그머니 도망쳐버렸다. 관아로 돌아온 관리는 있는 말 없는 말을 다 보태서 태수에게 이 사실을 보고했고, 태수 역시 화가 잔뜩 치밀어 상급 기관인 귀주 안찰사按察司에 사실을 과장해서 보고했다. 왕양명이 현지 주민들과 한 통속이 되어 상급 관아의 권위를 훼손했다는 내용이었다. 그리고는 왕양명이 직접 자기를 찾아와 사과하게 해야 한다고 주장했다.

안찰사는 성省 전체의 사법 업무를 관장하는 기구였는데, 사주 태수가 보고를 올리자 당시 부안찰사副按察使로 있던 모과毛科가 이 사건에 관심을 보였다. 모과는 여요 사람으로 왕양명과는 동향이었다. 그는 태수의 보고를 받고 몹시 못마땅하게 여긴 나머지 왕양명에게 편지 한 통을 보냈다. "상황을 잘 판단해서 제대로 처신하기 바란다. 일이 크게 확대되지 않도록 사주 태수를 찾아가 공손하게 사과드려라. 그렇지 않으면 그대의 용장 생활에 도움이 될지 위험이 될지는 장담하기 어렵다"는 취지였다. 왕양명은 즉각 답장을 보냈다. 대개 다음 세 가지 내용이었다.

첫째, 귀하의 편지를 읽어보니 사주 태수가 용장으로 사람을 보낸 것은 원래 호의에서 우러나온 행동인 듯하다. 하지만 그 관리가 거들먹거린 건 그의 잘못이지 태수의 뜻과는 상관없는 일이다. 용장 주민들이 그 관리를 구타한 것도 사실 그가 너무 오만방자하게 굴었기 때문이지 내가 시킨 일은 아니다. 따라서 태수도 나를 업신여기지 않았고, 나 또한 태수에게 오만하게 군 적이 없다. 그러니 태수와 나는 서로 잘못도 원망도 있을 수 없다. 잘못이 없는 터에 군이 태수를 찾아가 사과할 필요는 없지 않은가.

둘째, 나처럼 미관말직이 상급 관리에게 사과하는 건 흔히 있을 수 있는 일이니 치욕스러울 건 없다. 하지만 무슨 명목이 있어야 사과를 해도 하지 않겠는가. 명분 없이 그냥 사과를 한다면 이는 스스로에 대한 모독이나 다름없다. 나는 그런 짓은 못하겠다.

셋째, 귀하는 내 사과 여부가 나의 장래에 도움이 될지 위험이 될지 장담하지 못하겠다고 했지만, 나는 일개 미관말직에 불과하다. 이 황량한 벽지에서 내가 기대는 건 오로지 '예의염치'뿐이다. 이것만 지킬 수 있다면 나는 장래의 성패 여부에 대해서는 신경 쓰지 않는다. 이걸 지키지 못하면 그게 곧 화근이 될 거라고 생각한다.

여기서 보듯 왕양명은 위기 상황에서도 결코 상급 관리의 부당한 위협에 굴복하지 않고 꿋꿋이 자신의 인품을 지켰다. "가난해도 마음이 흔들리지 않고 위력 앞에서도 굴복하지 않는다"는 『맹자』의 말이 바로 이런 경지일 것이다. 천지간에 홀로 당당히 선 대장부의 모습이다. 왕양명이 모과에게 이렇게 의연한 태도로 답신을 보내자, 그 역시 스스로 부끄럽다고 생각했던지 더 이상 이 사건을 물고 늘어지지 않았다.

그로부터 얼마 후 용장에 또다시 관리 하나가 나타났다. 이 관리는 왕양명을 아주 공손하게 대했다. 수서 선무사水西宣慰司의 책임자인 선위사宣慰使 안安씨가 보낸 사람이었다. 선위사는 세습직 지방관으로 관아는 귀양貴陽에 있었다. 알고 보니 이 선무사는 자신이 평소 존경하던 왕양명의 생활이 몹시 궁핍하다는 걸 알고 물품 몇 가지를 보내기 위해 관리를 파견한 것이었다. 쌀, 닭과 거위, 땔감, 숯 따위였다. 거기에다 금은과 같은 귀금속, 말까지 있었다. 왕양명은 관리 편으로 선위사에게 서신을 띄웠다.

"귀하의 후의에 감사드린다. 하지만 나는 조정에 죄를 짓고 용장으로 유배되어 온 보잘것없는 벼슬아치에 불과하다. 금은이나 말은 쓸 일이 없으니 절대 받을 수 없다. 생활에 쓰이는 물품은 그대의 후의를 생각해서 감사히 받겠다."

이상의 몇 가지 사례를 통해서 알 수 있듯, 왕양명의 용장 생활, 특히 초창기의 생활 환경은 그 자신이 상상한 이상으로 열악했다. 그는 음습한 동굴 속에서 기거했고 온갖 독충이며 전염병과도 싸워야 했다. 특히 고향에서 데리고 온 하인 세 명이 모두 병으로 쓰러졌을 때, 왕양명은 열악한 생활 속에서 인간이 얼마나 나약한 존재인가를 절감했다.

당시 자신이 직접 땔감을 해오고 물을 긷고 밥을 해 먹이는 과정에서는, 심지어 '얼어 죽은 시체가 길바닥에 나뒹구는' 광경을 목도하기도 했다. 그야말로 두보 시에 나오는 그런 장면이었다. 이름 모를 시신, 동사인지 병사인지, 굶어 죽었는지 아니면 고달픈 삶에 지친 탓인지 모를 일이었다. 생명에 대한 무한한 외경심과 함께 왕양명은 다시금 자신의 미래와 운명에 대한 비애를 뼈저리게 실감했다. 그는 직접 그 무명인의 시신을 매장해주면서 애도문까지 지어주었다.

이 사건으로부터 받은 그의 정신적 충격은 컸다. 물자가 부족해서 최소한의 생활조차 어려운 환경 속에서 거의 매일 생존의 위협에 시달린 그로서는 길에 나뒹구는 시신이 마치 미래의 자신인 양 느껴지기도 했다. 생존 자체가 가장 중요하고도 심각한 문제로 대두되는 상황에서 세상의 명리영욕名利榮辱이 다 무슨 의미가 있겠는가. 용장에 부임한 이래로 왕양명이 부딪힌 가장 큰 문제는 아마도 '어떻게 살아남느냐'였을 것이다.

후일 왕양명은 용장 시절에는 무의미한 명리영욕에 대해서는 추호도 고민해보지 않았고, 오로지 생사 문제만을 생각했다고 회고한 바 있다. 죽음의 문턱을 오가면서 그는 비로소 죽음에 대해 진지하게 고민했던 것이다. 당시 그의 행동 방식은 독특했다. 돌로 자신의 관을 만들어 그 속에 누워보았다. 이른바 '사망 체험'이었다. '만약 성인이 현재 나와 같은 처지라면 어떻게 할까?' 그는 깊은 사유에 몰입했다. 마음을 가다듬고 밤낮없이 사유에 잠기면서 점점 무아지경으로 빠져들었다.

어느 달 밝은 밤, 문득 그는 마음 저 깊은 데서 솟구쳐 오르는 한 줄기 광명을 본 듯했다. 자기 자신이 무한한 우주 공간과 자연세계와 혼연일체가 되는 그런 느낌이었다. 말로 다 못 할 희열과 함께 힘이 솟구쳤다. 그 자신도 모르게 우렁찬 탄성을 질렀다. 고요한 밤, 그 우렁찬 탄성은 하늘 끝까지 닿을 듯했고, 적막한 산속으로 끝없이 퍼져나갔다. 그의 탄성에 놀라 잠에서 깬 하인들이 왕양명을 우두커니 바라보았다. 그의 온몸에는 땀이 흥건했지만 얼굴에는 지금껏 보지 못했던 희열감이 가득했다.

흔히 이 사건을 두고 사람들은 그가 '용장에서 도를 깨쳤다'고 말한다. 소위 '용장오도龍場悟道'가 바로 그것이다. 이때 깨쳤다는 도가 구체적으로 무엇일까. 솔직히 말해서 그 구체적인 내용에 대해서는 지금으로선 알 길이 없다. 다만 한 가지 확실한 것은, 이를 계기로 왕양명은 그동안 자기 마음을 짓눌러왔던 '죽음'이라는 장애물을 걷어냈다는 사실이다. 그제야 그는 죽음의 문턱, 죽음의 굴레로부터 벗어나 생명의 실체를 깨달았다. 죽음으로부터의 초탈이었다. 이제 죽음의 위협은 그에게 더 이상 중요한 화두가 되지 못했다.

그렇다면 '깨쳤다'는 말은 무슨 의미일까? '깨우침'이란 우리가 일상에서 자주 겪는 일이니 그다지 신비로울 건 없다. 장기간 고민해온 어떤 문제에 대해서 반복적이고 심도 있게 사유한 결과 최종적으로 마음이 후련해지는 경지에 도달하는 것, 그게 바로 깨우침이다. 독특한 정신적 경지이자 심리 상태. 이런 경지는 때로 일정한 상황에서 특정 현상으로 말미암아 갑작스레 촉발될 수도 있다. 동서고금의 사상가, 과학자는 모두 이런 경험을 했다.

가령 아르키메데스는 자신이 욕조에 들어가는 순간 욕조물이 흘러넘치는 걸 보고 '찾아냈다!'라고 고함지르며 욕실을 뛰쳐나왔다. 부력浮力의 원리를 깨친 것이다. 이처럼 '깨우침'은 평소 별로 주목하지 않았던 사물이나 현상을 통해 이루어진다. 그러나 이런 깨우침이 의미를 갖는 까닭은, 그것이 어떤 문제에 대해 오랜 기간 집중적으로 사유한 결과여서이다. 물이 끓으면 주전자 뚜껑이 달싹거리는 현상은 누구나 다 관찰한 적이 있다. 하지만 그 현상은 제임스 와트에게만은 특이한 경험이 되어 증기기관의 발명으로 이어졌다. 사과가 익으면 나무에서 떨어지는 건 너무나 당연한 현상이다. 하지만 오직 뉴턴에게만은 만유인력의 법칙을 발견한 계기로 작용했다. 결국 '깨우침'이라는 심리적 현상은 우리의 실제 생활에 보편적으로 존재하는 것이지 결코 신비로운 그 무엇이 아니다.

왕양명은 '죽음'의 문제에 대해 부단히 고뇌해오면서 자신만의 독특한 방식으로 그 죽음을 인식했고, 죽음의 공포로부터 초연해질 수 있었다. 죽음은 결코 생명의 대립물이 아니다. 죽음 자체가 곧 생명과 연관된 하나의 사건, 생명의 과정에서 나타나는 하나의 중대한 사건일 뿐이다. 공자는 "삶도 모르는데 죽음을 어찌 알겠는가"라고 했다. 삶과 죽음은 동일한 생명의 과정에 나타나는 서로 다른 측면이다. 따라서 공자의 말을 변용하면 '죽음도 모르는데 삶을 어찌 알겠는가'라는 말도 성립될 수 있다. 왕양명은 죽음의 문제에 대해 깨우침을 얻었고 또 죽음에 초연할 수 있었기에, 결국에는 생명의 의의를 더 깊이 있게 깨달을 수 있었다.

그는 청산녹수, 하늘의 구름, 공중을 나는 새, 물속을 헤엄치는 고기 등 자연계의 모든 사물, 그 하나하나에 다 생명의 무한한 환희가 녹아 있다고 보았다. 이제 그의 마음속은 자연계와 마찬가지로 무한히 넓어졌다.

바로 여기서 그는 큰 이치를 하나 깨달았다. '모든 사물의 이치는 원래부터 내 자신의 마음속에 들어 있다. 모든 사람이 저마다 자신의 마음 상태를 단정히 한다면 사물의 이치를 정확하게 깨달을 수 있다!' 그래서 그는 "성인의 도는 나의 본성만으로도 족하다"라고 했다. 모든 사람이 자신의 본성 속에 원래부터 성인의 도를 구비하고 있다는 말이다. 과거 그는 성인의 도를 외부에 존재하는 것으로 인식하여, 어떤 물건을 찾듯이 항상 외부에서 성인의 도를 추구하려고 했다. 이제 그는 그것이 전적으로 착오였다는 걸 인식하게 된 것이다.

왕양명의 인식 체계를 좀더 구체적으로 살펴보자.

인간은 이 세상을 살면서 온갖 사물·사람과 교류한다. 이때 어떤 태도로 사물·사람을 대하느냐가 매우 중요하다. 태도 여하에 따라 사물·사람과의 교류의 결과가 결정되기 때문이다. 소위 '태도'란 무엇인가? '태도'는 개인에게 내재된 심리 상태를 표현한 것이다. 이런 점에서 볼 때, 우리 자신의 심리 상태는 우리가 사물·사람과 교류하는 태도 및 방식을 직접적으로 결정한다.

인간은 누구나 사물·사람과 교류한 결과를 받아들일 수밖에 없다. 이 때문에 어떤 심리 상태로 사물·사람을 대하느냐는 매우 중요한 관건이다. 편협되고 이기적이고 우울한 심리 상태로 외부 세계를 대한다면 세상 모든 사물·사람이 다 그렇게 변한다. 반대로 포용적이고 사심 없고 공명정대한 마음으로 대한다면 그것들도 그렇게 변할 수밖에 없다.

『열자列子』에 '의인절부疑人竊斧'라는 고사가 있다. '남이 도끼를 훔쳐갔다고 의심했다'는 이야기다. 어떤 사람이 도끼를 잃어버리자 이웃집 장씨의 아들이 훔쳐갔다고 의심했다. 장씨의 아들을 자세히 관찰해보니 얼굴 표정이며 말하는 태도, 심지어 걸음걸이조차도 도끼 도둑처럼 보였다. 그런데 며칠 후 자기 집에서 그 도끼를 찾았다. 그뒤 다시 장씨의 아들을 관찰해보니 어디를 봐도 도끼 도둑 같아 보이질 않았다. 이것을 바로 '심리 상태'로 인해 상대를 대하는 태도나 관점이 결정되는 사례라고 할 수 있다.

두보의 시구 중에 "시절을 생각하니 꽃을 보아도 눈물이 흐르고, 이별이 한스러워 새소리에도 화들짝 놀라네"라는 표현이 있다. 봄날에 흐드러지게 핀 꽃, 그 얼마나 아름답고 예쁜가! 하지만 우울한 심경에 처해 있다면 그 아름다운 꽃을 보고도 눈물을 흘린다. 이별을 겪고 난 심경에 처해 있다면 날아오르는 새를 보고도 소스라치게 놀란다. 이런 게 다 심리 상태의 영향 때문이다.

앞에서 이미 말했듯이 왕양명은 어려서부터 성인의 꿈을 길렀고, 또 성인이 되기 위해 주희가 말한 '격물치지'를 실현하려고 열여섯 살 때 '대나무 관찰'로 병까지 얻은 적도 있었다. 그렇다면 이번에 그가 '용장에서 도를 깨쳤다'는 소위 '용장오도'는 그에게 어떤 의미가 있었을까?

첫째, '용장오도'는 왕양명의 특수한 심리 상태에서 이루어졌다. 특수한 심리 상태란, '만약 성인이 나와 같은 처지였다면 어떻게 했을까'라는 화두였다. 이 화두는 당시 그에게는 그저 단순한 '생각'에 불과했다. 그러나 이런 '생각'으로 인해 실제 그는 '성인의 심리 상태'로 진입할 수 있었다. 따라서 '용장오도'는 그가 장기간 성인의 꿈을 이루려는 의지를 가지고 있는 상태에서, '용장'이라는 이 특정 공간에서 이루어진 자연스러운 결과인 셈이다.

둘째, '용장오도'로 나타난 결과는 '사물 속에 하늘의 이치, 즉 천리가 담겨 있다'는 주희의 관점에 대한 부정으로 나타났다. 왕양명은 '모든 사물의 천리는 자신의 마음속에 있다'고 인식했으므로 양자의 관점은 서로 판이했다. 그는 인식에 따르면 사람은 자신의 심리 상태를 단정히 하는 게 중요하기에 만약 마음이 단정치 못하면 그 어떤 말이나 일도 단정해질 수 없다. 이런 점에서 '용장오도'는 주희의 학설과 정면으로 대립되는 하나의 단초가 되었다.

셋째, 이와 더불어 '용장오도'는 이제 왕양명이 '마음心'을 골자로 하여 자신의 철학 체계를 수립해가는 기점이 되었다. 이른바 심학心學이다. 이후 그의 모든 사상과 관점은 이를 기초로 확립되어갔다.

'용장오도' 이후 왕양명의 용장 생활도 획기적으로 변화했다.

그는 고달픈 생활을 보내면서도 생명의 환희를 깨달았고, 온몸을 내던져 자신의 사상을 실천하고자 했다.

  이듬해 그는 다시 한 번 일생에서 중대한 전환점을 맞게 되었다.

제 7 장
지행합일 知行合一

앞에서 왕양명의 용장 생활에 대해 살펴보았다. 그곳의 자연 환경은 지극히 험악했고 생활 여건 또한 몹시 열악했다. 하지만 그는 여느 사람들과는 달리 그 어떤 어려움에도 굴하지 않았다. 어떤 상황에서든 한시도 성인의 꿈을 버리지 않았고, 그 꿈을 버리지 않았기에 마침내 '용장오도'라는 성과를 거둘 수 있었다. 그것은 그에게 생명과 생활에 대한 새로운 관점을 부여하는 중요한 전환점이 되었고, 그가 사상적으로 한 단계 더 도약할 수 있는 발판이 되었다.

그의 용장 생활의 구체적인 상황이나 고난에 대한 기록은 자료가 거의 남아 있지 않을 정도로 매우 단편적이다. 이 때문에 현시점에서 그것을 상상하기란 결코 쉽지 않다. 그러므로 당시를 회고하여 서술한다는 건 무리일 수밖에 없다. 사실 험난한 삶 속에서 고통을 견딘다는 게 보통 사람으로서는 쉬운 일이 아니다. 또 소박한 산속의 생활에서 인생의 진정한 즐거움을 발견한다는 것도 예삿일이 아니다.

용장에서 얼마간 시일이 지나면서, 특히 '용장오도' 이후 왕양명은 본격적으로 강학을 시작했다. 자신이 터득한 성인의 도에 대한 깨달음, 생명의 존재 의의에 대한 깨달음을 하인들과 현지의 묘족민에게 들려주었다. 그는 이 강학을 생명처럼 소중히 여겼다. 그의 몇몇 제자 역시 인사차 들렀다가 이 강학을 듣기도 했다. 제자의 방문이 그에게는 큰 즐거움이었다. 그는 제자들과 함께 산책도 하고, 시냇가로 나가 달구경도 하고, 방 안에서 촛불을 밝힌 채 술도 마시고, 또 성인의 정신세계에 관한 토론도 즐겼다. 당시 그는 이런 시를 남겼다.

가르치고 배우니 기쁘기 그지없어
담소 가운데 속세 일 다 잊었네
예부터 전해지는 시구를 떠올리면
천년 세월에도 서로 마음이 통하네

제자와 함께 강학하는 즐거움, 어쩌면 공자도 당시에는 그런 기분이었을 거라는 생각이 들었다. 하지만 제자 중에는 그곳의 불편한 생활을 견디지 못하고 2~3일 만에 떠나버리는 경우도 있었다. 그는 그것이 못내 아쉽고 서글펐다. 떠나는 제자를 보면서 그는 이런 시를 하나 남겼다.

백 리 길 찾아와서는
왜 사흘 만에 떠났을까
거문고가 있어도 탈 생각을 않고
술이 있어도 마시려 하지 않았네
멀리서 찾아온 그 깊은 마음을
혹여 내가 헤아리지 못한 건 아닐까

또 이런 시도 있다.

부귀는 흙먼지와 같고
공명 또한 솜처럼 흩날리는 버들개지
안타깝구나, 제자들이여
진정한 즐거움은 도 안에 있는 법
책 싸들고 달려와
함께 모옥에서 지낸다면 얼마나 좋으리

띠풀로 엮은 초라한 모옥에 살지언정, 사제가 더불어 성인의 도를 깨달으며 생명의 환희를 함께 맛보자는 권유다. 이런 시들을 보면 그지없이 맑고 담담한 왕양명의 심경이 그대로 드러난다. 동시에 거기에는 성인의 도를 향한 그의 구도 정신과 사제지간의 끈끈한 정이 스며 있기도 하다.

정덕 4년(1509) 어느 날, 용장으로 한 손님이 왕양명을 찾아왔다. 귀주 제학부사提學副使 석서席書라는 인물이었다. 그는 이미 소문을 통해 왕양명의 '용장오도' 사건이나 강학활동에 대해 잘 알고 있었다. 가르침을 받고자 찾아온 것이었다. 그가 왕양명에게 제기한 질문은 '주륙학설朱陸學說'에 어떤 차이가 있느냐였다. '주륙'이란 남송의 사상가 주희와 육구연陸九淵을 가리킨다. 주희와 육구연은 사상적 관점이 서로 달랐기에 당시 두 사람 사이에 격렬한 논쟁이 벌어지기도 했다. 후대에 와서도 이 주륙학설은 학자들의 주목을 받아 중요한 이슈로 부각되었다. 물론 이 학설은 중국 사상사의 핵심 이슈이기도 하다. 석서의 방문 목적도 바로 그것이었다. 하지만 왕양명은 주륙학설에 대해서는 직접 답변하지 않았다. 대신 그는 석서에게 자신이 용장에서 깨우친 이치에 대해 상세하게 설명했다. 왕양명은 그 이치를 '지행합일知行合一'이라고 명명했다.

지행합일? 석서로서는 듣도 보도 못한 말이었다. 당연히 그는 반신반의하면서 잔뜩 의문만 품은 채 관아가 있는 귀양으로 돌아갔다. 며칠 뒤 석서는 다시 찾아와서 왕양명과 토론을 벌였다. 이렇게 반복하기를 몇 차례, 마침내 석서는 왕양명이 깨우친 관점이 매우 정확하다는 사실을 믿게 되었고, 그의 관점이 바로 진정한 성인의 도라고 생각했다. 석서는 흥분을 감추지 못하면서 "정말 뜻밖이다. 진정한 성인의 도를 오늘에야 발견했노라"고 감탄했다. 그는 그 자리에서 왕양명에게 귀양 서원으로 와서 그곳 선비들에게 그의 새로운 사상을 강의해달라고 요청했다.

왕양명은 석서의 요청을 기꺼이 받아들였다. 강학은 원래부터 그 자신이 좋아했던 것이고, 또 귀양 서원에서의 강학이 자신의 새로운 사상을 보급하는 데도 도움이 될 거라는 생각에서였다. 『명사明史』에는 왕양명의 귀양 서원 강학이 정덕 4년(1509)에 시작되었으며, 그것이 귀주 지역의 문화 창달에 크게 기여했다고 기록되어 있다. 이는 독창성을 가진 왕양명의 사상이 최초로 대외적으로 알려진 역사적인 사건이라고 할 만했다. 당시 강학의 핵심은 '용장오도' 이후 왕양명의 사상을 대표하는 지행합일설이었다.

그의 귀양 서원 강학은 거의 1년 동안 지속되었고, 정덕 5년(1510) 봄, 마침내 3년간의 유배 생활도 마감되었다. 따지고 보면 그가 실제로 용장에 거주한 기간은 만 2년이었다. 그는 여릉廬陵의 지현知縣으로 승진했다.

여릉은 지금의 장시성 지안吉安이다. 조그마한 현이긴 해도 그곳은 구양수歐陽脩·문천상文天祥과 같은 송대 명인들을 배출한 고장이라 이름이 제법 알려져 있었다. 용장을 떠나는 왕양명의 심정은 무척이나 가뿐했을 것이다. "기껏 산봉우리의 두 마리 학에게 말을 건넸을 뿐, 용장의 야인 생활은 오래가진 못했네"라는 시구가 그 증거다. 아무리 그가 용장에서 사상적으로 비약적인 성숙을 이루었다고는 하나 어쨌든 그곳은 오지 중의 오지, 생활의 어려움도 극심했지만 자신의 사상을 보급하는 데도 적잖은 곤란을 겪었을 것이다.

하지만 여릉 지현으로 임지에 당도해보니 뜻밖에도 심각한 사태가 그를 기다리고 있었다. 연이어 벌어진 일련의 사태들, 그에게 그것은 자신의 정치적 기량을 판가름할 준엄한 시련이었다.

그가 여릉 지현으로 부임한 날짜는 정덕 5년(1510) 3월 18일. 업무 시작 첫날, 관아에는 1000명이 넘는 현지 백성이 몰려들었다. 벌 떼처럼 몰려든 그 광경이 과연 어떠했겠는가. 그들은 격분한 상태에서 마구잡이로 고함을 질러댔다. 관원들이 그들을 관아에서 쫓아내야 한다고 했지만 왕양명은 동의하지 않았다. 백성이 무슨 말을 하려는지, 무슨 행동을 하려는지는 잘 몰랐지만, 그들이 관아로 몰려온 데는 나름 타당한 이유가 있을 거라고 생각했기 때문이다. 심각한 곤경에 처해 있거나 무슨 억울한 사정이 있을 수도 있었다. 백성에게 있어서 지현은 부모와도 같은 존재가 아닌가. 부모의 집으로 찾아온 저들을 어떻게 그냥 내친단 말인가.

그는 관아에 정좌하고 그들 중 침착하게 행동하는 몇몇 사람을 불러들였다. 그들이 도대체 무슨 일로 이 소란을 피우는지 물었다. 사정은 이러했다.

일찍이 정덕 2년(1507), 조정에서는 흠차대신欽差大臣을 이곳으로 파견했다. 요姚씨 성을 가진 환관이었다. 이 흠차대신은 강서성 각 현에다 조정에 갈포葛布를 공물로 바치라고 요구했다. 갈포는 칡을 원료로 짠 베다. 공물의 할당량은 현의 규모에 따라 차이가 있었다. 만약 갈포가 생산되지 않는 지역이라면 은으로 구입해서라도 갈포 할당량을 채우라고 했다. 여릉에서는 여태껏 갈포를 생산한 적이 없었기에 은 105냥에 해당하는 갈포가 할당되었다. 금액이 아주 많다고는 할 수 없지만 어쨌든 이것은 불필요한 '잡세雜稅'나 다름없었다. 워낙 궁핍한 생활에다 잡세까지 더해지니 여릉 주민들에게는 설상가상이었다. 그러던 차에 집집마다 할당량이 배정되자 도처에서 분노의 목소리가 들끓었다. 잡세 징수를 담당한 여릉의 두 관리도 난감하기는 마찬가지였다. 백성으로부터 돈을 걷기가 어려운 터에 위에서는 또 매일 득달을 해대니 묘책이 없었다. 관리들은 자기 주머니를 털어서 낼 수밖에 없었다. 정덕 3년의 상황은 이러했다.

정덕 4년이 되어서도 105냥의 할당액은 변동이 없었고, 이때도 담당 관리들이 부담했다. 정덕 5년(1510), 왕양명이 부임하기 직전에도 상급 기관의 독촉은 여전했고 백성은 더 이상 견딜 수가 없었다. 원래는 이 잡세도 임시 조처려니 생각했는데 상황을 보니 매년 교부해야 할 판이었고, 어쩌면 평생 없어지지 않을 세금일지도 몰랐다. 잡세 외에 당시 여릉 백성의 조세 부담은 적지 않았는데, 여릉이 산간 지역이다 보니 삼나무, 녹나무, 숯, 가축까지도 공물로 바쳐야 했다. 그 금액을 은으로 환산하면 3498냥에 해당했다. 하지만 정덕 5년이 되자 이 금액은 1만 냥 이상으로 가중되었다. 3년 사이에 세 배 가까이 오른 셈이다. 이밖에도 각급 관리의 방문이 잦아지면서 백성의 생활은 더없이 고달팠다. 그러던 차에 새 현령이 부임해 온다는 소식을 접하고 득달같이 들고 일어나 조세 감면 시위를 벌인 것이었다.

왕양명이 사정을 듣고 보니 오만 생각이 다 들었다. 사실 그는 여릉 백성의 삶이 이렇게 궁핍하고 관아에서 부과하는 조세가 이렇게 과중한 줄은 미처 모르고 있었다. 곰곰이 생각해보니 이대로 두었다가는 큰 난리라도 일어날 지경이었다. 이에 그는 곧바로 백성에게 고지했다. "어르신들은 우선 댁으로 돌아가시오. 여러분의 고충은 내가 상부에 보고하여 금년에

납부할 105냥뿐만 아니라 모든 조세를 탕감하도록 건의하겠소." 그제야 사람들은 분을 삭이고 하나둘씩 흩어져 돌아갔다.

백성이 돌아간 후 왕양명은 깊은 생각에 잠겼다. 부임하자마자 이렇게 중대한 결정을 내렸으니 이는 조정에 대한 엄중한 도전이었고, 또다시 좌천될 건 불 보듯 뻔한 이치였다. 하지만 자신의 잇속만 챙기면서 지현의 자리를 지키고 있을 이유는 없었다. '백성의 고난을 좌시하면서 구제에 나서지 않고, 눈앞의 폐해를 알면서도 말 한마디 못 하는' 그런 관리는 되고 싶지 않았다.

그는 지난해에 거두어둔 은 100냥을 상부로 올려 보내는 한편, 여릉의 조세를 전액 면제해달라는 공문을 작성했다. 요지는 이랬다. "여릉의 조세 면제 문제로 조정에서 죄를 묻는다면 전적으로 내가 책임을 지겠다. 삭탈관직도 감수하고 집으로 돌아가 농사나 짓겠다. 그 어떤 원망도 하지 않고 기꺼이 받아들이겠다."

백성 집단 시위 사건이 일어난 직후 왕양명은 여릉의 실정과 민심을 살피기 위한 시찰에 나섰다. 도중에 무리를 이룬 백성이 그를 에워싸더니 자신들의 누명을 풀어달라고 호소했다. 왕양명은 그들에게 이튿날 관아로 나오라고 했다. 그러자 뜻밖에도 이튿날 관아의 문이 열리자마자 소송을 하겠다고 수천 명이 몰려와 난리법석을 피웠다. 왕양명으로서는 상상조차 못 한 일이었다. 그래도 그는 소송을 위해 몰려든 백성을 진정시킨 다음, 그중 유별나게 억울함을 호소하는 몇몇을 앞으로 불러냈다.

하지만 실망스러웠다. 자질구레한 일로 고소하는 사람도 있고, 터무니없이 날조하는 자도 있었다. 그는 불려온 사람들을 단호하게 해산시켰다. 알고 보니 이곳 사람들은 순박하면서도 또 아주 거친 면도 있었다. 예의나 겸양의 미덕은 그리 두터운 것 같지 않았다. 그러다 보니 백성은 조그마한 갈등에도 곧잘 관아를 찾아와 소송을 제기했다. 소송이 잦다 보니 또 예의나 겸양지덕도 희박해지기 마련이었다. 악순환의 연속이었다. 관아에서도 이들을 대응하는 데 지쳐 있어서 처리하지 못한 민원이 산적해 있었다.

이런 상황에서 왕양명은 백성에게 포고문을 내렸다.

"지금부터 관아에서는 어떤 소송도 처리하지 않을 것이니 백성은 소장을 제출하지 말라. 지금은 농사에 전념해야 할 중요한 시기라, 때를 놓치면 금년 농사를 망치게 된다. 본관이 부임하여 관아의 문을 열자마자 수천 명이 몰려와 소송을 제기했는데 이렇게 하다가는 농사를 그르치게 될 것이니, 이는 여간 심각한 일이 아니다. 만약 백성 중에 실제로 중대한 누명을 쓴 자가 있다면 본관이 철저히 조사해서 그 억울함을 해결해주겠다.

이웃끼리는 원래 친하게 지내야 하는 법이니, 서로 이해하고 도와가며 사이좋게 내왕하는 미풍양속을 만들라. 자질구레한 일이라면 서로 타협하고 양보해서 원만하게 해결하기 바란다. 잦은 소송은 화기애애한 분위기를 해칠 뿐 아니라 올바른 처세법이 될 수도 없다. 이제 본관은 여러분께 한 가지 약속을 하겠다. 이웃에게 선행을 베풀고 인의효제仁義孝悌의 미풍양속을 기르기 바란다. 이웃에게 선행을 베풀거나 효도를 실천한 사람에게는 내가 직접 방문하여 포상하겠노라."

이상한 일이었다. 왕양명의 이런 포고문이 나붙은 이후, 사람들은 줄줄이 소송을 취하했고, 관아에 쌓인 소송건도 점차 줄기 시작했다. 여릉의 풍속이 크게 변한 것이다.

여름이 되자 여릉에 심한 가뭄이 찾아왔다. 분명 추수에 큰 지장이 있을 것이다. 가뭄으로 인한 중대한 사건이 연거푸 발생했다. 다음 몇 가지가 그 사례다.

(1) 전염병의 창궐 : 가뭄이 심해지자 수원이 고갈되었고, 주민의 위생 환경이며 양식 사정이 현저히 악화되었다. 전염병이 나돌기 시작하면서 온갖 유언비어가 난무했다. 병자의 가족은 남들로부터 배척되었고, 심지어 가족 간에도 불신의 골이 깊어졌다. 전 가족이 병으로 몰사하기도 했다. 이런 악순환이 계속되면서 전염병은 급속도로 번져나갔다.

(2) 화재 발생 : 날씨가 건조해지면서 화재 발생도 잦아졌다. 불이 나도 물이 심각하게 부족해서 마을 전체가 전소되는 경우까지 있었다. 당시 화재의 피해를 입은 가구도 1000여 곳이 넘어 오갈 데 없는 이재민이 급증했다. 여기에 전염병까지 더해지면서 사태는 걷잡을 수 없이 악화되었다.

(3) 도적 출몰 : 가뭄, 화재와 함께 일부 백성은 산속으로 들어가 도적 떼를 결성하여 도적질을 자행했다. 원래 있던 도적 떼까지 들이닥치면서 여릉 주민들은 고통을 하소연할 곳조차 없었다. 죽음 일보 직전이었다.

이처럼 상황이 심각해지자 현의 수장으로서 왕양명은 전력투구하여 이 난국에 대처해나가야 했다. 그는 자신의 모든 기량을 다 동원하여 일사불란하게 대응책을 강구했다. 사안별로 마련한 구체적인 방안은 이러했다.

(1) 전염병 창궐에 대한 대처 : 왕양명은 먼저 사람들의 도덕성을 자극하는 데서 출발했다. 그는 병자 가족에게 병자를 방치하지 말고 잘 보살피라고 호소하는 한편, 집안 청소와 병사자에 대한 즉각적인 매장 등을 통해 환경 위생을 잘 유지하라고 강조했다. 또 지역 부호들에게는 양식과 약품을 희사하여 도움을 주라고 권장했고, 의사를 여러 마을에 내보내 제때에 병자를 돌보게 했다.

(2) 화재 발생에 대한 대처 : 왕양명은 화재 현장을 중심으로 현지인의 주거 형태를 조사하면서 화재 발생 후 불이 순식간에 번진 이유를 찾아보

았다. 도로가 지나치게 협소할 뿐 아니라 집들이 밀집해 있고, 또 집이 너무 높은 데 위치한 것도 문제였다. 집이 다닥다닥 밀집해 있다 보니 화재시 불이 차단되지 못하고 이웃으로 번지는 건 시간문제였다. 그는 인력을 대거 동원하여 화재로 사라진 마을을 재건하되 새로운 가옥 구조를 갖추게 했다. 도로변 가옥을 재건할 때는 반드시 도로로부터 1미터 이상 물러나게 함으로써 도로를 확장했고, 옆집과의 거리도 일정 간격 이상 띄우도록 해서 방화 기능을 강화했다. 도로변 가옥의 경우 그 고도를 4미터 내외로 제한했고, 이층집이라도 6미터가 넘지 못하게 했다. 그는 또 성 안에 급수 시설을 마련하여 특정 지역에서는 반드시 물을 저장토록 했다. 가옥 간의 간격, 고도 제한, 저수 시설 확보 등은 모두 효과적인 소방을 위한 조처였다. 이런 조처들이 비록 사후약방문이긴 했지만 그래도 향후 화재 대처에는 실질적인 역할을 할 수 있었다.

『왕양명 선생 연보』에 나오는 여릉의 화재 관련 내용을 보면 이런 기록이 있다.

성 내에 화재가 발생했을 때 왕양명은 모종의 종교 의식을 치렀다. 바람이 반대 방향으로 불어 불이 저절로 꺼지게 해달라는 일종의 기도였다. 물론 이 기록에 나오는 내용의 진실성 여부는 알 길이 없다. 하지만 최소한 그가 화재 진압을 간절하게 소망했다는 증거는 된다. 사실 그가 '도술'을 빌려 위기를 타개하려고 했던 적은 한두 번이 아니다. 후일 그는 반군 수괴 영왕寧王 주신호朱宸濠의 추격을 받아 목숨이 위태로울 때도 똑같은 방식을 사용했다. 이에 관해서는 또다시 거론하겠다.

(3) 도적 떼 출몰에 대한 대처 : 도적 떼가 빈번하게 출몰하자 왕양명은 여릉 전 지역에 '보갑법保甲法'을 실시했다. 성내 주민 10가구를 1갑甲으로 했고, 시골 마을은 촌락 단위로 1보保를 조직했다. 평시에는 갑과 보 단위

정덕 5년(1510), 왕양명이 여릉에 부임한 이후 성내에 두 차례나 화재가 발생했는데 이때 그가
직접 화재 현장에 나타나 바람이 반대 방향으로 불어주기를 기원하는 의식을 치렀다.

로 서로 화목한 이웃이 되어 지내다가 도적이 나타나면 협력해서 방어하는 체계였다. 보갑법이 시행되면서 민간 차원에서의 협력 체계가 잘 실현되어 도적 방어에도 실질적인 도움이 되었다. 보갑법에 대한 왕양명의 신념은 확고해서, 그로부터 5~6년 뒤 그가 강서·호광·복건·광동의 접경지대에서 대규모로 도적 떼를 토벌할 때도 이 방법을 썼다. 다만 그 당시에는 이 보갑법을 자기 방식대로 개조해서 '십가패법十家牌法'이라고 불렀다. 이는 10가구가 서로 연대 책임을 지는 일종의 자위대였는데, 실전에서도 아주 주효했다.

왕양명이 여릉 현령을 지낸 불과 7개월 만에 그는 일련의 긴급 사태를 적시에 잘 처리했다. 예컨대 백성 집단 시위와 소송 사건, 가뭄과 전염병의 재난, 화재 및 도적 떼 사건 등이었다. 이런 사례를 보면 그가 복잡하게 뒤얽힌 위기 상황에서 어떻게 정치적 역량을 발휘하여 효과적으로 대응했는가를 알 수 있다. 이 7개월의 현령 재임을 통해서 그는 자신의 정치적 역량과 애민 정신을 유감없이 보여주었다.

그가 민생을 가장 우선시하여 백성의 생활 질서를 재편하고 바로잡는 데 주력한 사실은 바로 그의 탁월한 정치적 안목에서 나온 것이었다. 그는 결코 개인적 치적이나 치부에 연연해하지 않았다. 이러한 정치적 탁견이 일생 동안 일관되게 반영되었다는 것은 향후 그의 행적에서도 그대로 나타난다. 어느 지역으로 부임하든 현지의 정치와 민생의 장기적 안정을 도모하는 데 열과 성을 다했던 것이다.

정덕 5년(1510) 가을 환관 유근이 주살되자 그해 11월, 왕양명은 조정의 부름을 받았고, 이로써 7개월간의 여릉 생활은 마감되었다. 여릉을 떠나기 직전 그는 마지막으로 백성을 향한 포고문을 하나 공포했다. 여기서 그는 먼저 자신의 직무 수행에 대해 스스로를 비판했고, 뒤이어 백성에게는 자녀 교육, 예의와 겸양지덕을 강조했다. 또 백성이 서로 다툼 없이 신뢰와 화목으로 선량한 사람이 되기를 당부했다. 선량은 행복의 근원이며 가정의 안락과 재물을 지킬 수 있는 주요한 덕목이라고 역설했다. "말로는 다 못 하지만 나의 뜻을 잘 새겨들으시라. 나는 비록 이곳을 떠나지만 내가 당부한 말들은 꼭 명심하기 바란다." 그는 이렇게 포고문을 마무리했다. 백성을 향한 애정 넘치는 호소였다.

여릉 현령은 왕양명으로서는 생애 최초의 관직다운 관직이었다. 7개월 동안 그는 지방 행정 업무를 충실히 수행했고, 복잡하게 얽힌 상황에 대처하는 위기 관리능력도 어느 정도 배양할 수 있었다. 이번 직무 수행은 자신의 지행합일 사상을 정치 현장에서 실제로 응용하고 실천한 사례이기도 했다.

앞서 잠깐 언급하긴 했지만 여기서 간략하게 왕양명의 지행합일 사상에 대해 알아보자.

우리가 어떤 일을 하려고 하면 먼저 그 방법부터 숙지해야 한다. 즉 하려고 하는 일에 대한 지식을 가져야 그 일을 수행할 수 있다. 그 일에 대한 지식이 없다면 어떻게 일을 처리하겠는가? 이것이 일반적인 상식이다. 그래서 '앎知'이 먼저고 '실천行'은 그 다음이라고 생각한다. '지선행후知先行後'다. 과거 주희 역시 이 '지선행후'의 관점을 견지했다. '반드시 먼저 알고 난 다음 실천해야 한다'는 견해다. 다시 말하면 주희의 격물치지란 사물의 관찰[격물]을 통해 지식을 획득[치지]한 다음에야 천리天理를 얻을 수 있다는 의미다.

그러나 왕양명은 '용장에서의 깨우침龍場悟道'을 체험한 다음, 주희의 이런 관점에 문제가 있다고 인식했다. 특히 도덕의 실천에 있어서는 더 심각하게 문제가 된다고 보았다.

왜 그런가? 그의 설명에 따르면, 만약 '지'가 '행'보다 앞서야 한다고 강조하면 사람은 '지'의 중요성에 집착한 나머지 '행'의 중요성을 소홀히 하기 마련이다. 원래 '지' 그 자체는 끝이 없어서 '지'에 한평생을 다 보낼 수도 있다. 이렇게 되면 '행'은 영원히 불가능해진다. 그는 '지'와 '행'을 별개로 분리했을 때 이런 폐단이 생긴다고 보았다. '지'와 '행'을 분리할 경우 '지'는 완전히 그 의미를 상실한다는 말이다. 그래서 그는 '지'만 지나치게 중시하고 '행'을 홀시하는 폐단을 고치려면 지행합일이 중요하다고 주장한다. 어떤 일을 단순히 '알기'보다는 그것을 충실하게 '실천'하는 것이 훨씬 더 중요하다는 주장이다.

그의 지행합일설은 '지선행후'의 잘못된 관점을 바로 잡으려는 의도에서 나왔다. '지'와 '행'은 하나로 통일되었을 때 그 의미를 갖는다. 그런데 사람들은 대개 이 점을 간과하고 있다.

어떻게 해야 지행합일이 가능할까? 그가 곧잘 사용했던 비유를 보자. 가령 '붓글씨를 쓰려고 한다'라고 했을 때, '붓글씨를 쓰려는 것은 '지'에 해당하고, '먹을 갈고 붓을 드는 것'이 바로 '행'이다. 글씨를 어떻게 쓰는가를 제대로 '알려면' 실제로 '써'봐야만 가능하다. 이것이 '지'와 '행'의 합일이다. 또 '효'를 얘기해보자. 효의 도리를 알기만 하고 실제 부모님을 잘 모시지 않는다면, 그 사람은 효를 안다고 말할 수 없다. 실제 생활 속에서 부모님을 제대로 모셔야 비로소 효를 제대로 아는 것이다.

여릉에서의 생활을 봐도 마찬가지다. '백성의 고난을 좌시하면서 구제에 나서지 않고, 눈앞의 폐해를 알면서도 말 한마디 못 했다면', 이는 지행합일이 아니다. 여기서 '백성의 고난이나 눈앞의 폐해를 파악하는 것'은 '지'이고, '구제에 나서거나 기꺼이 대변하는 것'이 곧 '행'이다. 따라서 지행합일이 되려면 '백성의 고난을 구제하고, 눈앞의 폐해를 지적하여 조정에 알려야' 한다. 마을에 화재가 났을 때, 그가 화재의 원인을 살피고 도로 사정이나 가옥의 배치 및 구조 등을 파악한 것은 '지'에 해당하고, 도로 확장이나 재건축 등의 대응 조처를 취한 것은 '행'에 해당한다.

그래서 그는 '지식이 참되고 알차면 꼭 실천하기 마련이며, 명료하고 정밀한 실천은 곧 진정한 지식이 된다'고 주장한다. 진정한 지식은 반드시 실천이 수반되고, 충실한 실천은 지식을 기반으로 한다. 입으로만 지식을 말하고 실천을 수반하지 않는다면 이는 진정한 지식이 아니라는 의미다. 요컨대, '지'와 '행'은 원래 하나로 통일된 것일 뿐만 아니라 실생활에서도 하나의 '완벽한 과정'으로 구현된다. 그의 견해에 따르면, '지'는 '행'의 시작이며 '행'은 '지'의 완성이니, 이로써 시작과 끝이 서로 일관된다고 말한다.

왕양명이 주장한 지행합일설은 당시로서는 새로운 사상이었기에 사람들에게 신선한 충격을 주었다. 그의 강학을 듣는 사람들은 처음에는 이따금 회의적인 시각을 갖기도 했지만 결국에는 철저한 신봉자가 되었다. 귀양 서원에서 비롯된 강학을 통해 그의 독창적인 사상이 급속도로 번져간 이유도 바로 여기에 있다. 지행합일설은 왕양명의 초기 사상을 대표하는 학설로, '용장오도' 이후 그의 사상을 결집한 것이다. 따지고 보면 이 사상은 그가 어려서부터 길러온 '말한 대로 바로 실천하는' 성격을 좀더 발전적으로 응집시킨 결과물이다.

한 가지 짚고 넘어갈 부분이 있다. 왕양명이 지행합일설을 명료하게 제시했다는 건 분명한 사실이다. 하지만 이 학설은 진작부터 유가 사상에 충분히 내포되어 있었다. 그 뿌리가 깊다고 하지 않을 수 없다. 가령 『논어』의 첫 구절에 "배우고 또 그것을 제때에 익히니 또한 기쁘지 아니한가?"라고 했다. 여기서 '배움'은 지식을 받아들이는 것으로 '지'에 해당하고, '익힘'은 지식을 운용하는 것이니 '행'이다. 따라서 '배우고 익힌다'는 건 바로 지행합일을 의미한다. '배우고 익힌다'는 것은 자신의 지식을 끊임없이 실생활에서 활용하고 그것을 통해서 지식의 정확성을 깨우침으로써 무한한 기쁨을 얻는다는 뜻이다.

『대학』에도 재미있는 말이 있다. "아이 기르는 법을 배우고 난 뒤에 시집가는 사람은 없다." 어떤 여자도 육아법을 세세하게 다 익힌 후에 결혼하지는 않는다. 결혼 후 아이를 낳으면 자연스럽게 양육법을 알게 된다. 이 역시 지행합일이니, 그야말로 지행합일의 원조라고 할 수 있다. 따라서 지행합일설이 왕양명에 이르러 '더 명료해졌다'고는 말할 수 있지만, 그 원류는 전통 유가 사상에서 찾을 수 있다. 요컨대 지식은 이론적인 측면에서만 그 의미가 있는 것이 아니라, 그것이 실생활에 구현될 때 비로소 진정한 가치가 드러난다고 해야 할 것이다. 이것이 바로 지행합일설의 핵심 의미다.

정덕 5년(1510) 11월, 왕양명은 여릉을 떠나 북경에 도착했고 형부의 주사로 제수되었다. 그가 용장으로 떠나기 전의 직책으로 복직된 것이다. 이때부터 정덕 10년(1515)까지 5~6년 동안 그의 직책은 자주 바뀌었는데, 마지막 직책은 남경 홍로시 경紅臚寺卿으로 정4품이었다. 이 직책은 비교적 한직이었기에 그는 이 기간 집중적으로 강학활동을 할 수 있었다.

또 그는 잦은 직책 변경으로 도처를 나돌았는데, 그러다 보니 그 강학의 족적 또한 북경·남경·제주滁州·소흥紹興 등 광범위했다. 이 시기 강학의 주제는 여전히 지행합일이었다. 게다가 강학을 거치면서 지행합일설은 한 단계 더 발전된 사상으로 변모했고, 사람들로부터도 중요한 이론으로 주목을 받았다. 그는 지행합일설이야말로 실생활에서 성인의 도를 실천할 수 있는 가장 효과적인 방식이라고 생각했다. 그의 이런 사상은 당시 학술계에서 큰 반향을 일으키면서 제자도 나날이 늘어났고 영향력도 점차 확

정덕 9년(1514), 왕양명은 남경 홍로시 경(정4품)으로 승진했다. 아우 수문守文이 학문을 배우겠다고 찾아오자 「입지설立志說」을 지어주었다. 당시 제자 계본季本, 황종명黃宗明, 주적周積 등이 모이면서 강학이 날로 번성했다.

대되었다.

강학에 치중한 이래 왕양명은 제자들과 자주 교류하면서 활발한 토론을 벌였고, 그런 활동 속에서 즐거움을 만끽했다. 하지만 정덕 11년(1516) 9월, 그의 큰 즐거움이었던 강학활동이 돌연 중단되었다. 조정에서 그에게 새 임무를 부여한 것이다. '도찰원都察院 좌첨도어사左僉都御史 순무남감정장 등처巡撫南贛汀漳等處'라는 직책이었다. 도찰원은 명대의 중앙 감찰 기구로서 주요 직책에 좌·우 도어사, 좌·우 부도어사, 좌·우 첨도어사 등이 있었고, 왕양명이 맡은 첨도어사는 4품관이었다. 남감정장南贛汀漳은 지역을 가리키는데, 강서성의 남안南安과 감주贛州, 복건성의 정주汀州와 장주漳州 등지다. 순무는 지방의 군사와 정치 업무를 총괄하는 관리로, 당시 순무남감정장의 관아가 감주에 있었으므로 왕양명은 감주로 이사해야 했다. 직책의 명칭에서 볼 수 있듯이 당시 그의 관할지는 강서·복건·광동·호광湖廣(지금의 후베이성과 후난성 일대)등 4개 성의 경계 지역을 망라하는 광활한 영토였다.

왜 조정에서는 이 시기에 왕양명에게 '도찰원 좌첨도어사 순무남감정장 등처'라는 직책을 맡겼을까?

감주의 임지로 나간 후 그에게는 또 어떤 시련이 불어닥쳤을까?

제8장
위기 속에서의
특명

정덕 11년(1516) 9월, 조정은 왜 그 시점에 왕양명에게 '도찰원 좌첨도어사 순무남감정장등처'라는 새로운 직책을 부여했을까?

주지하다시피 무종武宗 주후조朱厚照 치하의 정치는 명대 역사상 최대 암흑기에 해당한다. 황제에게는 나라를 잘 통치하겠다는 의지가 없었고, 성격마저 경박하고 괴팍했다. 그는 즉위 초기 환관 유근 일파를 중용하여 쾌락에 탐닉하면서 충신들을 배척했다. 조정은 혼돈 속에 빠져들었고 내우외환의 위기가 날로 극심해졌다.

게다가 정덕 3년(1508) 이후에는 거의 매년 자연재해가 발생했고 도처에 도적 떼가 창궐했다. 특히 강서·복건·광동·호광 등의 경계 지역에서의 사태가 심각했다. 이 지역은 인구가 밀집한 데다 그 범위도 광활했다. 또 대모산大帽山·대유령大庾嶺·구련산九連山·팔면산八面山 등 높은 산만 해도 그 수를 다 헤아리지 못할 정도로 험산이 빽빽이 들어차 있었다. 이렇다 보니 도적 떼들이 창궐하기에는 더없이 좋은 조건이었다. 그들은 독자적으로 혹은 서로 연합하여 도처에서 날쳤기 때문에 선량한 백성은 정상적으로 생업에 종사할 수 없을 만큼 고달팠다.

이에 조정에서는 정덕 6년(1511)을 전후로 관군을 파견하여 이들 지역의 도적 떼 토벌에 나섰다. 하지만 그 효과는 미미했고 오히려 사태가 악화되는 추세를 보였다. 관군의 토벌이 불가능해지자 도적 떼의 기세는 한층 더 고조되었다. 조정의 대응 조처가 부실해지면서 선량한 백성마저 도적 떼에 가담하기도 했다.

　정덕 10년을 전후로 한 시기에 강서·복건·광동·호광 등지의 경계지에서 할거한 도적 떼의 세력은 크게 세 파로 나뉜다. 하나는 복건성 장주부漳州府 경내의 도적 떼로 첨사부詹師富·온화소溫火燒가 수괴였고, 또 하나는 강서성 남안부南安府·감주부贛州府 경내의 도적 떼로 사지산謝志珊·남천봉藍天鳳이 수괴였다. 나머지 하나는 광동성 혜주부惠州府 경내의 도적 떼로 지중용池仲容이 수괴였다. 이 3대 도적 떼는 각기 수천 명 이상의 방대한 세력을 형성했고 그 기세 또한 대단했다. 조정에서 왕양명을 내려 보낸 시기는 바로 수차례에 걸친 관군의 토벌이 실패를 맛본 뒤였다. 그에게는 도적 떼 토벌이라는 막중한 임무가 부여되었다. 말하자면 '위기 상황에서 내려진 특명'이었다.

　당시 소위 '도적 떼'는 어떤 성격을 띠고 있었을까? 과거 이들 도적 떼의 할거를 '농민 의거'라고 평가하는 경우가 적지 않았다. 그러다 보니 왕양명에게는 줄곧 '농민 의거를 가혹하게 진압한 인물'이라는 꼬리표가 붙어 다녔다. 하지만 사료를 통해 비교적 객관적으로 분석해보면 이들 도적 떼의 성격은 상당히 복잡하다. 그들은 주로 농가를 약탈했고, 때로 조정 관아로 쳐들어가 약탈을 자행하는 경우도 있었다. 심한 경우 관아를 파괴하기도 했지만 그 목적은 어쨌든 재물 약탈이었다. 따라서 총체적으로 본다면 이들 도적 떼의 행동을 '의거'라고 명명할 수는 없다. 대개 농민 의거란 그 주된 목적이 왕조를 무너뜨리는 데 있었기에 지도자가 단일하고 정치적 목표도 일치했다.

그러나 이번 도적 떼들은 각기 다른 근거지를 기반으로 할거했고 행동도 통일되어 있지 않았다. 게다가 그들의 유일한 목적은 재물 약탈이었다. 그러므로 그들을 '토비土匪'라고 규정하는 게 적절할 것 같다. 만약 그들의 행동을 '농민 의거'라고 한다면 이는 객관적이지도 않고 실제 상황에도 부합하지 않는다.

왕양명은 조정이 이 시점에 자신에게 새로운 임무를 부여한 의도를 잘 알고 있었다. 9월 14일 조정의 명령이 떨어지자 그는 심각한 고민에 빠졌다. 곧바로 새 직책을 사임하겠노라는 상소를 올렸다. 그 이유는 이러했다.

첫째, 자신은 줄곧 몸이 병약하여 군대 지휘의 막중한 임무를 수행하기가 어렵다. 만약 일을 그르치게 되면 자신이 망가지는 건 상관없지만 조정의 위신이 추락되는 게 염려스럽다.

둘째, 순무라는 직책은 지방의 정치와 군사를 책임지는 요직이니 함부로 사람을 기용해서는 안 된다. 이런 중책은 능력 있고 지혜로운 사람이 맡아야 한다. 자신은 본래부터 무능하여 치밀하거나 민첩하지도 못하니 적절한 등용이 아니다.

셋째, 자신은 어려서부터 모친을 여의고 조모의 손에서 자랐다. 지금 조모가 97세 고령이라 그분께 효도를 다해 모셔야 하니 먼 지역으로 떠날 수 없다.

이유는 세 가지였지만 한 마디로 말하면, 순무라는 직책은 다른 사람에게 맡기고 자신은 현재의 직책을 그대로 수행하겠다는 생각이었다.

여기서 그의 상소문을 한번 분석해보자.

그가 제시한 두 번째 이유인 '자신의 무능' 운운은 물론 상투적인 겸양이다. 하지만 나머지 두 가지는 사실이었다. 순무에 임명되면서 그 자신이 심각한 고민에 빠진 이유도 바로 이것이었다.

사실 왕양명은 원래부터 성인이 되려는 포부가 강했고, 병법에 대해서도 많은 관심을 가져왔다. 만약 그가 순무로서 4개 성을 연결하는 방대한 지역의 치안과 백성의 생활을 책임지는 중책을 맡아 도적 떼를 토벌한다면 이는 분명 자신의 웅지를 펼 수 있는 좋은 기회가 될 것이다. 성인의 포부를 실현할 수 있는 좋은 계기이기도 했다. 이런 점에서 그가 이 중책을 완전히 회피하려고 한 건 아니었다.

다른 한편 그는 실제로 너무 병약했다. 기침은 어려서부터 앓아온 병으로 한 번도 호전된 적이 없었다. 수년 전 잦은 직책 변동으로 이리저리 옮겨 다닐 때도 강학과 함께 요양에 각별히 신경을 써온 터였다. 어느 정도 몸이 좋아지긴 했어도 근본적인 치유는 어려워서 곧잘 병이 재발하곤 했다. 그런 그가 강서 지역, 특히 험난한 산지로 나가 도적 떼를 토벌한다는 게 쉬울 리 없었다. 전투 자체도 힘들겠지만 이곳저곳을 이동하는 것조차 만만치 않을 것이었다. 체력이 견뎌낼 수 있을까. 산지는 다습하고 전염병도 만연할 텐데 병이 더 악화되는 건 아닐까. 현지 사정을 잘 모르긴 하지만 그렇다고 마냥 방심할 수도 없는 문제였다. 이런 사실을 고려한다면 왕양명의 사직 상소가 결코 '엄살'은 아니었다. 그로서는 심각한 고민이 아닐 수 없었다.

하지만 조정에서 그의 사직을 허용할 리 만무했다. 당시 그가 내려가기로 한 지역은 도적 떼의 창궐이 날로 극심해지고 있어서 그가 어떤 이유를 대도 통하지 않았다. 10월 24일, 조정에서는 재차 칙령을 내려 왕양명의 부임을 독촉했다. 그래도 그는 임지로 출발하지 않았다. 마치 사직 요청에 대한 마지막 재가를 기대하고 있는 듯했다.

그런데 그로부터 얼마 지나지 않은 11월 14일, 해프닝이 하나 발생했다.

당시 문삼文森이라는 도어사都御史가 있었는데, 그가 병을 이유로 사직 상소를 올린 것이었다. 그러다 보니 도적 떼 토벌 업무도 지연되었다. 이에 이부吏部에서는 문삼에게 공문을 하나 하달했다. "만약 왕양명까지 그대처럼 강서 지역 부임을 거부하고 시간을 지체한다면 일이 엉망진창이 되고 말 것이다. 그때는 그대 또한 엄벌을 면치 못할 것이다." 실제로 문삼은 이 일로 인해 조정의 엄한 처벌을 받아야 했다. 이와 거의 동시에 조정에서는 왕양명에게 세 번째 명령을 내렸다. 사직도 연기도 다 불가하니 성지를 받들라는 것이었다. 즉각 임지로 나가야 했다. 12월 2일, 조정에서 정식으로 내려온 네 번째 회신 또한 왕양명의 사직을 불허한다는 것이었다.

역시 왕양명은 판단력이 빨랐다. 그는 조정에서 자신의 사직을 허락하지 않으리라는 것을 일찌감치 예상하고 있었다. 그래서 사직 상소를 올린 후 이미 남경을 떠나 소흥으로 돌아갔다. 요양을 하면서 조정의 답변을 기다리자는 생각에서였다. 동시에 그는 또 미리 강서 임지로 떠날 채비도 하고 있었다. 조정의 네 번째 조서를 받은 이튿날인 정덕 11년(1516) 12월 3일, 왕양명은 곧바로 소흥을 떠나 강서로 향했다. 그의 인생 여정에서 두 번째로 맞는 주요 전환점이었다. 이제 그의 인생 후반기 군사활동이 시작될 참이었다. 그의 나이 마흔 다섯이었다.

임지로 부임하는 도중 그는 잠시도 발길을 늦추지 않았다. 강서성 경내로 들어와서는 상선을 타고 감강贛江을 따라 남하했다. 배가 남안부南安府 경내에 있는 만안萬安에 이르렀을 때 작은 사건이 하나 발생했다. 당시 수백 명 규모의 도적 떼가 강에서 대규모 약탈을 자행하고 있었던 것이다. 상선들도 더 이상 앞으로 나가지 못하고 있었다. 이를 좌시하고만 있을 왕양명이 아니었다. 그는 여러 척의 크고 작은 상선들에 연락을 취하여 편대를 조직했다. 깃발을 내걸고 북을 울리며 연합 전선을 구축하여 싸울 태세를 취했다. 사태를 파악한 도적들은 왕양명의 명성을 진작부터 들었던 터라 곧바로 약탈 행위를 중단하고 뭍으로 올라와 항복했다. 왕양명도 뭍으로 나와 그들에게 일장 훈시를 했다.

"너희도 원래는 선량한 백성이었는데 어쩔 수 없이 도적질에 나섰을 테지? 내가 감주에 도착하면 관리를 파견하여 그대들을 보살피도록 하겠다. 각자 자기 분수를 지켜 다시는 이런 나쁜 짓에 가담하지 말라. 그렇지 않으면 그 대가를 톡톡히 치를 것이다!"

이 말을 들은 도적들은 금방 산지사방으로 흩어졌다. 당시 도적 떼는 굶주림에 내몰려 약탈에 가담한 양민이 대부분이었다. 그들의 약탈이 비록 대규모로 자행되긴 했지만 그 조직은 이처럼 엉성하기만 했다.

왕양명이 감주에 도착한 것은 정덕 12년(1517) 정월, 그는 부임 여정의 피로도 잊은 채 정월 보름이 막 지난 16일부터 본격적으로 집무에 들어갔다.

4개 성 접경 지역의 도적 떼를 조속히 평정하는 일이 급선무였다. 그것이 이번에 그가 파견된 핵심 임무였다. 하지만 갓 부임한 그로서는 감주의 사정에 어두웠고 도적 떼의 실상도 제대로 파악하지 못한 상태였다.

'어디서부터 손을 대야 할까?' 그로서는 시간도 촉박하고 임무도 막중한 절체절명의 위기였다. 앞에서도 말했듯이 그에게는 특유의 업무 처리 방식이 있었다. 실용 노선이라고 해야 할까. 먼저 현지의 실상을 파악하고 민심의 동태를 제대로 살피는 게 중요하다고 생각했다. 현재 자신에게 부과된 책무를 감안한다면 역시 이 방법이 최우선 과제일 수밖에 없었다.

부임하자마자 그는 맨 먼저 순무의 명의로 관할 지역의 각 관아에 공문을 내려보냈다. 공문에는 '각 관아의 관리는 지역 이기심을 버리고 전체 이익을 중시하라'는 전제와 함께 다음 몇 가지 요구가 담겨 있었다.

첫째, 자기 관할지에 있는 군사 시설의 현황, 병력 규모, 병사 훈련 상황

정덕 11년(1516), 왕양명은 좌첨도어사로 승진하여 남안, 감주 등지를 두루 순시했고, 민병 선발과 빈민 구제에 주력하면서 뛰어난 재주를 가진 자를 모아 직접 팔진법八陣法을 전수했다.

및 작전 수행능력 등을 정확하게 평가하여 보고하라.

둘째, 각지에 창궐한 도적 떼의 구체적인 활동 상황을 상세히 보고하되, 그것을 특별 창궐 지역, 이미 진압되어 해산된 지역, 투항 권유가 가능한 지역 등으로 각각 구분하라.(이는 실상을 파악하는 데도 유용하지만 상황별로 대응 수준을 달리하겠다는 의도에서였다.)

셋째, 각지의 민생 현황을 정확하게 보고하라. 특히 해당 지역의 지형에 익숙하여 향도 역할을 수행할 만한 인물, 군량미 제공이 가능한 부호들, 군사 주둔지로 쓸 유휴지 등에 대한 자료를 구체적으로 제시하라.

넷째, 각지의 교통 상황에 대해 상세히 보고하라. 도적 떼의 상습 출몰 지역과 추가로 요새 구축이 필요한 지역을 명기하라.

업무를 성실하게 수행하기 위해 왕양명이 강조한 대원칙은 '구두선이 아닌 실용 노선'이었다. 그는 각 관아에 절대 일을 대충 처리하지 말고 한 달 안에 마무리할 것을 요구했다. 공문의 발송과 함께 직접 현장으로 실사를 나갔다. 특히 과거 관군이 수차례 실패했던 도적 토벌의 경험을 세밀히 검토하는 일도 빠뜨리지 않았다. 이처럼 왕양명은 정밀한 현지 조사와 과거 경험에서 얻은 교훈을 총괄한 다음, 당시 4개 성 접경 지역의 군사적 형세를 신속히 파악했고, 즉각적으로 전투에 돌입할 군사적 태세를 갖추었다. 그중에서도 핵심 전략이라면 '십가패법十家牌法'과 '민병 양성'이었다.

먼저 십가패법에 대해 알아보자. 이 십가패법은 간단히 말하면 왕양명이 특별히 고안한 호적 등록 및 호구 조사제다. 초기에는 성내 주민만을 그 대상으로 했고 나중에는 시골 주민으로까지 확대했다. 그 방식은 이랬다. 매 가구마다 대문에다 호주의 성명, 가족 수, 본적, 임시 거주자 유무 등을 적은 나무패를 하나씩 걸어둔다. 또 10가구를 단위로 역시 이런 식으로 10가구 전체의 상황을 적은 나무패를 어느 한 집의 대문에 걸어둔

왕양명이 염계 서원濂溪書院을 수축하자 제자 주형周衡, 곽치郭治, 왕학익王學益 등이 사방에서 모여들었다. 당시 왕양명은 십가패법과 보갑제를 마련하여 첩자가 발붙이지 못하게 했고, 현지 주민들에게 효친과 공경, 준법 사상을 가르쳤다.

다. 그리고 10가구 중 한 가구씩 매일 돌아가며 집집마다 실제 상황을 점검한다. 그러다 미심쩍은 자 혹은 임시 거주자 명단에 들지 않은 자가 발견되면 즉각 관아에 통보해야 한다. 사실을 은닉하다 발각되면 10가구 전체가 연좌제로 처벌을 받는다.

이 십가패법은 사실 기존의 보갑법保甲法을 왕양명이 자기 방식대로 보완한 것이었다. 과거 그는 여릉에서 이 보갑법을 시행한 적이 있는데, 당시 백성은 이를 통해 실질적인 방어 효과를 거둘 수 있었다.

그런데 왕양명은 왜 이 보갑법을 십가패법으로 개혁하려고 했을까? 현지 조사 결과, 과거 관군이 여러 차례 도적 토벌에 나섰음에도 진압에 성공하지 못한 결정적인 이유를 찾아냈기 때문이다. 당시 도적들은 산속에 숨어 지내면서 자주 마을로 첩자를 내려보내 염탐했다. 첩자는 성내 주민들 속으로 잠입해 들어왔고, 주민 중에도 은밀히 첩자와 내통하는 자가 있었다. 그러다 보니 관군이 미처 출동하기도 전에 산 위에서는 이미 그 정보를 다 파악하고 응전 태세를 갖추고 있었던 것이다. 관군의 상황은 훤히 드러나 있는 데 비해 도적 떼의 동향은 감춰져 있는 셈이니 관군의 연전연패는 물어보나 마나였다. 관군이 출동했다 하면 백성에게는 오히려 엄청난 피해만 발생했다.

따라서 왕양명이 십가패법을 도입한 목적은 명백했다. 도적과 산 아래 주민과의 내통을 차단하자는 것이었다. 그것은 적의 첩자가 주민 속으로 침투하여 정보를 빼내 갈 가능성을 최대한 배제하면서, 동시에 쌍방 간의 내통을 근절하자는 데 목적이 있었다. 그렇게 되면 분명 관군의 기밀도 보장되고 효과도 극대화될 터였다.

다음은 '민병 양성'의 문제다. 왕양명은 왜 민병을 양성하려고 했을까. 그가 감주 현지의 관군 실태를 조사한 결과, 군대 내부에 심각한 문제점이 발견되었다. 문제점을 취합해보니 군량미 부족, 병력 부족, 작전 수행능력 취약, 사기 저하 등이 두드러지게 나타났다. '이런 군대를 이끌고 적과 싸운 다면 이는 마치 양 떼를 이리 떼 속으로 몰아넣는 것이나 다름없다'는 생 각이 들었다. 그로서는 도무지 승산이 없어 보이는 전쟁이었다.

원래부터 관군 내부에 존재했던 이런 심각한 문제점 때문에 과거 도적 떼를 토벌하러 갈 때는 종종 '토병土兵'이나 '낭병狼兵'을 동원하기도 했다. 소위 토병과 낭병은 모두 소수민족 출신 병사를 가리킨다. 한족이 아닌 현 지 원주민 출신이다. 주로 호광성 상서湘西 지역의 영순永順·보정保靖 출신 을 토병이라고 불렀고, 광서성 동란東蘭·나지那地·남단南丹 출신을 낭병이 라고 했다. 이들을 동원하다 보니 관군에게는 의타심만 생겼다. 관군이 군 사 시설 구축이나 병사 자질의 개선에 소홀했던 것이다. 시간이 흐를수록 악순환이 연속되었다. 물론 이들 소수민족 출신이 용맹스럽게 싸워 혁혁 한 전과를 세운 적도 많았다. 그래서 한때 조정에서는 이들을 도적 떼 공 략의 주력군으로 동원하기도 했다.

하지만 왕양명의 생각은 달랐다. 낭병 동원은 원거리 작전 수행이라 적 지 않은 폐해가 나타났다. 즉 (1) 낭병을 동원하면 짧게는 수개월에서 길게 는 해를 넘기기도 하는 등 시일이 많이 소요되어 작전의 순발력이 떨어진 다. (2) 군비 소모 등 재물의 낭비가 심하다. (3) 전투 목표가 방대하여 기 회를 놓치는 경우가 잦다. (4) 기율이 문란한 낭병이 지나가는 마을에서의 폐해가 극심하여, 심할 때는 도적 떼보다 더 심각한 경우도 발생한다.

왕양명의 전임 도어사都御史였던 진금陳金 역시 정덕 7년(1512)에 강서 지역 도적 토벌전에서 낭병을 동원한 적이 있었다. 그때도 낭병은 부녀자 겁탈과 재물 탈취, 가옥 파괴를 일삼았고 심지어 무고한 양민을 함부로 살 해하는 사례까지 발생했다. 낭병으로 인한 백성의 피해가 막심해지자 결국 조정에서는 진금을 엄하게 처벌하기도 했다.

이에 왕양명은 낭병에 대한 지나친 의존심, 전투에 대한 공포증을 개선하려면 관군의 정예화가 필수적이라고 생각했다. 이를 위해 그는 관할 각 관아에다 지역 인재 선발에 나서라고 종용했다. 그런 다음 활·석궁·무술 등에 뛰어난 인물 가운데 용맹하면서도 기량이 탁월한 인재를 선발하여 2000명 규모의 부대를 조직했다. 그들을 감주 성내로 집결시키고 직접 군사 훈련을 지휘했다. 이런 정예 부대가 등장함으로써 관군의 조직이 체계화되고 사기가 진작되었으며, 실제 작전 수행능력도 한결 강화되었다.

여기서 보듯 '십가패법'과 '민병 양성'은 왕양명이 감주로 부임한 이래 그간 골머리를 앓아온 도적 토벌을 위해 가장 공을 들인 사전 작업이었다. 정덕 12년(1517) 2월, 전투 준비 작업이 거의 마무리 단계에 진입하자, 왕양명은 이제 각지에 할거한 도적 떼를 일망타진할 조건이 완전히 무르익었다고 판단했다. 이로부터 그는 연거푸 세 차례에 걸쳐 강서·복건·호광·광동 4개 성의 변경에 은신하고 있는 도적 떼에 대한 전면적인 토벌전을 전개했다.

각지에서 올라온 도적 떼에 관한 활동 보고서를 바탕으로, 왕양명은 맨 먼저 첨사부詹師富·온화소溫火燒가 이끄는 장주漳州 남부 지역의 도적 떼를 집중 공략하기로 결정했다. 그가 감주에 부임한 것이 1월 16일, 장주 남부 지역 토벌을 위한 구체적인 전투 배치가 시작된 것은 2월. 불과 한 달 사이에 이뤄진 일이었으니 그의 조처는 꽤 신속하게 진행된 셈이다. 최초의 전투는 복건성 장주 남부와 광동성 동북부가 서로 연결된 지점이었다. 이를 '장남漳南 전투'라고 부를 수 있겠다.

이 '장남 전투'의 구체적인 상황을 설명하기에 앞서, 우선 왕명명이 사전에 구상했던 전략에 대해 한번 알아보자. 크게 다음 네 가지로 요약할 수 있다.

(1) 적의 동태 파악 : 『손자병법』에 '지피지기면 백 번 싸워도 위태롭지 않다'고 했다. 무릇 전쟁이란 공격 아니면 방어다. 왕양명은 어려서부터 병서를 읽어온 터라 공수攻守에 대한 자기 나름의 투철한 철학이 있었다. 소위 '지피지기'란 결국 적과 아군의 전력을 분석하기 전에는 절대 무모하게 전투를 벌이지 않는다는 의미다. 감주 부임 직후 그는 실지 조사를 통해서 이미 적과 아군의 병력 규모나 작전 수행능력에 대한 실태를 다 파악하고 있었고, 정찰병을 내보내 적의 동향까지도 알아냈다. 그가 시행한 민병 양성도 알고 보면 아군의 전력이 부족하다는 판단하에 취한 보완책이었다. 준비 없는 전쟁, 피아彼我의 전력을 파악하지 못한 전쟁은 절대 수행할 수 없다는 게 그의 최우선 신조였다.

(2) 고립화 전략 : 4개 성의 변경에 할거한 도적 떼는 근거지가 광활했고 그들의 전력 또한 천차만별이었다. 하지만 그들은 서로 연락을 취하면서 협조 체계를 구축하고 있었다. 과거 관군이 토벌에 나섰을 때 적들은 연합 전선을 구축하여 관군을 고립시키곤 했다. 왕양명의 전략은 그 반대로 적을 고립시키자는 것이었다. 그래서 그는 병력을 배치할 때 산으로 통하는 모든 길을 철저하게 봉쇄했다. 이뿐 아니라 적과 산 아래 주민이 연결되는 도로, 적들 간의 연결 도로도 전면 봉쇄하여 그들의 연결망을 완전히 차단했다. 십가패법을 엄격하게 시행한 것도 적의 정보 탐색을 원천적으로 봉쇄하여 고립시키겠다는 의도였다. 이렇게 되면 아군은 적을 파악할 수 있지만 적은 아군의 실태를 알지 못할 것이다. 그의 이 고립화 전략은 실전에서 중요한 역할을 해서 관군이 적의 허점을 공략하는 데 큰 도움이 되었다.

(3) 집중 포위 전략 : 당시 적의 근거지는 광범위하게 분포되어 있었기에

관군이 어느 한 쪽으로만 공략해서는 제대로 효과를 거둘 수 없었다. 적은 동쪽을 공격하면 서쪽으로, 서쪽을 공격하면 동쪽으로 달아나는 형국이었다. 왕양명은 과거 자신의 전투 경험을 바탕으로 곧잘 집중 포위 전략을 구사했다. 이는 적보다 많은 수의 병력을 결집시켜 대오를 나누어 집중적으로 공격을 가하는 방식이었다. 앞서 말한 '장남 전투'에서도 그는 우선 광동·복건의 많은 병력을 동원하여 적을 동서 양 방향으로 포위 공략했는데, 과연 이 전략은 실전에서 주효했다.

⑷ 살상 최소화 전략 : 도적 떼의 수괴는 처결하되 살상은 최소화하는 것 역시 왕양명의 주요한 전략이었다. 그가 생각하기에 전쟁은 적의 섬멸하는 것뿐만 아니라 백성의 피해를 줄이는 것도 중요했다. 원래는 선량했던 백성이 부득이한 사정으로 도적 떼에 가담한 경우가 많았기에, 그는 도적 떼의 일부 수괴를 제외하고는 가능한 한 살상을 줄이려고 애썼다. 그래서 적을 토벌할 때도 적의 상황을 봐가며 대응했고, 적이라고 해서 무조건 살상하지는 않았다. 또 전투가 끝날 때마다 왕양명은 도적 떼로부터 넘어온 양민을 보살피는 데도 많은 공을 들였다. 이는 그가 도적 떼 토벌을 끝냈을 때 상당수의 백성으로부터 호응을 얻은 중요한 원인이 되기도 했다.

주지하다시피 왕양명은 전형적인 선비다. 전투 경험이 거의 없던 그가 어떻게 이렇게 능수능란하게 병력을 운용할 수 있었을까?

사실 세상일에는 다 그 근거가 있기 마련이다. 앞서 보았듯이 그는 열두 살 때 이미 성인의 꿈을 품었고, 열다섯에 변방을 둘러보러 나간 경험이 있다. 가는 곳마다 현지답사를 중시했고 또 각종 병서에 대한 공부도 게을리하지 않았다. 병서를 읽으면서도 땅콩이나 호박씨 등을 탁자에 늘어놓고 병력을 배치하는 방법을 연구했다. 진사 급제 후 위령백 왕월의 묘지 조성 공사를 감독할 때도 병법에 따라 일꾼들을 훈련시킨 적이 있다. 말하자면 그에게 과거의 이런 경험은 실전에 대비한 준비과정이었던 셈이다.

더욱이 그는 명실상부 지행합일의 제창자이자 실천가가 아니던가. 지식과 실천의 통일이야말로 그의 일관된 철학이었다. 여릉 현령 시절, 그는 직무를 충실히 수행하는 가운데 통치술을 학습했고, 결국 백성의 존경을 한 몸에 받았다. 이제 그는 실제 전투를 통해 전쟁을 학습했고, 또 원래 지니고 있던 군사이론을 실전에 그대로 운용했다. 요컨대, 왕양명이 강서 지역에서 거둔 군사적 업적은 그가 어려서부터 가졌던 성인의 꿈이 일구어낸 성과이자, 과거 자신이 익힌 군사 이론을 실천에 운용한 결과인 셈이다. 기회란 결국 준비해온 자에게만 주어지는 특권이 아닐까.

이제 왕양명이 지휘했던 '장남 전투'에 대해 알아보자. 전투에 앞서 왕양명은 참전 경험이 있는 관리들에게 아군과 적의 군사 동향에 대해 상세히 분석해줬다. 광동·복건의 주요 지휘관에게는 반드시 서로 협조해서 합동 포위 작전을 펼칠 것을 지시했다. 특히 광동 지역 부대에게는 병력을 집중하여 동진東進하되, 각 주요 도로의 요충을 철저히 수비하여 적이 서쪽으로 도망치지 못하게 했다. 이와 동시에, 광동성 경내의 산지로 진격하여 산속에 포진한 도적 떼가 서로 연계하지 못하도록 지시했다.

복건 지역 부대에게는 적을 서쪽으로 내몰되, 마찬가지로 각 주요 도로의 요충지를 철저히 차단하여 적이 정면 돌파해오지 못하도록 지시했다. 동시에 적이 강서·복건 경내의 무리와 서로 연계하지 못하도록 했다. 이렇게 전략을 짠 다음, 왕양명은 직접 나서서 광동·복건의 관군이 일시에 적의 공략에 나서도록 지휘했다.

장남 지역 도적 떼에 대한 이 협공 작전은 왕양명의 계획대로라면 한 치의 착오도 용납되지 않을 것이다. 하지만 실제 상황은 달랐다. 초기의 전투 상황은 아주 순조로웠다. 특히 복건 관군은 전에 없이 용맹성을 발휘하여 적에게 큰 타격을 주었고 몇 차례의 소규모 전투를 승리로 이끌기도 했다. 그러나 전황은 예측대로만 움직이지는 않았다. 어느 시점에 이르러 광동·복건 관군 간의 협조 체계가 허물어지면서 돌발 사태가 발생한 것이다. 당시 복건 관군은 용감하게 전투에 임했고 왕양명의 지휘도 잘 따랐다. 그들은 서쪽을 향해 줄기차게 공략하여 첨사부가 이끄는 도적 떼를 서쪽으로 몰아붙였다. 왕양명이 의도한 작전대로였다. 이제 도적 떼를 협공하기 위해서는 광동 관군이 나서야 할 시점이었다.

하지만 광동 관군은 왕양명의 전략을 제대로 수행하지 못했다. 그들은 도적 떼가 대규모로 몰려오자 잔뜩 겁을 먹은 나머지 도적 떼에게 방어선을 내주고 말았다. 그 길로 도적들은 천연 요새라고 할 수 있는 상호산象湖山·전관箭灌 등지로 숨어들어 지형상 유리한 고지를 차지했다. 이렇게 되자 전세는 순식간에 역전되었고, '장남 전투'는 쌍방이 대치하는 교착 상태에 빠지고 말았다.

왕양명은 전세가 역전되리라고는 전혀 예상하지 못했다. 새로운 국면에 접어들자 그는 변화된 정세를 분석하는 한편 새로운 전략을 수립해야 했다. 전투 배치도 재조정해야 했고, 상황을 완전히 전환해야 했다.

그는 어떻게 전투 배치를 재조정했을까?

또 어떤 전략으로 이 전투를 최종 승리로 이끌었을까?

제 9 장
강서龍場 전투

'장남 전투'는 초반에는 순조롭게 진행되었다. 하지만 시간이 흐르면서 광동 관군의 실수로 그만 적에게 도망갈 기회를 내주고 말았다. 도적 떼는 포위망을 뚫고 복건과 광동의 접경 지역인 상호산·전관·가당동可塘洞 일대에 산재하는 천연 요새로 숨어들었다. 적이 일단 유리한 지형을 점거한 이상 관군으로서는 효과적인 공략이 불가능했고 전투는 교착 상태에 빠져들었다.

최대한 빠른 시일 내에 전투를 종식시키려고 했던 왕양명에게는 가장 못마땅한 상황이 발생한 셈이었다. 관군으로서는 장기전이 절대 불리했다. 그렇게 되면 병사의 전투 의지도 약해지고 군비도 대폭 늘어날 것이었다. 하지만 이미 굳어진 장기전을 피할 길은 없었다. 전세를 역전시킬 수 있는 묘안만이 최대 관건이었다.

장기전으로 돌아서자 복건과 광동 관군의 지휘관은 정세 판단과 대응 방안을 놓고 서로 첨예하게 의견이 엇갈렸다. 복건 측에서는 적이 아무리 요새 깊숙이 숨었다고는 하나 저들의 피해가 심각한 만큼 엄청난 공포감에 휩싸여 있을 것이니, 기회를 틈타 전면전을 펼쳐야 한다고 주장했다. 반대로 광동 측에서는 적이 이미 유리한 지형을 점령한 데다 산세 또한 험난하므로, 전력상 열세인 관군은 '낭병狼兵'을 원군으로 불러온 다음 전투에 나서야 한다고 주장했다.

전세에 관해서는 왕양명도 당연히 독자적인 판단이 서 있었다. 그는 먼저 복건·광동 두 지휘부의 정세 판단에 대해 엄중한 비판을 가한 다음 자신의 견해를 피력했다.

"전투는 이미 장기전에 돌입했고 적은 유리한 고지를 차지하고 있다. 복건 쪽에서는 기회를 봐서 공략하자고 말하지만, 이렇게 되면 적의 경계 태세만 강화시킬 뿐 아군에게는 절대 불리하게 작용할 것이다. 승산이 불확실한 상황에서 공격 일변도로 나간다면 이는 모험이 될 것이니 채택할 수 없다. 광동 쪽은 아직도 전투에 대한 공포감이 심각한 상태다. 과거에도 이런 심리 상태 때문에 적이 포위망을 뚫어 도망칠 수 있었고 결국 교착 상태로 빠져들지 않았는가. 걸핏하면 낭병의 도움을 요청하는데 이것도 다 공포심의 발로다. 낭병을 동원하려면 꽤 긴 시일이 소요되는데 무슨 도움이 되겠는가. 게다가 엄청난 군비가 소요되니 이 역시 백성에게는 큰 부담이 아닐 수 없다. 병력이 부족하다고 말하지만 현재 관군이 약 2000명이니 결코 적은 수가 아니다. 병사란 어떻게 쓰느냐에 달려 있지, 그 수가 많다고 해서 능사는 아니다. 그러니 광동 측의 견해 또한 현실성이 없다."

그렇다면 왕양명의 결론은 무엇인가. 그는 이렇게 강조했다.

"무엇보다도 관군의 정신 무장이 중요하다. 적에게 공포감을 가져서도 안 되고 또 저들을 얕잡아 봐서도 안 된다. 무모하게 공격에 나설 수도 없지만 그

렇다고 공포심 때문에 시기를 놓쳐서도 안 된다. 효과적인 전략을 써서 아군
에게 유리하도록 전세를 전환시켜야 한다."

이를 위해 그는 자신의 정세 판단에 근거해서 군사를 재배치하는 한편,
다음 몇 가지를 엄수하도록 명령했다.

첫째, 공개적으로 전쟁 중단을 선포하라. 관군에게는 '도적 떼가 천연 요
새로 은신했으니 낭병이 오지 않는 한 우리도 어쩔 도리가 없다. 이제 봄
이 되어 경작할 수 있을 만큼 날씨가 따뜻해졌으니 가을까지 전투를 중단
한다'는 사실을 사방에 전파하도록 하라. 또 적을 현혹시키기 위해 부대를
해산하는 척 위장하라. 다만 수시로 동원할 수 있게 병사를 멀리 내보내
지는 말라.

둘째, 각 부대는 은밀히 전투 준비에 만전을 기하고, 사방으로 정탐병을
내보내 적의 동향을 살핀 후 이를 보고하라.

셋째, 일단 기회가 오면 신속히 병력을 소집하여 적의 빈틈을 노려라. 작
전 수행 시 공포심을 버리고 희생정신을 발휘하라. 위반자는 엄벌에 처하
겠다.

넷째, 전투에서 선발 부대는 직접 살상에 나서기보다는 적진을 와해시
키는 데 주력하고, 적의 살상·체포 임무는 중무장한 후발 부대에 일임하
라. 각 부대는 전공에 급급하여 전열을 허무는 일이 없도록 하라.

다섯째, 적의 수괴는 살상하되, 살상을 최소화하라.

여섯째, 군기를 강조하여 행동의 통일을 기하라.

장기전에 돌입한 '장남 전투'를 앞두고 왕양명은 이런 명령과 함께 부대
를 재배치했다. 그런 다음 자신은 일단의 군사를 거느리고 정주汀州를 거

쳐 상항上杭으로 들어갔다. 자신이 직접 상황을 점검하고 전방 부대를 독려하기 위해서였다. 그의 이러한 재배치, 특히 군대의 위장 해산은 곧바로 효과가 나타났다. 적은 왕양명이 정말 군대를 해산시킨 줄 알고 경계심을 낮추었다.

2월 19일, 마침내 기회가 찾아왔다. 왕양명은 즉각 동원령을 내려 신속히 병력을 소집했다. 부대는 세 갈래로 나뉘어 적의 소굴이 있는 상호산을 향해 밤낮없이 전진했다. 관군이 상호산을 에워싸고 각 도로의 길목을 점거할 때까지도 적은 전혀 눈치채지 못하고 있었다. 이른 아침, 관군은 사방에서 공격을 개시했다. 치열한 전투가 벌어지고 적은 결사적으로 저항했지만 결국 대부분 죽거나 생포되었다. 도망갈 길은 없었다. 그날 오전, 전투는 관군의 일방적인 승리로 종료되었다.

이번 상호산 전투는 '장남 전투' 중에서도 백미라고 할 만했다. 직접 전투에 참가한 관군만 해도 2만2000여 명에 달하는 데다, 전세를 완전히 뒤집어놓을 만큼 전과 또한 컸다. 적의 기세를 완전히 꺾어놓음으로써 상황은 관군에게 유리한 쪽으로 반전되었다. 그동안 공포심을 떨쳐버리지 못하던 관군의 사기도 크게 진작되었다. 실전만큼 좋은 교훈이 없었다고나 할까. 전투가 종료되자 왕양명은 후환을 없애기 위해 산지사방으로 흩어진 일부 패잔병까지도 깡그리 소탕하라고 명령했다.

관군의 사기가 오를 대로 오르자 왕양명은 여세를 몰아 또 다른 공격 목표를 찾았다. 도적 떼의 최대 세력인 첨사부詹師富가 은신하고 있는 가낭동可塘洞, 그리고 온화소溫火燒의 근거지 전관箭灌이 그곳이었다.

가낭동 전투에서 왕양명은 병력을 다섯 갈래로 나누어 공략했고 결국 첨사부를 생포하는 데 성공했다. 일부 패잔병은 사방으로 흩어져 또 다른 산채로 도망쳤다.

3월 20일에는 또 온화소의 근거지 전관을 공격했다. 10번의 연이은 공격 끝에 온화소 역시 생포했다. 당시 도적 떼의 패잔병이 복건·광동 접경에 위치한 산속으로 도망쳤기 때문에, 왕양명은 복건·광동·강서의 관군을 대거 동원하여 3월 21일 정오를 기해 일시에 산속으로 공략해 들어갔다. 완벽한 토벌전이었다.

전관 전투가 종결되면서 '장남 전투'는 사실상 마무리가 되었다. 약 3개월에 걸친 전투를 통해 오랜 기간 골머리를 썩게 했던 복건·광동 접경 지역의 도적 떼는 거의 섬멸되었고, 4월에야 왕양명은 감주로 돌아올 수 있었다.

감주로 돌아온 직후 그는 백성의 생활을 돌보기 위한 복구 사업에 착수했다. 먼저 도적 떼에 가담했다가 되돌아온 백성에게 포고령을 내렸다. "지금은 농사를 시작할 시기이니 각자 경작에 힘쓰기 바란다. 농사를 지으면서 가정을 잘 돌봐라. 자기 생명의 소중함을 잊지 말라. 부모님께 효도하고 자식을 잘 길러라. 선을 행하면 복이 있을 것이요, 악을 행하면 재앙이 있을 것이다"라는 취지였다.

'장남 전투'가 종식되었다고는 하지만 원래부터 복건·광동 접경 지역은 수십 년간 도적 떼의 창궐이 극심한 지역이었다. 언제 또 도적 떼가 다시 들고 일어날지 모른다는 생각에 왕양명의 고민은 컸다. 장남 지역의 도적은 주로 소계小溪 일대에 은신하고 있었다. 이에 그는 소계 주변 지역으로 자주 시찰을 나갔다.

장남은 워낙 광활하고 교통 또한 불편해서 남정南靖현의 관할이긴 해도 실제 행정력이 거기까지는 미치지 않았다. 행정력이 제대로 발휘되려면 소계를 중심으로 하는 현을 하나 신설하는 것도 좋을 것 같았다. 그렇게 되면 관아에서는 복건과 광동 사이의 도로도 충분히 통제할 수 있고, 행정 업무나 학교 교육, 미풍양속을 되살리는 데도 도움이 될 듯했다. 그는 복건성 안찰사, 장주부, 남정현 등 관련 관아와 협의하여 소계에 독립된 현을 하나 신설하기로 결정했다. 현의 명칭은 처음에는 청평淸平으로 했다가 나중에 평화平和로 바꾸었다. 그 후 조정의 재가를 거쳐 이 평화현은 정덕 13년(1518) 3월에 정식으로 출범했다.

'장남 전투'가 거의 마무리될 즈음 왕양명은 4개 성 변경의 군사적 형세에 대한 재평가에 착수했다. 이 전투의 종식으로 복건·광동 변경의 도적 떼는 거의 토벌이 된 셈이었다. 그러나 강서성 횡수橫水·좌계左溪·통강桶岡을 거점으로 한 도적 떼의 기세는 여전했다. 그는 이참에 저들을 완벽하게 섬멸해야겠다는 판단을 내렸다. 왕양명이 '장남 전투'에 모든 군사력을 집중시키는 동안 사지산謝志珊·남천봉藍天鳳이 이끄는 도적 떼들이 주변 지역에서 무자비한 약탈을 자행했기 때문이다.

원래 횡수·통강 지역은 지형이 복합하고 험산과 깎아지른 절벽이 많아서 여태껏 관군의 힘이 미치지 못하고 있었다. 이 지역의 도적 떼가 유난히 기세를 떨치게 된 것도 바로 이 지형적 특징 때문이었다. 따라서 왕양명은 곧장 이 지역으로 공략해 들어가는 게 결코 쉽지 않다는 걸 잘 알고 있었다. 당시 강서 병사들은 워낙 기량이 부족한 데다 평소 훈련조차 제대로 받지 않았기에 적에 비해 허약했다.

한편, 횡수·통강을 토벌하려면 반드시 강서·호광·광동 세 지역의 병력을 이동시켜야 하는 문제도 있었다. 그런데 '장남 전투'에서 이미 드러난 몇 가지 문제점을 해결하지도 않은 채 군사 행동을 감행하기에는 무리가 따랐다. 그 문제점이란 예컨대 각 지역 관군 간의 비협조, 병사의 공포심, 사기 저하, 작전 수행능력 부족, 지휘 체계 미비 등이었다. '횡수·통강 전투'를 기획하면서 왕양명은 승산 없는 전쟁은 치르지 않는다는 기존의 방침대로 우선 아군 내부의 전력을 정비하는 데 주력했다. 군대 편제의 개편, 병사 자질의 강화 등 이때 그는 다음 몇 가지 사항에 유념했다.

(1) 지휘권 확보 : 정덕 12년(1517) 5월, 왕양명은 조정에 상소를 올렸다. '장남 전투'에 대한 성과 보고와 함께 당면한 군사적 상황을 설명한 내용이 었다. 그는 또 자신의 지휘권을 좀더 강화해줄 것을 요청했다. 이에 조정에 서는 그해 9월 그에게 '제독남감정장등처군무提督南贛汀漳等處軍務'라는 직책 을 부여하면서 군기軍旗 여덟 개를 내려보냈다. 지휘권 강화에 동의한다는 뜻이었다. 사실 그는 상소를 올린 5월부터 이미 자신의 방침대로 새로운 군사 전략을 수립해놓고 있었다.

(2) 상벌제 도입 : 불투명한 상벌 제도와 작전 수행 시 명령 불복종 문제 를 해결하기 위해 왕양명은 조직 개편을 단행했다. 신편제는 이랬다. 25인 을 1오伍로 하여 그 지휘관을 소갑小甲이라 했고, 50인을 1대隊로 하여 지 휘관은 총갑總甲, 200인을 1초哨로 하여 지휘관으로 초장哨長과 협초協哨 를 각 1인씩 두었다. 400인을 1영營으로 하여 지휘관으로 영관營官·영모營 謀를 각 1인씩 두었고, 1200인을 1진陣으로 하여 편장偏長을 지휘관으로 세웠다. 2400인을 1군軍으로 하여 부장副將을 지휘관으로 두었다. 군기 확 립을 위해서 그는 또 상급 지휘관이 하급 지휘관을 처벌할 수 있도록 했 다. 예컨대 부장이 편장을 처벌할 수 있고, 초장이 총갑을, 총갑이 소갑을 처벌할 수 있도록 하는 방식이었다. 물론 소갑은 일반 병사에 대한 처벌권 을 가졌다. 이와 함께 군부軍符라는 일종의 증명서를 만들어 군대 이동이 있을 때는 반드시 이를 지참하게 하여 첩자의 침투를 방지했다.

(3) 훈련 강화 : 병사의 기량과 작전 수행능력의 부족을 보완하기 위해 왕양명은 민간에서 우수한 군사 인재를 대거 발탁했다. 또 모든 병사는 예 외 없이 감주 성내에 있는 훈련장으로 와서 집중 훈련을 받도록 했다. 이

는 각급 부대 간의 협조 체계 구축, 명령 체계 일원화를 통해 작전 수행능력을 향상시키기 위해서였다.

(4) 군비 확충 : 군비 증강을 위해 왕양명은 그해 6월 조정에 상소를 올려 염법鹽法을 완화해줄 것을 요청했다. 소금 거래를 활성화시켜 이때 발생하는 염세를 군비에 충당하자는 의도였는데, 조정도 이에 동의했다.

(5) 군기 확립 : 군기 확립을 위해 당시 왕양명은 매우 엄격한 기율을 정했다. 가령 군사 기밀 누설자, 도망병, 명령 위반자 등은 모두 참수형에 처했다. 심지어 전시에 민간인을 괴롭히거나 풀 한 포기라도 민간의 재물을 빼앗는 자, 길바닥에 떨어진 재물을 임의로 취득한 자 등도 모두 참수형에 처했다. 엄격한 군기는 전투력 증강의 핵심이며, 민간인을 잘 대우해야 민심을 얻을 수 있다는 게 그의 생각이었다.

전력 강화를 위한 왕양명의 이런 조처는 모두 '횡수·통강 전투' 계획을 수립하기 이전에 이미 마련되었다. 이와 함께 왕양명은 전투를 성공적으로 수행하려면 적을 고립시키는 것이 최상책이라고 생각했다. 특히 광동성 용천龍川 이두浰頭에 근거지를 둔 도적 떼와의 연계를 조심하지 않으면 안 되었다. 이두와 횡수·통강은 지리적으로 서로 멀리 떨어져 있긴 하지만, 전투 과정에서 양측이 서로 군사 원조나 정보를 주고받는다면 아군에게 불리할 건 자명한 이치였다. 최소한 양측 도적 떼가 서로 관망세를 유지할 정도로만 조처해둘 필요가 있었다.

이를 위해 왕양명은 이두 지역 도적 떼를 겨냥하여 회유성 포고령을 발동했다. 동시에 그들에게 사람을 보내 소와 술, 금은과 베 등을 전달했다. 잘못을 뉘우치고 관군에 투항하라는 선심성 선물이었다. 포고령의 문장은 쉽고 명료했으며 진정성이 배어 있었다. 과연 포고령은 대단한 효력을 발휘했고, 당시 상당수의 도적 수괴가 실제로 투항해오기도 했다. 투항자에게 대해서는 뒤에 다시 언급할 것이다.

이런 조치는 전투 초기의 준비 단계에서 이루어졌고, 7월이 되면서 왕양명은 드디어 군사 행동에 돌입했다. 광범위한 지역에 걸친 대규모 작전이었다. 최후의 승전을 위한 그의 작전은 치밀하고도 철저했다.

포위 공략의 주요 대상은 횡수·좌계·통강에 포진하고 있는 도적 떼였다. 이 지역은 강서성 남안부 경내의 대유大庾(지금의 다위大余), 남강南康, 상유上猶 일대인데, 그중에서도 통강이 지형도 험준하고 세력도 막강했다. 왕양명이 각 지역의 지휘관을 소집하여 논의해보니 다들 먼저 통강을 공략한 다음 횡수·좌계를 공격하자는 의견을 제시했다. 가장 어려운 지역을 먼저 공략하고 나면 나머지는 쉽게 무너질 것이라는 견해였다.

하지만 왕양명의 생각은 달랐다.

"이 세 지역이 지리적으로는 연결되어 있지만 각기 다른 특성이 있다. 강서성 쪽에서 보든 호광성 쪽에서 보든 횡수·좌계는 재앙의 근원지에 해당한다. 그러니 먼저 그 근원을 제거하고 난 다음 곁다리 부분을 쳐야 일이 쉽게 풀린다. 만약 먼저 통강을 공략하려면 호광과 강서의 군사들이 연합 작전을 전개해야 하는데, 이 경우 강서 쪽 군대는 반드시 먼저 횡수·좌계를 통과해야만 하는 어려움이 있다. 그들이 장거리를 이동하는 동안 강서 쪽 관군은 횡수·좌계 도적 떼로부터 배후 공격을 받을 위험이 따른다.

반대로, 우리가 만약 횡수·좌계를 먼저 공격한다면 방어선을 탄탄하게 구축해가면서 점진적으로 통강을 공략해 들어갈 수 있다. 이렇게 되면 호광 쪽 관군과도 연합 전선을 펴면서 통강을 포위할 수 있고 결국 승리를 거둘 것이다. 그런데 한 가지 유의할 게 있다. 지금 관군이 틀림없이 통강

횡수와 좌계의 도적 떼를 공략하기 위해 왕양명은 각지에 초소를 엄밀하게 조성한 다음, 관군이 경로를 나누어 진격하도록 군령을 하달했다.

을 먼저 공격할 것이라는 여론이 상당히 퍼져 있다. 이 여론을 잘 이용해야 한다. 이런 여론 때문에 횡수·좌계의 적은 아마 방심하여 방어에 소홀할 것이다. 또 통강의 적도 오랫동안 관군을 보지 못했으니 경계를 늦추고 있을 것이다. 이 모든 게 다 우리 쪽에 절대적으로 유리하다.'

왕양명의 정세 분석은 정확하고 논리 정연했으며 설득력이 있었다. 각 지휘관들은 마침내 횡수·좌계를 먼저 공략하자는 그의 견해에 공감했다.

적의 고립화와 각개 격파라는 전략을 관철하기 위해 왕양명은 먼저 복건 군대에게 강서성 남안부에 주둔하고 있으라는 명령을 내렸다. 강서에서 호광으로 진출하는 게 작전 수행의 핵심 전략이었으므로, 강서 각 지역의 군대가 횡수·좌계 공격의 주력군 역할을 맡아야 했던 것이다. 그의 계산대로라면 횡수·좌계의 토벌이 종료되면 호광 쪽의 군대 역시 미리 정해둔 지점에 당도할 것이고, 결국 호광·광동 각 부대와 연합하여 통강을 포위할 수 있을 것이다.

왕양명은 공격 임무를 띤 각 주력군에게 10초哨씩 분산하여 서로 다른 위치에서 일제히 목표물을 향해 진격하도록 했다. 효과적인 공략을 위한 병력 집중이었다. 1초는 병사 200명으로 구성된 단위다. 10초씩 나뉜 돌격대는 집중적으로 적의 주요 거점을 공략하는 데 유리했고, 또 퇴각하는 적을 사살하거나 생포하기에도 좋았다.

그가 염두에 둔 공략의 기본 방향은 일단 전투가 시작되면 공격의 고삐를 한시도 늦추지 않은 상태에서 적을 고립시키는 것, 퇴각한 적의 재결집을 방지하는 것, 그리고 저들이 상호 협력하여 원조 체계를 구축하지 못하게 하는 것이었다. 진군의 총노선은 횡수에서 시작하여 좌계를 거친 다음, 마지막으로 통강에서 모든 관군이 한데 결집하는 것이었다. 왕양명은 전

부대에 다시 한 번 기율 엄수를 당부했고, 10월 7일 야간을 기해 일제히 정해진 공격 노선을 따라 행동을 개시하라고 다짐해두었다.

실전에서도 왕양명의 전략은 그대로 주효했다. 정해진 시간에 맞춰 각 부대가 횡수·좌계로 일제히 진군하자 외곽에 퍼져 있던 소규모 도적 떼부터 추풍낙엽처럼 우수수 무너졌다. 게다가 관군이 횡수에 당도했을 때 도적 떼의 수괴 사지산謝志珊은 그때까지도 아무런 반응을 보이지 않았다. 원래 그는 관군이 분명 통강을 공격해올 것이라고 예상하고 있었기 때문이다. 또 그는 횡수가 견고한 천연 요새여서 관군이 한 번도 토벌에 성공하지 못했다는 사실을 굳게 믿고 있었기에 방비를 소홀히 하고 있었다. 관군이 사방에서 일제히 공략해올 줄은 꿈에도 상상하지 못했던 것이다.

사지산이 부하를 거느리고 관군의 공격에 완강하게 저항했지만 대세는 막을 수가 없었다. 쌍방 간의 치열한 전투 속에 마침내 사지산은 살해되었고, 그의 많은 부하 또한 심산유곡의 절벽 아래로 떨어져 목숨을 잃었다. 이와 거의 동시에 좌계의 관군 또한 그 지역을 이미 평정하고 횡수로 모여들었다. 마침 폭우가 쏟아져 전투가 벌어진 산에는 안개가 자욱하게 끼어 있었다. 적들은 사방으로 뿔뿔이 흩어졌다. 때문에 관군의 작전은 한때 어려움을 겪기도 했다. 그렇다고 하더라도 흩어져 도망치는 도적들을 그냥 내버려둘 수는 없었다. 추격을 포기한다면 재결집해서 다시 도발해올 것이 너무나 뻔했기 때문이다.

문제가 없지도 않았다. 원래 호광 군대와 연합하여 통강을 공격하기로 한 시기는 11월 1일, 지금은 벌써 10월 15일, 불과 보름밖에 시간이 없었다. 횡수에서 통강까지는 산길로 약 100리나 떨어져 있으니 최소한 3일은 걸릴 거리였다. 시일이 너무 촉박했다. 왕양명은 부분적으로 작전을 변경해야 했다. 그는 각 진영에 하달하여 병사를 정면 공격조와 기습조로 나눈 다음, 각각 전방 공격과 후방 기습을 맡게 했다. 비를 무릅쓰고 잔당을 소탕하라는 명령이었다. 10월 28일, 잔당 중 일부가 통강으로 도망치긴 했지만 횡수·좌계에서는 잔당마저도 거의 다 섬멸되었다. 관군은 여전히 정해진 공격 노선을 따라 차질 없이 통강으로 진격해갔다.

통강은 천혜의 요새다.

강서 경내에서 그곳으로 진입하는 길은 다섯 개의 소로小路뿐이었다. 그러나 그 소로는 다 그 지역의 수괴 남천봉藍天鳳이 이미 철통같이 방어하고 있었다. 공격은 쉽지 않았다. 불가능할지도 몰랐다. 이미 고지를 장악한 적군이 돌이나 나무 따위를 아래로 굴려 보내면 관군으로서는 도저히 그들을 공략할 방도가 없을 것이다. 게다가 이때 폭우까지 쏟아지는 바람에 공격은 더더욱 어려웠다. 왕양명이 생각해낸 전략은 남천봉에 대한 투항 권유였다. 설사 투항 권유가 실패하더라도 얼마간 시간을 벌 수 있고, 또 어쩌면 상대가 경계 태세를 늦출지도 모를 일이었다. 어쨌든 관군에게 불리할 건 없다는 게 왕양명의 판단이었다.

당시 포로 중에는 남천봉을 잘 아는 사람이 둘 있었다. 왕양명은 먼저 그들의 죄를 사면한 다음, 그들에게 야음을 틈타 밧줄을 타고 올라가 투항을 권유하라고 명령했다. 과연 예상대로 투항 권유는 적을 혼동하게 하는 데 어느 정도 유효했다. 11월 1일, 마침내 남천봉이 몇몇 소두목과 투항 문제를 협의하기 시작했다. 한편, 관군은 또 관군대로 폭우를 무릅쓰고 요새를 공략해 들어갔다. 한순간 남천봉은 사방에서 협공해 들어오는 관군의 기세에 놀라 갈팡질팡하더니 결국 치열한 전투 끝에 살해되고 말았다. 11월 13일 전투는 거의 마무리되었다. 왕양명이 이끄는 관군이 횡수·통강을 완전히 평정한 것은 12월 9일이었다.

사실 이 횡수·통강 전투를 준비하면서 왕양명은 이 전투가 매우 힘들

것이라는 점을 충분히 예상하고 있었다. 그래서 그는 미리 호광 군사에게는 11월 1일에 출발하여, 강서 쪽 군대와 합류한 다음 연합으로 공략하도록 계획을 짰었다. 하지만 실제 전투는 그의 예상보다 훨씬 순조롭게 진행되었다. 호광 군대가 강서로 미처 진입하기도 전에 통강이 이미 평정되어버린 것이다. 왕양명은 호광 지휘부에 연락하여 강서로 진입할 필요가 없다고 통보하는 한편, 통강 전투에 참여하지 않은 그들에게도 후한 상을 내렸다.

실제 횡수·통강 작전이 전개된 기간은 불과 2개월 남짓. 토벌된 도적의 소굴은 모두 80여 곳에 이르렀다. 수년 동안 골칫거리였던 강서 지역의 도적 떼가 토벌되자 현지 백성의 생활은 마침내 안정을 되찾았다. 그들의 숙원이 해결된 셈이었다. 왕양명이 군대를 인솔하여 남강을 지날 때 현지 백성은 연도로 몰려나와 열광적으로 환영해주었다. 강서 지역에서는 그를 거의 신주 모시듯 받들었다. 심지어 생존해 있는 왕양명을 위해 사당을 짓고 매년 기념제까지 지낼 정도였다.

12월 20일, 왕양명은 감주 관아로 복귀했다. 관례대로 그는 조정에 전공을 세운 지휘관을 포상하라는 상소를 올렸다. 이와 동시에 과거 '장남전투'가 종료되었을 때 그랬던 것처럼 지역의 장기적 안정과 발전을 위한 체계적인 대비책을 강구하는 데 주력했다.

지리적으로 볼 때, 횡수·좌계·통강은 상유·남강·대유 이 세 현 사이에 위치하고 있었는데, 모두 현 관아로부터 300여 리나 떨어져 있었다. 게다가 세 현이 하나같이 오지였다. 그러다 보니 세 현 가운데 어느 현의 행정력도 이들 지역에까지는 제대로 미치지 못하고 있었다. 이 세 지역이 오랫동안 도적 떼의 근거지가 된 것도 바로 이 때문이었다. 왕양명은 도적 떼의 재창궐을 막으려면 횡수에 새로 현을 설치하는 게 급선무라고 판단했

다. 그는 현지 실사를 마친 다음 횡수에 현 관아를 설치하기로 하고 숭의
崇義현이라고 명명했다. 조정에서도 그의 이 결정에 동의해주었다. 숭의현은
정덕 13년(1518) 4월에 정식으로 문을 열었고, 초대 지현으로는 남강 현승
으로 있던 서부舒富가 부임해왔다.

'횡수·통강 전투'가 완전히 종료되면서 강서·복건·호광·광동 변경의 도
적 떼는 거의 다 소탕되었다. 관군의 연전연승으로 말미암아 광동·강서 접
경 지역인 용천 경내의 이두를 근거지로 할거하던 도적 떼는 이제 고립무
원이 되었다. '횡수·통강 전투'가 끝날 무렵 왕양명은 이미 '이두 전투'까지
도 계획에 넣어두고 있었다. 광동성 용천에 위치한 이두는 구련산九連山 지
구에 속해 있었고 그곳 도적 떼의 수괴는 털보라는 별명을 가진 지중용池
仲容이었다. 그들은 이두의 복잡한 지형과 천연 요새를 최대한 활용하면서
도처에서 노략질을 자행하고 있었다.

사실 4개 성의 변경 지역 중에서도 이두 도적 떼의 세력이 가장 막강했
다. 그래서 애당초 왕양명이 '횡수·통강 전투'를 기획할 때도 제일 먼저 횡
수, 그 다음은 좌계를 칠 셈이었다. 그런 다음 강서·호광의 군대가 연합으
로 통강을 공략하고, 맨 마지막으로 강서·호광·광동 세 곳의 군대가 연합
하여 이두를 공략할 예정이었다. 그만큼 그는 이두의 도적 떼를 철저히 경
계했다.

왕양명의 치밀한 계획 아래 '이두 전투'는 상당히 순조롭게 진행되었다.

그런데 파죽지세로 공격해 들어갈 즈음 웃지 못할 해프닝이 발생했다.

제 10 장

이두渆頭 평정

'장남 전투'와 '횡수·통강 전투', 왕양명은 이 두 전투를 통해 복건·광동의 접경지대, 그리고 횡수·통강 등 강서 지역에 할거하던 도적 떼를 일거에 평정했다. 이제 남은 것은 광동성 혜주부_{惠州府} 용천 경내의 이두에 포진한 도적 떼뿐이었다.

구련산 지구에 해당하는 이두는 상리·중리·하리 등 소위 삼리_{三浰}로 나뉘어 있었다. 이곳은 험산들이 연이어 있고 지형도 매우 험난했다. 이 지역의 수괴 지중용은 관군조차 개의치 않고 제멋대로 활개치고 있었다. 조정에서도 그들에 대해서는 손을 놓고 있었다. 수년 전 조정에서 소수민족으로 구성된 낭병을 파견하여 수차례 토벌에 나선 적이 있었지만 번번이 실패했다. 그러자 지중용은 한층 더 기고만장해서 날뛰었다. '낭병쯤이야 식은 죽 먹기지. 조정에서 낭병을 내보내면 적어도 반년은 걸리지만 나는 한 달이면 완전히 숨어버릴 수 있지.' 이런 식이었다. 또한 사실이었다.

당시 4개 성 변경에 할거한 도적 떼 중에서는 이두의 세력이 가장 막강했고, 왕양명 역시 이 지역을 가장 중시하여 이두를 '도적 떼와 간신배의 최대 발원지'라고까지 지목했다. 각 지역의 도적 떼 토벌에서 그가 이두를 맨 마지막 목표물로 정한 것도 이 때문이었다. 그는 이렇게 비유하기도 했다. "거대한 나무를 손질할 때는 먼저 손쉬운 곁가지부터 쳐내고 나중에 그 줄기를 자른다." 말하자면 목수가 목재를 가공할 때도 먼저 손질하기 쉬운 곁가지부터 쳐낸 다음, 마지막에 단단한 줄기 부분을 자른다는 그런 이치였다. 앞서 상대적으로 세력이 약한 도적 떼는 이미 다 평정했으니 이제는 그중 가장 강적인 이두의 적을 공략할 차례였다.

왕양명은 효과적으로 이두를 공략할 방법이 무엇인지 치밀하게 계산하면서 새로운 돌파구 마련을 위해 고심했다. 치밀한 군사 배치에다 새로운 돌파구가 마련된다면 이두 전투는 순조롭게 진행되어 결국 파죽지세로 밀어붙일 수 있을 것이다. 그런데 이 전투에서 웃지 못할 해프닝이 하나 발생했다.

앞서 이미 설명했듯이 '횡수·통강 전투'를 수행할 때 왕양명은 이두 도적 떼가 개입하는 걸 차단하기 위해 이두에 회유성 포고령을 발동한 적이 있다. 이와 동시에 사람을 시켜 이두 도적 떼에게 소와 술 따위를 선사했다. 그 포고령의 문장은 쉽고 명료했으며 진정성이 담겨 있어서 당시 이두의 소두목 몇몇이 실제로 투항해오기도 했다. 황금소黃金巢라는 자도 바로 그런 부류 중의 하나였다. 왕양명은 황금소를 진심으로 후대하면서도 동시에 경계심을 늦추지도 않았다. 한편으로는 또 적이 이런 식으로 투항해오는 이상 이두를 확실히 공략할 수 있겠다는 자신감이 들기도 했다.

황금소가 투항해오자 왕양명은 그의 죄를 용서해주고 두둑한 상까지 내렸다. 황금소 또한 성의에 보답하기 위해 자신도 횡수 토벌에 참가하여 전공을 세우겠노라고 했다. 왕양명은 이 제안을 받아들여 그에게 병사 500명을 내주었다. 10월 12일, 횡수가 평정되자 황금소는 이두의 수괴 지중용에게 서신을 보내 "왕 대인이 이미 횡수를 평정했다. 왕 대인은 그간 자진 투항해온 자에게 후한 예우를 해주었으니 그대도 빠른 시일 내에 부하를 데리고 투항하라!"고 권유했다.

황금소의 서신을 받아든 지중용은 불안했다. 통강이 평정되고 나면 왕양명이 이두를 공격해올 것은 뻔한 이치였기 때문이다. 그렇다고 제 발로 걸어나가 자진 투항할 생각은 없었다. 하지만 왕양명의 군대가 두렵긴 두려웠다. 그는 경계를 더욱 공고히 하는 한편, 동생 지중안을 시켜 부하 200명을 데리고 왕양명에게 '투항'하라고 지시했다. 사실 이 200명은 대부분 노약자로 그의 의도는 명백했다. 겉으로는 동생을 통해 '성의'를 보이는 척했지만 그의 숨은 의도는 관군의 정세를 염탐하려는 것이었다. 또 만약 왕양명이 토벌에 나설 경우 이 '위장 투항자들'로 하여금 내부에서 호응하도록 할 참이었다. 말하자면 관군 내부에 자신의 첩자를 심어두겠다는 의도였다.

그러나 지중용·지중안 형제의 이런 잔꾀가 왕양명에게 통할 리 없었다. 왕양명은 대번에 그의 의도를 간파했지만 전혀 내색하지 않은 채 지중안 일행을 환대하면서 상까지 내렸다. 통강 토벌에 나섰을 때 지중안은 자기도 전투에 참여하겠노라고 했고 왕양명은 이를 받아들였다. 다만 지중안 일당에게 전투 임무를 부여할 때 일부러 그들을 이두 방향과는 멀리 떨어진 곳에 배치했다. 그들이 이두 쪽과 은밀히 내통할 기회를 차단하기 위해서였다.

'어떻게 해야 이두를 효과적으로 공략할 수 있을까?' 이 지역의 사정이 여느 지역과는 너무나도 다르다는 것을 왕양명은 잘 알고 있었다. 지세가 험준하여 공략이 어려울 뿐 아니라 지중용의 세력 또한 만만치 않아서 전투력이 막강했기 때문이다. 저들이 전투태세를 철저히 갖춘다면 관군으로서는 공략하기가 여간 어렵지 않을 것이다. 오직 하나 은밀하게 군대를 배치함과 동시에 적이 경계를 늦추도록 유도하는 수밖에 없었다.

　통강을 공략하는 동안에도 왕양명은 사전에 미리 이두의 정세에 정통한 수십 명을 인근 지역에서 불러들여 정세 파악에 들어갔다. 그들의 의견은 거의 일치했다. '지중용은 흉악무도한 자로 험난한 지형을 이용하여 온갖 악행을 저지르고 있으니 반드시 토벌해야 한다. 하지만 그를 평정하려면 산악 전투에 뛰어난 낭병을 대규모로 동원하지 않는 한 불가능하다.'

　하지만 왕양명의 생각은 달랐다. '이두 공략에 꼭 낭병이 동원되어야 할 필요는 없다. 관건은 병력을 어떻게 운용하고, 공격 시점을 어떻게 유리하게 잡느냐에 달려 있다.' 왕양명은 비밀리에 이두 공격을 준비하는 한편, 광동성 혜주부에 공문을 보내 자신의 작전에 맞추어 은밀히 군사를 집결시키라고 지시했다. 그런 다음 이두 공략을 위한 주변 정세의 분석에도 철저를 기했다. 이와는 별도로 그는 또 지중용·지중안 형제의 동정을 은밀하게 관찰하면서 유리한 기회가 오기만을 기다렸다.

　통강이 평정된 후 지중용은 한층 더 공포감에 사로잡혔지만, 그에 못지않게 전투 대비 또한 더 철저히 했다. 이런 상황을 어느 정도 파악한 왕양명은 이때 그 누구도 상상하지 못할 의외의 전략을 들고 나왔다. '호랑이를 잡으려면 호랑이 굴에 들어가야 한다.' 이두의 군사 시설이나 도로 상황을 제대로 파악하지 않는다면 관군으로서는 거의 승산이 없는 전투가될 것이다. 이에 그는 아예 공개적으로 각종 위문 물자를 이두로 보내면서사람을 시켜 지중용의 의중을 떠보았다.

　"앞서 그대가 동생 지중안을 투항시켰으니 이제 우리 성의도 받아들이겠지? 왕 대인께서 나를 보내 그대들에게 많은 위문품을 전달하라고 하셨다. 그런데 우리 성의는 받아들이면서 왜 아직도 전투 준비를 하고 있는가?"

　더 이상 관군을 기만할 수 없음을 깨달은 지중용이 궁색하게 변명했다.

"정말 송구합니다. 소인이 전투태세를 갖춘 건 용천의 노가盧珂가 습격해온다는 소식을 들었기 때문입니다. 이건 불가피한 조처입니다. 우린 그저 노가 일당에 대응하려고 할 뿐 관군과는 싸울 생각이 없습니다."

지중용이 말한 이 노가란 자는 용천 출신으로 원래 도적 떼의 일원이었다. 그러나 그 역시 왕양명의 설득으로 자기 휘하에 있던 부하 3000여 명을 거느리고 투항해온 터였다. 왕양명은 노가 일당의 투항을 받아들이고 그들에게 용천으로 돌아가 이두를 공략할 태세를 갖추라고 지시해두었다. 원래부터 지중용과 노가는 의견 충돌이 잦았기에 서로 앙숙지간이었다. 두 사람의 이런 관계를 잘 알고 있었던 왕양명은 이 점을 최대한 역이용하여 지중용을 생포하는 극적인 상황으로 연출하고자 했다.

왕양명이 통강 전투를 끝내고 군사들과 함께 남강南康으로 돌아왔을 때, 노가 역시 그곳에 도착해 있었다. 지중용이 반성은커녕 여전히 전투준비에만 골몰하고 있다는 사실을 왕양명에게 보고하기 위해서였다. 물론 이 사실은 왕양명도 이미 손금 보듯 훤히 꿰뚫고 있었다. 그런데 이때 뜻밖에도 왕양명이 노가를 향해 버럭 화를 내면서 고함을 내질렀다.

"네 이놈! 지중용이란 자는 진작 투항할 의사를 밝혔거늘, 네 놈이 사실을 날조하여 그자를 무고하다니 정말 간이 배 밖으로 나왔구나."

이 말과 함께 왕양명은 노가를 포박하여 감옥에 가두어버렸다. 그리고는 대놓고 조만간 그를 처형할 것이라고 했다. 왕양명은 정말 노가의 진심을 몰랐을까? 그는 왜 돌연 노가를 향해 버럭 고함을 질러댔을까?

그건 일종의 연기였다. 당시 지중안 일당이 곁에서 이 광경을 지켜보고 있었기 때문이다. 그가 느닷없이 화를 내며 고함을 지른 건 그들에게 보여주려는 제스처에 불과했다. 당시 지중안은 노가가 왕양명에게 자기 형을 비난하는 걸 보고 깜짝 놀랐다. 그런데 그때 왕양명이 돌연 노가를 포박하자 금방 화색을 띠며 노가의 죄상을 까발리기 시작했다. 왕양명은 지중안 일당의 표정을 하나도 놓치지 않고 탐색했다. 지중안 일당은 그 후 벌어질 상황에 대해서는 전혀 눈치채지 못하고 있었다. 노가가 투옥된 그날 밤, 왕양명은 감옥으로 직접 노가를 찾아가 해명했다.

"너무 억울하다고 생각지 말게. 잠시 그대를 이용해서 지중용을 유인하려는 술책을 쓴 거라네. 그러니 자네는 부하들에게 사람을 보내 이두 공략의 태세를 잘 갖추라고 지시하게. 자네도 석방되는 대로 곧장 관군과 합세하여 이두 공략에 나서게."

12월 20일, 감주贛州로 돌아온 왕양명은 병사들에게 큰 상을 내렸다. 또한 횡수·통강의 도적 떼는 이미 다 평정되고 이두 지역에서도 투항 의사를 밝혔으니, 이제 군대를 철수해도 좋다는 명령을 내렸다. 그리고는 짐짓 전군의 해산을 단행하는 듯한 태도를 취했다. 왕양명은 지중안에게도 지시를 내렸다.

"너희도 이젠 돌아가도 좋다. 돌아가거든 형 지중용을 도와 방어 태세에 만전을 기하라. 노가란 놈이 이곳에 갇혀 있긴 하지만 그 부하들이 언제 또 습격해올지 모르지 않는가?"

이 말은 들은 지중안은 뛸 듯이 기뻤다. 이두로 돌아온 그는 즉각 형 지중용에게 노가가 감옥에 갇혀 있으며, 왕양명이 자신의 투항을 얼마나 반겼는지에 대해서도 보고했다. 그 결과 지중용 무리의 방어 태세도 한결 느슨해졌다.

며칠 후, 왕양명은 또다시 이두로 관리를 파견하여 지중용에게 역서曆書를 선사했다. 투항을 권유하는 메시지였다. 그리고는 재차 노가 일당의 습격에 잘 대비하라고 당부했다. 지중용 일당은 물론 아주 흡족해했다. 그리고 왕양명은 또 뇌제雷濟라는 관원을 지중용에게 파견했다. 뇌제는 왕양명의 책사였는데 이 인물에 대해서는 나중에 다시 거론할 것이다.

이두에 온 뇌제는 지중용을 만나자마자 이렇게 말했다.

"지금 관아에서 그대들을 극진히 예우하고 있으니 이를 고맙게 받아들이게. 그런데 그대는 왜 아직도 감주에 계신 왕 대인을 직접 찾아뵙고 감사드리지 않는가? 더욱이 그 노가란 자는 감옥에 갇혀서도 여전히 항복하지 않고 있네. 또 그대가 역심逆心을 품고 있어서 관군이 쳐들어와도 결사코 저항할 거라고 떠들어대고 있네. 관군이 들이닥치기 전에 그대가 자진해서 왕 대인을 찾아뵙는다면 큰 신임을 얻을 걸세. 그렇게 되면 노가의 거짓말도 금방 탄로날 것이고 그땐 죽음을 면치 못하겠지."

지중용이 듣고 보니 과연 그럴싸했다. 그는 한껏 자신감에 부풀어 부하들에게 호언장담했다.

"왕 대인께서 지금 무슨 생각을 하시는지 내가 직접 가서 알아보겠다. 다들 진지를 잘 지키고 있어라. 내 금방 감주를 한번 다녀오겠다."

그는 정예 수하 40여 명을 거느리고 곧바로 감주로 갔다.

일이 이쯤 되고 보니 왕양명의 계략도 서서히 성공할 조짐이 보였다. 지중용이 이두를 떠나 감주로 향하자 왕양명은 즉각 암암리에 군사 행동을 개시했다. 병사를 모두 열 갈래로 분산시켜 이두 지역의 모든 산자락에 촘촘히 배치하여 전투태세를 갖추었다.

지중용이란 자는 워낙 영악한 인물이었기에 감주에 도착한 그는 곧바로 왕양명을 찾아가지 않고 먼저 감주에 있는 군사 훈련장부터 찾았다. 훈련장은 텅 비어 있고 병사라곤 그림자조차 찾아볼 수 없었다. 모든 병사가 이미 해산하여 집으로 돌아갔다고 여긴 그는 속으로 쾌재를 불렀다. 거리를 둘러보니 백성은 집집마다 오색등을 내걸고 설맞이를 준비하느라 여념이 없었다. 전시 분위기라곤 찾아볼 수 없을 만큼 온통 평화로운 기운이 감돌았다. 그가 또 옥졸에게 뇌물을 써서 노가를 찾아가보니 과연 그는 밧줄에 꽁꽁 묶인 채 감옥에 갇혀 있었다.

지중용은 왕양명이 자신의 '투항'을 굳게 믿고 있다는 것을 확신했다. 마음속 체증이 싹 가시는 느낌이었다. 그는 의기양양하게 왕양명을 만나러 갔다. 그를 본 왕양명이 다짜고짜 소리를 질렀다.

"지중용, 네 이놈! 투항하러 감주에 왔다면 먼저 나를 찾아와야지 무슨 일로 곧장 훈련장부터 찾아갔느냐? 아직도 나를 못 믿겠다는 건가?"

지중용이 바로 대답했다.

"소인이 어찌 감히…… 소인은 대인 나리의 분부만 기다릴 뿐입니다. 소인이 어떻게 감히 순무 대인을 못 미더워 한단 말입니까?"

왕양명도 화가 풀린 듯 금방 얼굴에 희색을 띠었다. 그는 지중용 일행을 감주 성내에 있는 상부궁祥符宮에 머물게 했다. 미리 그곳을 깨끗이 정리해놓은 터라 지중용 역시 몹시 만족해했다. 하지만 지중용이 모르는 사실이 하나 있었다. 그날 밤 왕양명은 은밀히 노가를 석방하면서 그에게 서둘러 군영으로 돌아가 병사를 이끌고 이두 공략에 나설 태세를 갖추라고 해둔 것이었다. 이튿날, 지중용은 왕양명을 찾아와 이제 자기 진지로 돌아가겠다는 의사를 전했다. 그러나 왕양명은 만류했다.

"오늘이 벌써 섣달 스무나흘 아닌가? 그대가 감주에서 이두로 돌아가려면 8~9일은 걸릴 테니 지금 떠난다고 해도 아마 금년 안으로는 도착하지 못할 걸세. 게다가 정초에는 친척이며 친구들을 두루 만나야 할 텐데 이게 얼마나 성가신 일인가? 그러니 아예 여기서 며칠 더 묵으면서 설을 쇤 다음 돌아가도 괜찮을 거 같은데…… 올해 우리 감주 성내에서는 연등놀이가 있으니 연등절이 지나면 돌아가게."

지중용으로서도 더 이상 거절하기가 미안해서 계속 감주에 머물기로 결정했다. 왕양명은 부하를 시켜 매일 돌아가며 그들 일행에게 연회를 베풀게 했다. 그를 안심시키려는 의도였다.

여기서 보충 설명 하나. 이 부분과 관련된 역사 기록에 따르면 왕양명이 겉으로는 지중용에게 유인책을 썼지만, 실제로는 이두 공략에 대한 전투태세를 완전히 갖추었다고 한다. 그러나 당시 그가 지중용을 투항시키려고 한 의도는 분명 진심이었다. 심지어 왕양명은 그에게 관복을 입히고 예법을 가르쳤으며, 두 사람이 나란히 감주 거리를 행차하기도 했다. 그의 진심을 파악해보려는 의도에서였다. 하지만 역시 그는 성정이 사납기 그지없는 인물이며 전혀 투항할 의사가 없음이 분명했다. 그제서야 왕양명은 그를 처결해야겠다고 결심했다. 지중용이 피살된 후 왕양명은 종일 식음을 전폐했다고 한다.

정덕 13년(1518) 정월 초사흘. 예정대로 노가 일행은 자기 진영으로 돌아갔고, 이두로 진격할 각지의 관군 역시 사전에 정해놓은 제 위치에 포진해 있었다. 이날 왕양명은 병사들을 매복시켜놓은 다음, 연회를 베푼다는 구실로 지중용과 그의 수하들을 불러들여 모조리 처치했다.

지중용이 피살되자 이두의 도적 떼는 더 이상 수괴의 지휘를 받을 수 없게 되었다. 게다가 그가 피살되기 직전까지 나타났던 여러 가지 위장된 평화의 조짐 때문에 그들은 전혀 전투태세를 갖추지 않고 있었다. 이 두 가지 사실로 미루어볼 때, 이두 토벌은 순조롭게 진행될 게 확실했다.

정월 초이레, 왕양명의 전면 공격 명령이 떨어지면서 정식으로 이두 전투가 개시되었다. 원래 이두 도적 떼는 사전에 이미 최고 지휘자인 지중용으로부터 감주 지역의 군대가 해산되었다는 서신을 받았기에 아무런 전투태세도 갖추지 않고 있었다. 관군의 공략은 일사천리로 진행되었고 크고 작은 도적 떼의 거점들이 속속 함락되었다.

그러나 전투 중 돌발 사태가 하나 발생했다. 공격을 받은 도적 떼 가운데 약 800여 명이 서로 정보를 교환해가면서 구련산九連山으로 도망쳐버린 것이다. 그들이 지형상 유리한 진지를 점령해버리자 관군으로서는 그것이 엄청난 장애가 되었다. 왕양명이 가장 우려했던 상황이 발생한 것이다. 사정이 이렇게 되고 보니 관군이 강공을 지속한다는 건 무리였다. 해결책이 없어 보였다. 어떻게 해야 할까? 적은 이미 산속으로 숨어들어 천혜의 유리한 고지를 점하고 있는 상황이다. 하지만 그렇다고는 해도 저들은 어쨌든 추격을 당하는 입장이며, 혼란 속에서 단번에 대단한 전투력을 발휘하지는 못할 것이다. 관군으로서는 어떻게든 이런 약점을 잘 이용해야 했다.

왕양명은 지혜를 발휘했다. 그는 건장하면서도 민첩한 정예 병사 700명을 선발해서 적의 복장으로 위장시켰다. 패잔병을 가장하여 야음을 틈타 적진에 투입하자는 계획이었다. 적이 점거하고 있는 절벽 아래쪽에 당도한 위장병들은 좁은 길을 따라 재빨리 절벽 위로 기어올랐다. 자기 동료가 왔다고 오인한 절벽 위의 적병은 반갑게 맞으면서 그들을 절벽 위로 끌어올려주기까지 했다. 이 위장 전술을 통해 관군은 신속히 천혜의 요새를 점거할 수 있었다. 이튿날 적이 눈치챘을 때는 이미 상황이 끝난 뒤였다. 3월 초, 마침내 이두 전투가 종료되었다.

이두 전투가 종료되자 과거와 마찬가지로 왕양명은 지역의 장기적 안정과 통치력을 강화하기 위한 조치를 취했다. 원래 있던 광동성 용천 지역에 화평和平현을 추가로 신설했고, 신설된 화평현의 백성에게는 3년간 조세와 부역을 감면해달라는 상소를 올렸다. 물론 조정에서도 그의 이런 건의를 다 받아주었다.

정덕 12년(1517) 2월에서 13년 3월까지, 불과 1년 남짓 되는 기간에 왕양명은 강서·복건·호광·광동 등 4개 성의 경계 지역에서 여러 해 동안 온

존했던 도적 떼의 폐해를 해결함으로써 백성의 안정된 삶을 회복시켰다. 도적 섬멸을 위한 군사 작전은 현지 백성으로부터 전폭적인 지지를 받았고, 왕양명에 대한 강서 백성의 공경심도 더 한층 높아졌다.

왕양명이 주도한 '장남漳南 전투' '횡수橫水·통강桶岡 전투' '이두浰頭 전투' 등 이 3대 전투를 통해 우리는 그의 전략 전술을 다음과 같이 총괄해 볼 수 있다.

첫째, 지피지기 전략.

그는 사전에 상황을 제대로 파악하지 않은 채 전투를 치른 적이 단 한 번도 없다. 전투가 벌어지기 전, 언제나 그는 엄청난 공을 들여 준비 작업에 철저를 기했다. 병과兵科, 장비, 병사의 사기, 작전 수행능력 등 쌍방의 전력을 구체적으로 비교 분석했고, 제때 문제점을 찾아 실질적인 해결 방안을 강구했다. 이렇게 사전에 충분한 준비 태세를 갖춤으로써 최종 승리의 기반을 구축할 수 있었다.

둘째, 고립화 전략.

그는 적을 고립화시키는 전략을 매우 중시했고 그 방식 또한 다양했다. 즉 적들 상호간의 왕래와 정보 교환을 차단하여 그들의 정보 수집 기회를 원천적으로 봉쇄했다. 또 실제 전투에서는 적들 상호 간의 군사 지원을 차단함으로써 주요 공격 목표가 고립무원의 상태에서 관군의 공격권에 들도록 했다. 이 고립화 전략 때문에 관군은 전력상의 우위를 점할 수 있었고, 또 전력 노출을 예방하는 효과까지 얻었다.

셋째, 전투 의지 와해 전략.

전투 과정에서 왕양명은 적의 전투 의지를 마비시키기 위해 곧잘 첩자를 활용하거나 거짓 정보를 흘리곤 했다. 특히 '장남 전투'가 교착 상태에 빠졌을 때, 그리고 '이두 전투'에서 이 첩자와 거짓 정보 활용은 결정적인 역할을 했다. 나중에 다시 거론하겠지만 후일 왕양명이 주신호 朱宸濠의 모반을 평정하는 과정에서도 이 전략은 더없이 요긴한 효과를 발휘했다. '전쟁은 남을 속이는 게임'이라거나, '기만술은 전쟁의 필수 전략'이라는 말을 흔히 쓰듯이, 왕양명은 자신의 군사적 지혜를 통해 이 기만술의 효과를 유감없이 보여주었다. 적의 전투 의지를 마비시킴으로써 당시 관군은 '적의 의표를 찌르는 급습'이라는 결정적인 방안을 창출해낼 수 있었다.

넷째, 전력 집중화 전략.

고립화 전략의 목적은 관군의 우세한 전력을 집중하여 적을 공격하는 데 있다. 위에서 말한 3대 전투에서 왕양명은 거의 예외 없이 이 집중화 전략을 구사했으니, 이미 고립화된 적을 전방위적으로 포위 공격한 것이다. 그러다 보니 적은 항상 관군의 공격권 내에 있었고, 이는 최후의 승리를 담보하는 보증 수표였다.

다섯째, 대세 파악 및 발 빠른 전술 운용을 통한 주도권 장악.

왕양명은 전투 수행에서 무엇보다 대세 파악을 중시했다. 그에 더하여 그는 임기응변식의 발 빠른 전술을 구사함으로써 전투의 주도권을 장악하는 데 주력했다. 그의 이런 전술은 고난도의 '횡수·통강 전투'에서 유감없이 발휘되었다. 전투에서의 불리한 국면을 자신에게 유리한 방향으로 전환시키는 것, 이 역시 전투의 주도권을 장악하려는 그의 의지를 보여준 사례다. 이두를 공략할 때 활용했던 적의 수괴 지중용에 대한 유인책, 적의 복장으로 위장했던 교란책 등은 바로 그가 발 빠른 전술을 운용함으로써 전투의 주도권을 장악한 대표적인 사례다. 이런 신축성 있는 전술을 효과적으로 구사했기에 왕양명은 전투 내내 주도권을 장악할 수 있었고, 최후의 승리를 보장받을 수 있었다.

여섯째, 주모자의 엄벌과 살상의 최소화.

왕양명은 전략을 수립할 때 도적의 수괴는 엄벌하되, 상대방이 저항을 포기할 땐 살상을 금할 것을 누차 강조했다. 또 그는 포로가 된 도적 떼에게 전투가 종료된 다음에는 극진히 보살펴주기도 했다. 이런 사실은 바로 왕양명이 보여준 넓은 도량, 또 그가 전투의 목표와 의미를 어떻게 설정하고 있었는지를 잘 보여준다.

일곱째, 군기 확립.

엄격한 군기, 공정한 상벌 제도는 전투력을 강화시키는 핵심 요소다. 그는 병사들이 마을을 통과하거나 주둔할 때마다 '풀 한 포기, 나무 한 그루라도 백성의 재물에는 손대지 말라'는 엄명을 내렸다. 그의 애민 정신이자, 신뢰받는 군대 이미지를 구축하기 위한 배려였다.

여덟째, 전후 복구를 통한 사회 안정 도모.

왕양명에게 있어서 전쟁은 결코 그 자체가 목적이 될 수 없었다. 그에게 있어서 전쟁의 목적은 결국 백성의 안정된 삶을 보장하는 것이었다. 따라서 그는 전투가 종료될 때마다 어떻게 하면 그 지역의 항구적인 안정을 도모할 수 있을지 노심초사했다. 예컨대 그가 복건성에서 평화현을, 강서성에서는 숭의현을, 그리고 광동성에서 화평현을 신설한 것도 알고 보면 이들 지역을 좀더 철저하게 관리하고 교화함으로써 민생을 보살피고 예의범절을 두루 전파하겠다는 바람에서였다. 그가 자신의 치적이나 이익에 연연해하기보다는 원대한 정치적 식견을 가졌음은 여기서도 확인할 수 있다.

물론 왕양명의 이러한 군사적 안목과 사상은 그 뿌리가 있다. 바로 과거부터 치밀하게 연구해온 중국의 역대 병법에 대한 지식과 실전 경험에 그 기반을 둔 것이었다. 이 군사적 안목과 사상은 또 후일 중국의 군사 사상에도 지대한 영향을 미쳤고, 일본의 많은 군사 전문가에게까지도 영향을 주었다.

왕양명은 3대 전투를 통해 4개 성의 변경에 할거했던 도적 떼의 우환을 완전히 제거함으로써 자신이 소년 시절부터 품고 있었던 웅지, 즉 성인의 꿈을 초보적으로나마 실현한 셈이었다. '천하 경영'이라는 웅대한 꿈을 초보적으로나마 실현할 수 있었던 것은 스스로 오랫동안 병법을 연마해온 성과라고 할 만하다.

　이는 또한 지행합일설을 실천적으로 증명해보인 것이기도 하다. 다시 말해 자신의 군사적 이론과 지식을 실전에 적용했으니 이것은 '지知'가 '행行'으로 구현된 것이다. 반대로 실전에서 전쟁에 관한 지식을 얻음으로써 자신의 군사 이론을 더 한층 강화할 수 있었으니 이것은 '행'이 '지'로 전이된 것이기도 하다. 이처럼 '지'와 '행'은 상호 보완적으로 부단히 통일되어 간다. 이는 마치 새의 두 날개, 자동차의 두 바퀴처럼 어느 하나 빠질 수 없다. '지'와 '행'을 동시에 병행할 때 비로소 완벽한 지식으로 승화된다.

　왕양명은 자신의 지혜와 군사적 재능을 발휘하여 4개 성 변경의 도적 떼를 완전히 평정했다. 조정이 부여한 사명을 성공리에 완수했으니 이제 조정에 임무 종료를 보고해야 했다. 전투가 완전히 종료된 정덕 13년(1518) 3월 4일, 그는 사임을 청원하는 보고서를 조정에 올렸다.

　보고서에서 그는 특히 자신의 병세를 상세히 설명했다. "고열이 잦고 기침이 심하며 수족이 마비되는 등 거의 폐인이 되다시피 하여 백약이 무효일 정도로 병세가 위중하다"는 내용이었다. 사정이 이러하니 자신의 처지를 십분 이해하여 집으로 돌아가 요양할 수 있도록 허용해달라는 청원이었다. 게다가 애당초 부여받았던 변경 평정의 임무도 성공리에 완수된 상황이 아닌가. 하지만 예상과 달리 조정은 그에게 관심을 전혀 보이지 않다가 10월 2일이 되어서야 답신을 내려보냈다. "도적 떼를 토벌한 공로는 인정하지만 사직은 불가하다. 그대는 '어쩌다 생길 수 있는 작은 질환'을 앓고 있을 뿐이니, 몸조리만 잘하면 아무 문제없을 것이다"라는 내용이었다.

왕양명이 사임 보고서에서 자신의 병세를 언급한 부분은 사실일 것이다. 깊은 산속에서 전투할 때는 들것에 실린 채 지휘를 한 적도 있었다. 하루빨리 낙향하여 몸을 요양하고, 줄곧 소망해오던 강학활동을 계속하면서 자신의 사상을 좀더 완벽하게 체계화하고도 싶었을 것이다. 하지만 조정에서는 '어쩌다 생길 수 있는 작은 질환'으로 단정하고 그의 낙향을 불허했다. 감주에 남아 계속 직무를 수행하는 수밖에 없었다.

그러나 어쨌든 전투는 완전히 종료된 상황이었다. 그가 철학적 사유를할 수 있는 시간은 비교적 많았다. 정덕 13년(1518)에는 거의 대부분의 시간을 감주에서 보내면서 정무, 강학활동, 요양생활 등에 고루 활용했다. 강서 지역에 거주했던 일군의 청년들, 가령 추수익鄒守益·구양덕歐陽德·황홍강黃弘綱 등 성인의 학문에 뜻을 둔 이들이 이 시기에 그의 문하로 들어왔다. 후일 그들은 '강우왕문학파江右王門學派'의 주역으로 성장했다.

정덕 14년(1519) 6월 5일, 왕양명에게 조정의 명령이 하나 하달되었다. 복건성 군대 내부에 무슨 변고가 발생한 듯하니 서둘러 조사하라는 내용이었다. 6월 9일, 그는 감주를 출발하여 감강贛江을 따라 남하했다. 남창南昌을 거쳐 복건으로 들어갈 예정이었다. 6월 15일, 남창 외곽에 위치한 풍성豐城 황토뇌黃土腦라는 곳에 도착했다. 그곳의 지현인 고필顧佖이란 사람이 영접을 나왔다. 인사가 끝나자 지현은 왕양명에게 경천동지할 소식 하나를 전해주었다.

장차 왕양명의 인생 후반부에 엄청난 영향을 미칠 이 소식은 과연 무엇이었을까?

이 소식을 들은 왕양명은 또 어떤 반응을 보였을까?

정덕 14년(1519), 왕양명은 전투를 치르는 와중에도 틈틈이 사격장에 나와 궁술을 연마했고,
제자 추수익, 기원형冀元亨 등이 찾아오자 즐거이 학문을 논하기도 했다.

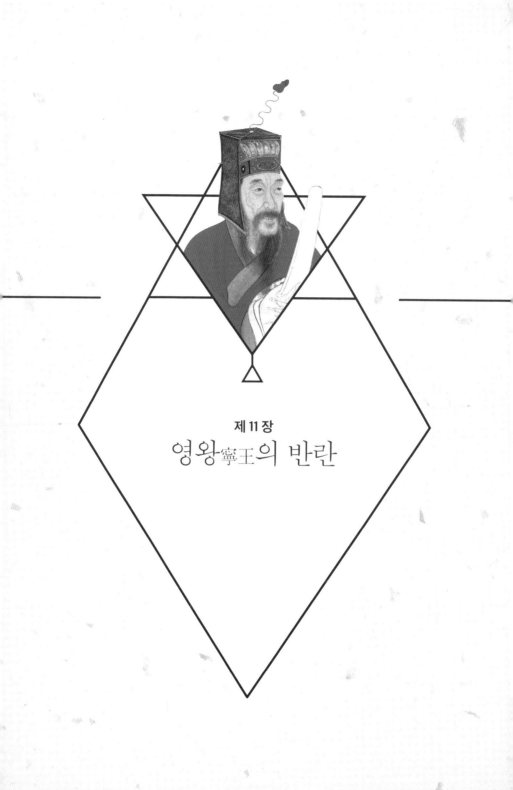

제 11 장

영왕寧王의 반란

정덕 14년(1519) 6월 15일, 왕양명이 남창 외곽에 위치한 풍성 황토뇌에 도착하자 풍성 현령 고필顧佖이 그에게 알려준 소식은 놀라웠다.

"영왕寧王 주신호朱宸濠가 어제 거병하여 반란을 일으켰으니, 더 이상 남창으로 진입할 수 없다."

이 급작스런 소식이 왕양명으로서는 청천벽력이나 다름없었다. 그러나 이내 정신을 차린 그의 뇌리에 전광석화처럼 아이디어가 하나 떠올랐다. 그는 즉각 방향을 틀어 다시 배로 돌아왔다. '길안吉安으로 돌아가야겠다!' 그러나 이때 이미 주신호는 첩자를 보내 왕양명의 행적을 뒤쫓으며, 대거 군사를 동원하여 추격하는 중이었다. 과연 왕양명은 주신호의 추격을 따돌릴 수 있을까?

영왕 주신호는 도대체 어떤 인물이었을까.

그는 명 태조 주원장의 5대손이다. 명 건립 직후 주원장은 아들들을 친왕으로 봉했는데, 당시 열일곱째 아들 주권朱權이 영왕으로 책봉되었다. 주신호는 바로 제1대 영왕 주권의 직계 후손으로, 홍치弘治 10년(1497)에 영왕의 자리를 물려받았다. 제4대 영왕이었다. 영왕의 봉지封地는 원래 남창이 아닌 다른 지역이었는데 영락永樂 연간(1402~1424)에 다시 남창으로 변경되었다. 주신호는 무종武宗 주후조朱厚照와 같은 황족으로서 항렬로는 주신호가 조부뻘이었다. 다만 나이는 주후조보다 겨우 열두 살이 많았다.

이 두 사람은 주원장의 후손이긴 했지만 모두 행실이 바르지 못했다. 주후조는 황제 자리에 있었지만 아예 정사를 돌볼 생각은 않고 매일같이 유람, 음주가무, 사냥, 유희나 투전에 탐닉했다. 조정이 있는 북경에 머무는 날도 거의 없었다. 반대로 주신호는 몸은 비록 남창에 있었지만 마음은 늘 북경에 있었다. '황제 주후조가 북경에 머물기 싫다면 그 자리는 내가 맡아야지!'라는 게 그의 생각이었다. 그는 주후조가 황제로 등극하던 그날부터 주구장창 어떻게 하면 그 자리를 차지할까를 고심했다.

사료의 기록에 따르면, 주신호는 "경박한 성품에 행동이 신중하지 못한 반면, 화려한 기풍의 문장을 잘 지었다"고 한다. 게다가 허영심이 많고 오만하기까지 했다. 명대의 규정에 따르면 친왕에게는 실질적인 봉지가 내려지지 않았지만 지위는 아주 높았다. 그래서 조정 대신들도 친왕 앞에서는 항상 머리를 조아려야 했다. 또 친왕은 지방 정무를 관할할 권한은 없었지만 병권만은 장악할 수가 있었다.

각 친왕부親王府는 소위 '호위護衛'라는 군사 조직을 거느리고 있었다. 일종의 사병私兵 조직이었는데 그 규모가 수천 명에 달했다. 또 친왕은 현지 군대를 이동시킬 수 있는 권한도 쥐고 있었다. 영종英宗 천순天順 연간(1457~1464), 당시 주신호의 조부 주전배朱奠培기 영왕으로 있었는데, 그가 불법 행위를 자행하는 바람에 조정이 그 집안의 호위를 폐지해버린 상황에 처해 있었다. 따라서 주신호가 영왕의 지위를 승계했을 때, 영왕부에는 호위하는 사병 조직이 없었다. 주신호는 주후조를 내치고 황제로 등극하려면 자신을 따르는 군사 조직이 없어서는 도저히 불가능하다는 사실을 너무나 잘 알고 있었다. 그래서 그는 정덕 2년(1507)부터 온갖 수단과 방법을 다 동원하여 영왕부의 호위 조직을 재건하려고 안간힘을 썼다.

주지하다시피 당시 조정의 대소사는 모두 태감 유근劉瑾의 손아귀에 들어 있어서 그의 말 한마디면 안 되는 일이 없었다. 주신호는 유근에게 선을 대기 위해 백방으로 노력하던 중에, 마침내 북경으로 사람을 보내 유근에게 은 2만 냥을 바치면서 영왕부의 호위와 둔전屯田을 회복시켜달라고 청탁했다.

둔전은 군대 운영 경비를 조달하기 위한 토지다. 주신호의 뇌물을 받은 유근은 황제의 명령임을 사칭하면서 결국 이를 허락했다. 호위 조직이 부활되자 주신호는 노골적으로 이 사병 조직을 대폭 확장하기 시작했다. 그는 또 백성의 재물을 갈취하고 당파를 결성하는 등 무소불위의 권력을 휘둘렀다. 하지만 정덕 5년(1510) 가을, 유근이 능지처참되어 사라지자 병부에서는 재차 영왕부 호위 조직의 폐지를 명령했다. 그래도 주신호의 사병 확장은 중단되지 않았고 오히려 그 속도가 전보다 더 빨라졌다.

우선 그는 과거보다 훨씬 더 가혹한 수법으로 백성을 착취하여 아귀처럼 재물을 긁어모았다. 심지어 상선을 약탈하기도 했다. 또 강서 지역의 도적 떼와 결탁하여 그 지역 백성에게 엄청난 피해를 안겨주기도 했다. 지방 관리조차 그의 말을 거역했다가는 삭탈관직은 물론 때로 목숨을 잃기도 했다. 그는 또 측근을 북경으로 파견하여 조정 권신에게 대대적으로 뇌물 공세를 펼치기도 했다. 은을 실은 수레가 몇 대가 될 정도로 뇌물의 양은 엄청났다.

당시 병부 상서로 있던 육완陸完은 주신호의 엄청난 뇌물 세례를 받고 사사건건 주신호를 옹호해주었다. 특히 황제 주후조의 '양아들' 전녕錢寧은 당시 주신호가 노린 핵심 타깃이었다. 이렇게 육완과 전녕의 비호를 받으면서 정덕 9년(1514), 영왕부는 다시금 호위를 부활시켰다. 호위의 재건과 함께 주신호의 모반 야심도 더 한층 대담해져서 거의 공개적으로 '새로운 정권을 세우겠노라!'고 호언장담했다. 그는 공공연히 '국주國主'를 참칭했고, '호위'를 '시위侍衛'로, 자신의 명령을 '성지聖旨'라고 불렀다.

정덕 10년(1515) 이후 주신호는 각지의 병사들을 자기 사병 조직에 끌어들였다. 또 비적 두목인 능십일凌十一과 민입사閔卄四 그리고 각지의 낭병, 토병과도 결탁했다. 또 광동 지역으로부터 소가죽 등 각종 재료를 구입해 와서 갑옷과 병기를 제작했다. 그중에는 '불랑기총佛郞機銃'이라는 것도 있었다. 이것은 당시로서는 최첨단 무기였는데, 후일 대포로 발전했다. 영왕부에서는 쉴 새 없이 대량의 무기를 제작했다. 다년간 이런 식으로 준비하면서 그는 방대하면서도 막강한 사병 조직을 보유했다. 그 규모가 10만 명에 이른다는 말이 나돌 정도였다. 그는 사방으로 염탐병을 파견하여 조정의 동정을 살폈다. 일단 무슨 정보라도 얻으면 아무리 먼 곳에서라도 열흘이내에 전달되어 왔다.

치밀한 군사적 준비 외에도 주신호는 현지 사대부들과 교제하면서 핵심 참모 그룹을 결성했다. 이는 일종의 싱크탱크로서 그 주된 임무는 무장 봉기의 기획이었다. 당시 주목할 만한 인물이라면 단연 유양정劉養正과 이사실李士實을 들 수 있다.

유양정은 강서 지역의 거인擧人 출신으로 현지에서는 꽤 유명했고 병법에도 정통했다. 주신호의 부름을 받고 달려온 그는 주신호의 관상을 보더니 '난세를 평정할 재능'을 가졌노라고 허풍을 쳤다. 그리고 과거 송 태조 조광윤趙匡胤이 '측근의 추대로 졸지에 황제가 된' 이야기를 들려주었다. 주신호로서는 귀가 솔깃해지는 말이었다. 하긴 수년 전에도 강호를 떠돌던 이자연李自然이라는 점술사가 이와 비슷한 얘기를 들려준 적이 있었다. "귀하께는 제왕의 상이 있고, 남창南昌 동남쪽에는 천자의 기운이 서려 있나이다!" 점술사의 이런 예언이 있던 터에, 이제 유양정마저 '난세를 평정할 재능'이 있다고 하니 주신호로서는 그지없이 흐뭇했다. 이렇게 주신호와 유양정 사이에서 모반의 음모가 싹트기 시작했다.

또 다른 인물은 이사실이다. 그는 진사 출신으로 당시 우도어사右都御史로 있었다. 시와 그림, 글씨로 꽤 명성을 얻고 있었던 그 역시 주신호 의기투합해서 모반의 핵심 기획자로 발탁되었다.

주신호가 이처럼 대대적으로 군사를 끌어 모으고 활발한 움직임을 보이는 동안 조정은 이 사실을 전혀 몰랐을까. 그랬을 리가 없다. 문제는 황제 주후조의 태도였다. 당시 그는 아예 정사를 거들떠보지도 않았고 세상에 두려울 것이 없다는 듯 제멋대로 행동했다. 그에겐 시시비비를 분별할 자질조차 없었기에 주신호의 움직임에 대해서도 전혀 간섭하지 않았다. 하지만 주신호는 달랐다. 야심만만한 그가 황제 등극의 꿈을 실현하기 위해서는 어떻게든 손자뻘 되는 이 황제를 잘 구워삶아야 했다. 빈틈없이 모반을 준비해오면서도 그는 황제 앞에서는 한없이 나약한 모습을 드러냈고 황제의 환심을 사기 위해 별별 아이디어를 다 동원했다.

예를 하나 들어보자. 당시 황제는 유독 오락, 유희를 즐겼다. 그는 매년 설날이면 어김없이 궁정에다 초롱 장식을 내걸었는데, 오색찬란한 등은 그 모양과 빛깔이 다채롭기도 했지만 매번 새로운 걸 고안해내는 데도 온갖 정성을 다 기울였다. 순전히 이 일에만 은전 수만 냥을 허비하는 경우도 다반사였다. 주신호는 이 점을 노리고 있었다.

정덕 9년(1514) 정월, 그는 황제의 환심을 사기 위해 특별히 수도로 사람을 보내 화려한 초롱을 헌상했다. 건청궁乾淸宮의 기둥을 비롯해 궁정 여기저기에는 일찍이 보지 못한 기발한 장식과 모양을 갖춘 초롱들이 내걸렸다. 또 건청궁의 처마를 따라가며 사방으로 불꽃을 피워 한껏 분위기를 돋우었다. 그러나 뜻밖에도 이 불꽃은 금방 번져나가 건청궁을 깡그리 태우고 말았다. 당시 황제는 마침 표방豹房[표방은 정덕 황제 주후조가 건립한 것으로 그 용도에 관해서는 두 가지 견해가 있다. 하나는 표방이 조정 정치의 중심이자 군사 총본부라는 설, 다른 하나는 황제가 오락을 즐긴 향락 공간이라는 설이다.—옮긴이]에 머물고 있었는데, 멀리서 화마에 휩싸인 건청궁을 목도하게 되었다. 하늘은 온통 불빛으로 벌겋게 물들고 있었지만 황제는 전혀 놀란 기색을 보이지 않았다. 그렇다고 주신호를 책망하지도 않았다. 오히려 희희낙락 주변을 둘러보며 한 마디 내뱉었다. '보라, 이 얼마나 대단한 불꽃놀이인가!' 그가 얼마나 황당한 군주였는지를 여실히 보여주는 사례가 아닐 수 없다.

황제 주후조가 이렇게 무능한 데다 황당무계한 짓을 일삼았기에 주신호의 모반 의지는 한층 더 가속화되었다. 정덕 10년(1515)이 되자, 주신호의 음흉한 모반 기도를 고발하는 충신들의 상소가 잇따랐다. 하지만 조정은 이를 외면했고 오히려 이런 충신들을 주살하기까지 했다.

마침내 정덕 14년(1519) 6월, 당시 내각의 대학사 양정화楊廷和는 주신호가 모반을 기도하고 있다는 걸 확신하고 모종의 조처를 취해야겠다고 생각했다. 부활한 영왕부의 사병 조직인 호위부터 제거해야 했다.

6월 13일, 조정은 영왕부의 호위를 제거할 관원들을 남창으로 파견했다. 관원들이 도착한 날은 마침 주신호의 생일이었다. 그는 강서 지역의 주요 지방관을 죄다 초청하여 성대한 연회를 베풀고 있었다. 자신의 호위 조직을 와해시키려고 조정에서 재차 관원을 파견했다는 소식을 들은 주신호는 마음이 다급해졌다. 그는 서둘러 유양정 등 참모를 불러 은밀히 대책을 협의했다.

유양정이 건의했다.

"일이 이렇게 되었으니 상황이 매우 위급합니다. 호위가 해체되면 대왕께는 군사력이 없어져버리니 무슨 수로 거사를 일으키겠습니까? 이젠 즉각 거사하는 길밖에 없습니다."

주신호가 물었다.

"어떻게 해야 하지?"

"관례대로라면 각지의 관리들이 오늘 대왕께서 베푸신 연회에 감사드리려고 내일이면 다들 인사차 영왕부를 찾아올 것입니다. 그때 그들을 연금하여 대왕 편에 서게 하시면 됩니다. 말을 듣지 않는 관리는 그 자리에서 처치해버리지요."

주신호가 들어보니 과연 기발한 아이디어였다. 이튿날인 6월 14일, 각지 관리들이 영왕의 초대에 감사를 표하려고 영왕부를 방문하자, 호위들이 순식간에 그들을 에워쌌다. 주신호가 소리쳤다.

"여러분! 지금 황제 주후조는 극악무도하기 짝이 없소. 게다가 조정 정무는 안중에도 두지 않고 사방으로 유람이나 다니고 있소. 이러니 장차 나라꼴이 어떻게 되겠소? 그래서 태후께서 나에게 밀지를 내리시면서 군대를 이끌고 조정으로 들어와 국사를 맡으라고 하셨소! 여러분은 이제 어떻게 하시겠소?"

상황이 이쯤 되자 관리들도 금방 눈치챘다. 주신호가 대놓고 반란을 선언한 것이었다. 주신호가 파놓은 함정에 빠진 그들은 가타부타 말없이 고분고분 따를 수밖에 달리 방도가 없었다. 물론 그중에는 강경파가 없지도 않았다. 도어사都御史 손수孫燧가 그런 인물이었다.

손수는 여요余姚 출신으로 왕양명과 동향이었다. 그는 진작부터 주신호의 모반 의도를 눈치채고 2년 전에 이미 일곱 차례나 그를 고발하는 상소문을 올린 적이 있었다. 하지만 번번이 간신배의 농간에 다 무산되고 말았다. 이번에도 그가 과감하게 앞장서서 주신호에게 대들었다.

"태후의 밀지가 어디 있소? 그걸 우리에게 한번 보여주시오."

주신호가 대답했다.

"도어사! 여러 소리 할 거 없네. 내가 지금 남경으로 갈 텐데 자네가 나를 보필할지 말지, 그것만 대답하게."

하지만 손수는 대답은커녕 오히려 주신호에게 욕설을 퍼부으며 책망했다. 그는 그 자리에서 주살되었다. 이때 주신호를 따르지 않은 다른 관리들은 모두 감옥에 갇히고 말았다.

주신호는 즉각 거병 명령을 발동했다. '정덕正德'이라는 연호를 폐지하고 핵심 참모 이사실과 유양정을 각각 좌승상, 우승상에 임명했다. 그는 황제 주후조를 토벌한다는 격문을 내걸고 10만 대군을 결집하여 구강九江, 남강南康(지금의 루산廬山)으로 진격했다. 이 두 지역은 금방 반군의 손에 넘어갔다. 그는 강서 각 지역의 관아로 측근을 파견하여 관인을 모조리 회수했다. 조정 업무를 완전히 마비시키기 위해서였다.

이 모든 일이 왕양명이 풍성에 도착하기 하루 전까지 발생한 상황이었다. 물론 그는 사전에 이런 상황을 전혀 모르고 있었다. 주신호의 거병 사실을 확인한 왕양명은 곧장 배로 되돌아와 뱃머리를 길안吉安 방향으로 돌리게 했다. 남창 부근의 각 관아는 이미 주신호의 천하가 되었을 터, 그곳 병력을 움직일 수는 없을 것이라는 판단에서였다.

왕양명은 주요 기반이 원래 감주贛州였지만, 그는 길안 지부知府 오문정伍文定과도 상당한 친분을 유지하고 있었다. 오문정은 과거 왕양명이 지휘한 횡수·통강의 토벌전에도 참여한 적이 있었다. 길안에서 군사를 동원하여 주신호와 맞선다면 분명 승산이 있을 것이었다. 그런데 급히 서둘러 길

왕양명이 풍성 황토뇌에 도착하자, 영왕 주신호가 반란을 일으켜 관리를 살해하고 남경을 탈
취했다는 전갈이 전해졌다. 왕양명이 군사를 동원하기 위해 서둘러 길안으로 가려고 하는데
마침 남풍이 불어 배가 제대로 움직이지 않았다. 그는 향을 피우고 "하늘이시여, 우리 백성을
돌봐주시려거든 북풍이 불게 해주십시오"라고 기원했는데, 이때 놀랍게도 북풍이 일어 반군의
추적을 따돌릴 수 있었다.

안 방향으로 가려던 순간 배가 움직이지 않았다. 세찬 남풍이 불었기 때문이다. 중국의 강은 대부분 서쪽에서 동쪽으로 흐르지만 감강贛江은 남에서 북으로 흘러 파양호鄱陽湖로 들어간다. 따라서 왕양명이 길안 방향으로 가려면 맞바람을 안고 강을 거슬러 올라가야 했다. 배가 움직일 수 없는 건 당연했다.

이 결정적인 순간, 주신호가 보낸 군사 1000여 명이 이미 왕양명의 행방을 눈치채고 추격해오고 있었다. 그야말로 절체절명의 순간이었다. 다급해진 왕양명이 할 수 있는 건 오로지 기도뿐. 그는 향을 피웠다. '하늘이시여, 우리 백성을 돌봐주시려거든 북풍이 불게 해주십시오. 그러면 소인 왕수인이 길안으로 가서 군대를 결집하여 반란을 평정할 수 있습니다. 만약 하늘이 우리 백성을 돌봐주시지 않는다면 저에겐 이제 일말의 희망도 없습니다!' 사료에는 왕양명이 기도한 후 바로 풍향이 바뀌어 거센 북풍이 몰아쳤다는 기록이 남아 있다.

하지만 당시 뱃사공은 반군의 추격에 잔뜩 겁을 먹은 나머지 배를 움직이려고 하지 않았다. 다급해진 왕양명은 어쩔 수 없이 칼을 빼들어 뱃사공의 한쪽 귀를 베었다. 그제야 사공이 마지못해 배를 움직였다. 그러나 돛을 높이 달았다고는 해도 강을 거슬러 큰 배를 움직이는 게 결코 쉬운 일은 아니었다. 제대로 속도가 날 리 없었다. 바짝 추격해오는 반군 무리의 북소리와 고함 소리는 귀가 따가울 정도로 가까워졌다.

왕양명은 이제 더 이상 반군의 추격에서 빠져나가기가 어렵겠다는 판단이 들었다. 어떻게 하나? 문득 묘안이 하나 떠올랐다. 그는 자신의 관복을 벗어 수행원에게 입히고 평상복으로 갈아입었다. 그런 다음 수행원을 배에 그대로 남겨둔 채 자신은 참모 뇌제雷濟와 함께 조그마한 어선으로 갈아탔다. 그리고는 야음을 틈타 황급히 그곳을 빠져나왔다.

사실 왕양명의 이번 목적지는 원래 복건성 복주福州였다. 강서성 남창
은 그저 통과하는 길목에 불과했다. 그러니 도중에 이런 엄청난 변고를 겪
으리라곤 상상조차 하지 못했다. 그러다 보니 그가 감주를 떠날 당시에는
아내 제諸씨, 양아들 왕정헌王正憲까지 동행하고 있었다. 이제 반군의 추격
을 따돌리기 위해 어부를 가장하고 도망칠 수밖에 없는 처지가 되고 보니
결코 마음이 편치 않았다. 처자의 안위 때문에 선뜻 떠나기가 망설여졌다.
바로 이때, 부인 제씨가 뱃머리로 걸어가더니 칼을 뽑아 들었다.
　"어서 떠나시오. 우리 모자 걱정은 하실 필요 없습니다. 주신호 무리에
게 잡히면 이 칼로 우릴 지키겠소!"
　대단한 기개였다. 위기 국면에서 이런 결연에 찬 이별 장면이라니, 과연
영웅호걸의 아내다운 기개라고 하지 않을 수 없다.
　주신호의 군대가 마침내 추격해와 배 위로 올라섰다. 그들이 서둘러 찾
아낸 것은 바로 관복을 입고 배 한가운데 앉아 있는 인물, 하지만 그는 왕
양명이 아니었다. 화가 난 병사가 칼을 빼들어 내리치려 하자 누군가가 소
리쳤다. '그자를 죽인들 무슨 소용 있겠는가?' 이 바람에 왕양명의 수행원
도 다행히 목숨을 건졌다. 이렇게 반군의 추격이 지체되자 왕양명은 마침
내 작은 어선을 타고 도망칠 수 있었다.
　당시 상황으로 미루어 볼 때, 이미 구강과 남강을 차지한 주신호의 입장
에서는 당연히 그 여세를 몰아 양자강을 따라 동쪽으로 내려왔어야 했다.
자신의 우세한 군사력을 기반으로 서둘러 남경을 공략한다면 남경은 졸지
에 함락되었을 것이다. 남경을 차지하고 나면 반군이 설사 곧바로 북상하
지는 못해도 최소한 북경에 '도전장을 내밀어볼 요건'은 갖추지 않았을까?
당초 주신호도 이런 구상을 하고 있었다. 하지만 그는 멈칫멈칫 기회만 엿
보고 있었다. 왜 그랬을까?

주신호 무리의 추격에서 벗어나자 왕양명은 작은 어선 위에서 뇌제와 함께 앞으로의 계획을 논의했다. 당시 그는 이미 꽤 많은 전쟁을 경험한 터라 군사적 안목이 남달랐다. 주변의 지리적 환경에 대한 이해와 군사 지식을 활용하여 신속하게 당시의 정세를 분석해보았다. 그는 반란군 주신호가 취할 수 있는 길이 다음 세 가지를 벗어나지 않을 것이라고 판단했다.

'주신호가 대대적으로 거병하여 모반했다는 소식을 북경이나 남경에서는 아직 모르고 있을지도 모른다. 만약 그가 여세를 몰아 군사를 이끌고 곧장 북경으로 쳐들어간다면 북경은 졸지에 함락될 것이다. 그로선 이것이 최선책이다. 다른 하나, 그는 파양호를 출발하여 양자강을 따라 동쪽으로 내려가 직접 남경을 공략할 수 있다. 남경이 함락되면 최소한 대치 국면이 형성될 것이고, 그렇게 되면 강의 남북 모두 그의 손아귀에 들어갈 것이다. 그로선 이것이 차선책이다. 주신호에게 최악의 상황은 무엇인가. 남창 점령으로 만족하는 것이다. 이렇게 되면 강서 지역은 물론 혼란에 빠지겠지만, 황실을 보호하기는 상대적으로 쉬워진다.'

주신호가 만약 최악의 선택을 한다면 왕양명에게는 그것이 오히려 최선책이 된다. 이에 왕양명은 주신호가 강서 경내를 벗어나지 않도록 붙들어두는 것이 자신에게 부여된 최대의 임무라고 판단했다. 그렇게 되면 남경이나 북경은 군사적 위협에서 벗어날 수 있을 것이다.

어떻게 하면 주신호를 붙들어둘 수 있을까? 그가 최악의 선택을 하게 할 방안은 무엇일까? 이때 왕양명이 고안해낸 방안은 교란 작전, 이른바 '거짓 정보 흘리기'였다.

왕양명은 제독양광군무 도어사提督兩廣軍務都御史 양단楊旦의 명의를 도용하여 밀서(密書)를 한 통 작성했다. 이런 내용이었다.

"본관 양단은 병부의 명령을 받고 비밀 군사 작전을 수행하기 위해 지금 강
서 지역으로 나간다. 본관 휘하에 있는 관군은 모두 48만 명의 규모다. 사안
이 몹시 중대하니 이 밀서를 받는 각 관아에서는 미리 48만 군사의 양식을
차질 없이 준비하라. 일을 그르치면 군법에 따라 처벌할 것이다. (…) 영왕 주
신호가 역심을 품었기에 조정에서는 이미 그가 출몰하는 요충지에 은밀히
군사를 매복해두었다. 기회를 보아 여차하면 그를 습격할 것이다. 본관이 강
서 지역으로 나가는 것도 다 관군에 내응하기 위해서다."

이렇게 밀서를 만들고 나서 왕양명은 뇌제에게 보여주었다. 뇌제가 웃으
면서 말했다.
"그럴싸하긴 합니다만 주신호가 이걸 믿으려고 할까요?"
"그자가 설령 믿지 않는다고 해도 일단 의심은 하지 않을까? 그렇게 되
면 섣불리 행동에 나서지도 못하겠지."
"그자가 읽는다면 분명 의심은 할 것입니다."
"그렇지. 나도 그자가 꼭 믿으리라고 기대하진 않아. 하지만 일단 의심을
한다면 그것으로도 대세가 기울어진 거나 다름없네."
말이 쉽지, 아무런 의심을 사지 않고 '밀서'를 주신호에게 전달한다는
것도 여간 어려운 일이 아니었다. 왕양명은 다시 뇌제와 이 일을 의논하여
우선 연극을 하는 배우 몇 명을 불러들였다. 그들에게 밀서 전달의 임무
를 맡길 셈이었다. 그들에게는 그 대가로 은 수백만 냥을 주되, 만일에 대
비하여 그 가족은 따로 붙들어두었다.
그 수법은 이랬다. 왕양명은 우선 배우들을 뱃머리로 불러 모은 다음

사람을 시켜 배우들의 옷 솔기에다 밀서를 꿰매 넣으라고 지시했다. 이때 왕양명은 사전에 이미 주신호의 참모 이사실의 가족을 배 안에 가둬놓고 있었는데, 일부러 그들이 이 '밀서 작업'을 엿보게 방치했다. 그런 다음 짐짓 잔뜩 화가 난 것처럼 고함을 질렀다.

"뇌제! 어째서 이 중대한 기밀을 외부인에게 보인단 말인가? 이제 저자들이 비밀을 다 눈치챘으니 살려둘 수는 없지!"

이 말과 함께 왕양명은 이사실의 가족들을 끌고 육지로 올라왔다. 금방 목이라도 벨 듯 손에는 시퍼런 칼이 들려 있었다. 그러더니 또 긴 한숨을 내쉬며 말했다.

"영왕이 반란을 일으킨 건 천벌을 받아 마땅하지만, 따지고 보면 그대들이 무슨 죄가 있나. 또 그대들을 죽인들 무슨 도움이 될까. 하지만 한 가지만은 명심해라. 방금 배 위에서 그대들이 목도한 사실은 극비 중의 극비이니 절대 발설해선 안 돼. 자, 이제 돌아가도 좋다."

이렇게 그는 이사실의 가족을 석방했다. 그들이 곧장 주신호에게 달려가 이 '극비 중의 극비'를 까발린 건 불문가지였다. 주신호는 군사를 보내 문제의 그 배우들을 잡아들였다. 과연 옷 솔기에서 밀서가 나왔다. 밀서를 본 그는 별별 생각이 다 들었다. 바로 이런 이유로 주신호는 남경 공략 계획을 일시 보류했다. 반군은 꼼짝도 하지 않은 채 주신호의 명령만을 기다려야 했다.

6월 18일, 왕양명이 길안에 도착하자 길안 지부 오문정은 얼굴 가득 희색을 띠며 반겼고, 현지 백성 또한 환영 일색이었다. 길안에 도착한 즉시 왕양명은 주신호의 모반 사실을 조정에 알리는 상소문을 만들었다. '영왕 모반 긴급 통보서'였다. 조정에서 한시바삐 군대를 파견하여 반란을 평정해야 한다는 내용을 담은 이 상소문은 이튿날 조정으로 날아갔다.

이런 조처와 함께 왕양명은 4개 성 군무제독軍務提督이라는 자신의 권한을 이용하여 호광(지금의 후난성과 후베이성 일대)·광동·복건 등지에 긴급 공문을 내려보냈다. 주신호의 반군을 평정하기 위한 군대를 즉각 파견하여 강서 지역을 지원해달라는 명령이었다. 왕양명은 원래 강서성 감주가 기반 지역이었기에 이 지역에서는 자신이 직접 군대를 지휘할 참이었다. 그는 경내 각 관아에 군사 대기령을 발동했다.

사실 이 시기, 왕왕명의 휘하에는 자신이 직접 지휘할 수 있는 병사가 단 한 명도 없었다. 이른바 '거짓 정보 흘리기' 작전으로, 배우를 동원하여 주신호를 기만한 것도 임기응변에 불과하다는 것을 그도 잘 알고 있었다. 주신호 일당을 끝까지 남창에만 붙들어두기란 불가능했기 때문이다.

좀더 철저하게 주신호에게 혼란을 주면서 동시에 관군의 집결 시간을 벌기 위해서 그는 또다시 '거짓 정보 흘리기' 전략을 활용했다. 전에는 도어사 양단의 명의를 사용했지만 이번엔 자기 명의를 썼다. 조정에서 파견한 관군을 환영한다는 왕양명의 명의로 된 '기밀문서', 그 내용은 대개 이랬다.

"병부에서 각 지역 군대를 결집하여 강서 지역으로 보내 영왕을 체포하려 한다는 성지는 이미 받았습니다. 태감 허태許泰의 지휘 아래 4만 변방군이 육로로 봉양鳳陽에서 남창으로 달려오고, 북경 부근 4만 관군이 서주徐州·회안淮安을 거쳐 수륙 양면에서 머잖아 남창에 이른다고 들었습니다. 광동·광서의 군사 48만 명 중 선봉대 8만 명이 이미 감주에 도착했고, 호광 군사 20만 명 중 선봉대 6만 명이 이미 황주(지금의 후베이성 황강黃岡)에 도착했다고 들었습니다. 소신의 군사 10만 가운데 선봉대 2만 명은 길안에 주둔하고 있습니다. 이 군사들이 제 위치에서 일제히 남창을 공격한다면 금방 주신호 일당을 제거할 것입니다."

이 '기밀문서'는 바로 앞서 제독양광군무 도어사 양단의 명의로 만든 '밀서'와 내용적으로 서로 잘 부합한다. 그 목적은 어떻게든 주신호를 강서 지역에 묶어두자는 것이었다. 그래서 왕양명의 이 '기밀문서'에는 이런 내용도 담겨 있었다.

"소신이 짐작컨대, 만약 주신호가 계속 남창 지역에만 머문다면 각지에서 온 관군은 굳이 불리한 여건을 무릅쓰고 무리할 필요는 없습니다. 그저 때를 기다리면 됩니다. 하지만 주신호가 일단 남창을 떠나 강서 지역을 벗어난다면 그때는 주저 없이 대군을 동원하여 저들을 섬멸해야 합니다. 그땐 일이 훨씬 쉽게 해결될 것입니다. (…) 영왕의 핵심 참모 이사실과 유양정이 각각 소신에게 밀서를 보내왔습니다. 그 밀서를 보면, 주신호에게 가담한 비적 두목 능십일(凌十一)과 민입사(閔卄四)마저도 자기 심복을 통해 내부 반란을 일으키겠다는 뜻을 전해왔다고 합니다. 영왕 주신호를 추종하던 측근들이 하나둘 배반하고 있으니 그자가 완전히 사그라질 날도 멀지 않았습니다."

왕양명은 이 '기밀문서'를 어떻게 전달했을까. 그는 자기 쪽 병사가 일부러 주신호의 첩자에게 체포되는 상황을 만들어 그 문서가 전달되도록 지혜를 짰다. 그러는 한편, 그는 또 포고문 수천 장을 만들어 주신호의 군대가 출몰하는 길목마다 내붙였다. 주신호의 죄상을 폭로하고 반란군의 자진 투항을 권장하는 내용이었다.

왕양명의 이런 작전은 요즘 말로 하면 일종의 정보전이나 다름없다. 허허실실과 교묘한 위장 전술이 두루 동원된 셈이었다. 당시 그의 수중에는 실질적으로 지휘할 수 있는 병사가 단 한 명도 없었지만 거둔 성과는 대규모 병력이 동원되었을 때에나 가능한 수준이었다. 이런 목적을 달성할 수 있었던 이유는 무엇일까.

첫째, 왕양명이 정보전을 전개하자 주신호는 불안해하며 의심의 끈을 놓지 않았다. 그는 남경으로 진격하려던 원래의 계획을 늦추어 군대를 남창에 주둔시킨 채 섣불리 나서지 못했다. 이렇게 해서 왕양명은 각지의 군사를 결집할 시간을 벌 수 있었다.

둘째, '밀서'와 '기밀문서'가 반군 내부를 이간시키는 동력이 되었다. 그것은 주신호와 그 핵심 참모 이사실·유양정 등의 사이를 갈라놓았고 상호간의 불신을 조장했다. 주신호가 자기 휘하의 비적 두목 출신인 능십일·민입사를 불신한 것도 이 때문이었다. 이는 적 내부의 의견 대립과 전투력 약화를 초래함으로써 반군의 최고 지휘부에게는 치명상이 되었다.

셋째, 왕양명이 내붙인 수천 장의 투항 권유 포고문 역시 적의 전투 의지나 전투력을 약화시키는 데 크게 기여했다.

후세 사람들은 흔히 왕양명이 주신호의 반란을 평정할 수 있었던 가장 핵심적인 요인으로 그의 정보전을 꼽는다. 그것은 조작한 정보를 활용하여 주신호의 반군을 남창에 묶어둔 채, 그 틈에 관군의 집결 시간을 번 전략이다. 병법에서 말하는 '싸우지 않고 적을 굴복시키는 전략', 바로 이 전략에서 그의 군사적 지혜가 잘 드러난다.

하지만, 당시 왕양명의 마음은 결코 편치 않았다. 정보 전략만으로 시간을 길게 끌지는 못하리라는 걸 스스로가 잘 알고 있었기 때문이다. 명실상부 주신호를 섬멸하려면 실질적인 군사 행동이 필요했다. 그런데 안타깝게도 각지에 요청한 관군은 좀처럼 나타나지 않았다. 초조해질 수밖에 없었다.

7월 2일, 주신호는 사방으로 염탐병을 내보내 정보를 탐색했다. 강서 지역 어느 곳에서도 관병의 흔적이라고는 찾아볼 수 없었다. 그제야 그는 왕양명에게 속았다는 사실을 알았다. 주신호는 정예병 1만 명을 뽑아 남창을 지키게 한 다음, 자신이 직접 병사 6만 명을 통솔하고 나섰다. 엄청난 대군의 기세였다. 그는 파양호를 나와 구강을 거쳐 곧장 안경安慶(지금의 안후이성)으로 쳐들어갔다.

그의 목표는 분명했다. 안경은 남경과 남창 사이에 위치한 핵심 보루였다. 만약 안경을 공략한다면 거기서부터 양자강을 따라 동쪽으로 내려와 바로 남경을 차지할 수 있다. 거기서 황제로 등극한다면 최소한 북경 조정과 당당히 맞설 수 있을 것이다. 왕양명은 주신호가 안경 공략에 나섰다는 소식을 듣자마자 단번에 그의 의도를 파악했다. 상황이 다급했다. 안경이 넘어가버리면 반군의 남경 진격을 방어하기란 여간 어렵지 않을 것이다. 왕양명으로서는 하루하루가 숨 막히는 순간이었다.

하지만 그때까지도 그의 수하에는 병사가 하나도 없었다.

제 12 장
영왕 생포

주신호가 대군을 이끌고 파양호를 나와 안경 공략에 나섰다는 사실을 안 왕양명은 마음이 다급해졌다. 안경이 반군에게 넘어가버리면 금방 남경이 곤경에 처할 테고, 그렇게 되면 상황은 훨씬 더 복잡하게 꼬일 게 분명했다. 하지만 자기 수중에 직접 지휘할 수 있는 병사가 없으니 어찌해볼 도리가 없었다.

소도 비빌 언덕이 있어야 비빈다고, 아무리 뛰어난 장수라고 한들 맨손으로 무엇을 하겠는가. 어쩔 수 없이 그는 다시 한 번 인근 각 성에 지원군을 요청하는 공문을 보냈다. 정중하고도 간곡한 어투로 상세한 정세 분석과 함께 사태의 심각성을 고려하여 각 성에서 지체 없이 반군에 대항할 군대를 파견해줄 것을 요청했다. 이와 동시에 왕양명은 특별히 강서 지역 각 관아에는 그 누구도 거역하지 못할 긴급 명령을 발동했다. 자신이 할당해준 인원대로 신속히 병력을 결집하여 7월 15일에 임강부臨江府 장수樟樹(지금의 이춘宜春)에 집결하라는 명령이었다. 그리고 왕양명은 길안 지부 오문정과 함께 길안의 군사를 거느리고 곧장 장수로 달려갔다.

7월 15일, 강서 지역 각 관아의 지부知府·지현知縣·통판通判·지휘指揮 등 모든 관리가 각기 군대를 통솔하여 속속 장수로 모여들었다. 휴식과 점검을 마치고 난 7월 18일, 왕양명은 군사를 독려하는 일장 훈시를 마치자마자 곧바로 북쪽으로 진군했다. 그들은 남창 외곽에 위치한 풍성에 주둔했다. 마침 주신호는 7월 16일에 안경을 공격하던 중 안경 수비군의 완강한 저항에 부딪혔다. 아직 안경이 함락된 것은 아니었지만 그렇다고 오래 버틸 수 있는 상황도 아니었다. 따라서 당시 상황으로 볼 때 관군의 입장에서는 주신호의 공격을 받는 안경을 지원하는 것이 급선무였다.

왕양명이 지휘관을 소집하여 상의해본 결과도 마찬가지였다. 대부분 즉각 안경을 지원해야 한다고 주장했다. 안경이 함락되면 사태가 걷잡을 수 없이 곤란해질 거라는 의견이었다. 물론 왕양명 역시 안경 지원이 시급하다는 걸 잘 알고 있었다. 하지만 안경을 직접 지원해주는 게 꼭 문제 해결의 최선책은 아니라는 판단이 들었다. 그의 분석은 이러했다.

"남강과 구강은 이미 주신호의 수중에 들어가 그 부하들이 지키고 있다. 또 남창에는 주신호의 정예군 1만여 명이 주둔하고 있다. 이런 상황에서 만약 우리가 곧장 안경으로 쳐들어가면 분명 불리한 상황에 처할 것이다. 안경을 공략 중인 주신호의 군대가 방향을 틀어 우리를 정면 공격해올 수도 있기 때문이다. 또 구강·남강 반군과 남창 반군이 연합해서 우리 배후를 공격해올 수도 있다. 이렇게 되면 관군은 이중 포위망에 갇히게 될 수도 있다. 설사 우리가 반군의 포위망을 뚫을 수 있다고 해도 그건 잠시일 뿐, 이미 전투에 지칠 내로 지친 안경 관군이 우릴 지원해줄 여력은 없을 것이다. 결국 우리마저 매우 불리한 상황에 빠져 고군분투할 게 뻔하다."

이런 상황에서 왕양명은 뜻밖의 결론을 내렸다.

"먼저 남창으로 진격하자! 주신호의 남창 병력이 정예군이긴 하지만 그나마 수적으로 아주 많은 건 아니다. 게다가 주신호는 도덕적으로 명분이 없는 반군이 아닌가. 반면, 우리는 조정의 안위를 지키는 관군의 신분이다. 창졸간에 끌어모은 오합지졸이라고 해도 당당한 명분을 가진 정의의 군대다."

어느 모로 보든 사전 준비만 제대로 갖춘다면 남창 공략이 아주 승산 없는 전투는 아닐 거라는 확신이 들었다. 남창을 잃으면 주신호로서는 핵심 근거지를 잃는 셈이다. 이렇게 되면 안경의 포위망도 완전히 와해되어 주신호가 더 이상 진군하지 못할 것이고, 남경 공략은 아예 꿈조차 꾸지 못할 것이다.

이렇게 생각을 정리한 다음 왕양명은 남창 공략을 위한 치밀한 실전 배치를 단행했다. 창졸간에 끌어 모은 각지의 병사 2~3만 명을 모두 13개 초哨로 나눈 후, 그들에게 각기 임무와 진군 방향을 정해주었다. 남창에 대한 합동 포위 작전이었다.

군사 배치가 끝나고 막 남창으로 진군할 무렵, 왕양명은 포고령을 하나 발동했다. 남창 성내 거주민, 병사, 영왕부 거주자, 반군을 따르는 관리 등을 향한 포고령이었다.

"무엄하게도 영왕이 반란을 일으켰으니 이는 천인공노할 짓이다. 지금 내가 관군 20만을 이끌고 성으로 진격할 것인데, 백성은 동요하지 말고 생업에 충실하라. 영왕부 사람들은 문을 열고 우리에게 투항하라. 성을 지키는 병사와 반군을 따르는 관리 또한 저항하지 말고 문을 열어 우리를 맞으라. 우리 다 함께 백성을 보살피자. 그래도 정신을 차리지 못하고 끝까지 저항한다면 오로지 죽음뿐, 용서치 않겠다."

실제 이 포고령은 남창 전투에서 상당한 효력을 발휘했다.

7월 19일, 왕양명은 남창 공격 부대를 이끌고 시차市汶에 당도했다. 이때 그는 전 부대가 일사분란하게 움직이라는 명령을 발동했다. "북을 한 번 울리면 성에 접근하고, 두 번 울리면 성에 기어오른다. 세 번 울리고도 실패하면 오장伍長[오장은 품계가 없는 말단 무관직. 오伍는 작전 수행의 최소 단위로, 1오는 병사 5명으로 구성되었다.—옮긴이]을 처형할 것이고, 네 번 울리고도 또 실패하면 그때는 지휘 장수를 처형하겠다."

그날 밤 관군은 시차를 떠나 각기 정해진 전투 위치로 흩어졌다. 이튿날 동틀 무렵이 되자 각 방향으로 흩어진 부대가 일제히 남창 총공세에 나섰다.

남창 총공세는 기본적으로 순조롭게 진행되었다. 성을 지키던 반군의 완강한 저항이 없진 않았지만, 13개 방향에서 치고 들어오는 관군의 대규모 공세를 막기에는 역부족이었다. 이미 왕양명이 사전에 포고령을 내려둔 탓인지 반군의 사기도 어느 정도 꺾인 상태였다. 그래서인지 어느 한 곳이 무너지자 적은 일시에 그 기세가 와르르 무너지는 형국이었다. 영왕부 내부의 사람들은 관군이 이미 성 안으로 진격해온 걸 알고는 잔뜩 겁을 먹은 채 불을 질러 자살을 시도했다. 불길이 순식간에 민가에까지 번져오자 왕양명은 급히 진화에 나섰다. 무엇보다 백성의 안전이 중요했기 때문이다.

남창을 완전히 공략한 다음 왕양명은 곧바로 후속 조처를 단행했다. 환경 정비, 백성 위무, 영왕부의 봉쇄 등 일련의 뒷수습이 일사분란하게 이루어졌다. 방화로 자살한 영왕부 사람들을 위한 장례까지도 예법에 따라 엄수되었다.

한편 주신호는 수일간 안경 공략을 시도했지만 일이 여의치 않자 마음이 초조해졌다. 바로 그즈음, 즉 왕양명이 시차에 당도하기 하루 전인 7월

18일, 남창을 지키던 반군 진영에서 주신호에게 소식을 하나 전해왔다. "왕양명의 관군이 지금 풍성에 주둔하고 있는데 곧 남창을 공격한다고 합니다. 그러니 서둘러 군사를 보내 지원해주십시오"라는 요청이었다. 주신호는 겁이 더럭 났다. 이제 안경의 포위망을 풀고 남창 쪽을 지원하는 게 상책인 듯 싶었다. 하지만 참모 이사실이 즉각 반대하고 나섰다.

"지금 급한 건 남창이 아니라 남경입니다. 이 기세로 양자강을 따라 동쪽으로 내려가 서둘러 남경을 점령해야 합니다. 대왕께서 황위에 등극하시면 남창 쪽은 자연스레 굴복해올 것입니다."

하지만 주신호는 이 말을 듣지 않았다. 즉시 군사 2만 명을 동원하여 남창을 지원하도록 하고, 자신도 나머지 병력을 지휘하여 남창으로 향했다.

7월 22일, 왕양명은 주신호가 이미 안경 공격을 포기하고 대규모 군사를 이끌고 남창으로 복귀 중이라는 소식을 들었다. 당시 왕양명이 보유하고 있던 군사라고는 강서 지역에서 소집한 2~3만 명이 전부였다. 그가 인근 각 성에 요청해둔 지원군은 여전히 그림자조차 보이지 않았고, 조정에서도 전혀 병사를 보내오지 않은 상황이었다. 주신호가 대거 군사를 동원하여 양측이 교전이라도 벌이는 날엔 관군은 병력 부족으로 치명타를 입을 수도 있었다. 따라서 당시 관군 쪽에서는 남창 성내를 굳건히 지키면서 지원군이 오기를 기다리자는 여론이 우세했다. 단독 작전으로는 주신호의 대군을 이길 수 없다는 것이었다.

바로 이 무렵 관군 쪽에 불리한 사태가 하나 발생했다. 왕양명의 주요 지휘관인 길안 지부 오문정 때문이었다. 이 일로 왕양명은 그를 처결하려고 했을 만큼 화가 났다. 무슨 일일까?

원래 주신호가 남창을 지원하려고 파견했던 선발 부대는 약 2만 명 정도였다. 안경에서 남창으로 서둘러 복귀 중이던 그들은 왕양명 군대를 기습 공격하기 위해 1000명 정도로 이루어진 돌격대를 조직했다. 지름길을 따라 남창으로 직행하면 왕양명 쪽을 급습할 수 있겠다는 계산에서였다.

이 점은 왕양명도 마찬가지였다. 주신호가 이미 선발 부대 2만 명을 파견했다는 소식을 들었기에, 그 역시 적의 진격을 저지하기 위해 500명 규모의 돌격대를 조직했다. 반군을 급습하려던 이 돌격대의 지휘관이 바로 길안 지부 오문정이었다. 하지만 쌍방의 돌격대 간에 벌어진 이 치열한 전투에서 오문정이 그만 패배하고 만 것이다.

뜻밖의 소식을 접한 왕양명은 대로했다. 자신이 제시한 전략을 따르지 않고 오문정이 제멋대로 고집을 부린 결과라고 생각했기 때문이다. 당연히 군법에 회부해야 했다. 하지만 지금은 어쨌든 한 사람의 지휘관도 아쉬운 판이었기에 후일을 기대하면서 잠시 처벌을 늦추는 편이 옳을 듯했다. 비록 소규모 전투이기는 해도 이 돌격대 간의 전투에서 패배하자 관군은 사기가 뚝 떨어졌다. 관군 내부에서는 차라리 남창을 고수하면서 잠시 물러나 있자는 분위기였다. 하지만 왕양명의 생각은 달랐다.

"남창을 고수하고 있다가는 분명 적의 대규모 공습을 그냥 앉아서 당할 수도 있다. 이는 결코 바람직한 전략이 아니다. 지금 쌍방이 군사력에서 현저하게 차이를 보이는 건 사실이지만, 군대란 그 규모보다 작전능력이 더 중요한 법이다. 게다가 관군이 가진 강점도 만만찮다. 우선 관군은 정의의 용사라는 자부심이 있다. 반면 적들은 불안에 시달리는 반군 조직이니 사기 면에서도 우리가 앞서 있다. 또한 남창은 원래 주신호의 근거지였지만 지금은 관군이 거의 점령하고 있다. 지금쯤 주신호는 분명 심리적으로 매우 초조해하고 있을 것이다.

주신호의 군대가 수적 우세를 내세우며 당당하게 나올지 몰라도, 그들은 이미 상당히 먼 거리를 달려왔다. 지칠 대로 지친 만큼 전투력이 의외로 허약할 수 있다. 우리 쪽 일부 지휘관의 생각처럼 어쩌면 주신호도 우리가 그저 남창이나 고수하려 할 것이라고 판단할 수도 있다. 이럴 때일수록 더 적극적으로 공세를 펴야 한다. 주신호의 예상을 완전히 뒤엎고 기선을 제압하는 게 상책이다."

이렇게 결론을 내린 왕양명은 지휘관들에게 더 이상 동요하지 말고 엄격히 규율을 지킬 것을 재삼 강조했다. 뒤이어 주신호의 군대를 저지하기 위한 파양호 전투에 대비하여 주도면밀하게 군사를 배치했다.

먼저 그는 400명 정도의 소규모 부대를 파양호로 파견했다. 적을 유인하기 위한 일종의 위장 부대였다. 이 위장 부대는 호숫가의 갈대를 이용해 매복했다. 그들은 각기 정면 공격조, 좌우 측면 협공조, 후방 공격조 등으로 나뉘었다. 적이 포위권 안으로 빨려 들어오면 먼저 정면 공격조가 나서고, 뒤이어 좌우 측면 협공조가 일제히 공격을 가한다는 작전이었다.

7월 23일, 주신호의 선발 부대가 초사樵舍에 도착했다. 남창에서 북쪽으로 약 30킬로미터 떨어진 감강贛江 가에 위치한 곳이었다. 돛을 올린 배가 강을 뒤덮을 듯 장장 수십 리나 이어져 자못 장대한 광경을 연출했다. 24일 새벽, 적은 바람을 이용하여 기세등등 왕가도王家渡까지 바짝 접근해 왔다. 정면 공격을 맡은 길안 지부 오문정은 먼저 공격에 나섰다가 곧바로 패주하는 척하고 달아났다. 적을 아군 깊숙이 끌어들이려는 유인책이었다. 오문정의 부대가 도망치는 걸 본 적은 때를 놓칠세라 서둘러 추격해왔다. 바로 이때 적진은 그만 선두 그룹과 후방의 연결이 끊어지는 상황이 발생했다.

왕양명은 이 기회를 놓치지 않고 각 부대에 일제 공격을 명령했고 사방에서 복병이 출격했다. 천지를 뒤흔드는 병사들의 고함 소리가 사방에 울려 퍼졌고 오문정은 곧바로 군대를 돌려 공격 태세를 취했다. 반군 진영은 순식간에 아수라장으로 변했다. 이때 피살된 자가 약 2000명, 강으로 뛰어들어 익사한 자는 수만 명에 이르렀다. 혼비백산한 주신호는 서둘러 후퇴 명령을 내렸다. 동시에 그는 병력 보강을 위해 구강과 남강에 주둔하고 있던 군대를 모두 불러들였다.

주신호가 이미 구강·남강의 병력을 모조리 끌어냈다는 것을 확인한 왕양명은 즉각 병사를 동원하여 밤낮없이 내달아 이 두 지역을 수복했다. 이로써 주신호와의 최후 결전을 위한 길이 뚫린 셈이었다.

이튿날인 25일, 주신호는 대규모의 군사를 이끌고 일제히 재공격을 개시했다. 전투 초기, 바람의 영향으로 형세가 불리해지자 왕양명의 군대는 잠시 퇴각했다. 사망자도 수십 명이나 되었다. 하지만 왕양명은 한 치도 물러서지 말고 적의 공세에 맞서라고 독려했다. 지레 겁을 먹고 퇴각하는 관군은 즉석에서 참수했다. 뱃머리에 서서 전투를 지휘하던 오문정은 적의 포화에 머리카락과 수염이 타버리기도 했지만 한 발짝도 물러나지 않았다. 오히려 죽음을 무릅쓰고 병사들의 공격을 독려하면서 진군했다.

바로 이때, 왕양명이 승선한 지휘선에 커다란 깃발 하나가 내걸렸다. "영왕이 이미 생포되었으니 아군은 최대한 살상을 자제하라!"는 문구가 쓰인 흰색 깃발이었다. 적병은 영왕 주신호가 체포되었다는 소식에 어찌할 바를 모르고 갈팡질팡했다. 주신호가 정말 체포되었는지에 대해서는 확인할 길이 없었지만, 반신반의하는 가운데 그들은 전의마저 상실하고 있었다. 오문정은 이 기세를 몰아 맹공을 퍼부었고, 주신호가 탄 배가 드디어 포화에 명중되었다. 대패한 주신호는 초사로 퇴각했다. 그는 전열을 가다듬으면서 자기 진영의 배를 모두 하나로 연결했다. 재도전에 나서기 위한 전략이었다.

26일의 파양호. 왕양명은 마침내 주신호를 생포하는 데 성공했다.

전투는 왕양명의 예상보다 훨씬 순조롭게 마무리되었다. 당초 *그*는 주신호가 모든 배를 하나로 연결했다는 사실을 알고 난 뒤 화공법을 쓰기로 결정했다. 큰 배들이 하나로 연결된다면 진퇴가 쉽지 않고, 민첩하게 움직이지도 못한다는 것을 그는 잘 알고 있었다. 게다가 어느 한 척에라도 불이 붙는 날에는 나머지 배까지도 다 재앙을 맞을 건 뻔한 이치였다.

왕양명은 오문정에게 서둘러 화공을 위한 장비를 챙기라고 명령했다. 이와 동시에 그는 여러 갈래로 나뉜 부대에 각각 새로운 임무를 부여했다. 전술 변경이었다. 전투 초반부터 관군의 불화살은 적의 배를 향해 집중 공격을 가했다. 비 오듯 쏟아지는 불화살을 보면서 적은 속수무책으로 당하고만 있었다. 이 와중에 주신호가 탄 배에도 불이 붙었다. 배 위의 적들은 혼란 속에서 사방으로 흩어졌다. 주신호의 처첩들과 종복들도 아수라장 속에서 줄줄이 강으로 뛰어들어 목숨을 잃었다.

이미 대세가 기울었다고 판단한 주신호는 변복으로 갈아입고 어부로 위장했다. 혼란한 틈을 이용하여 도망치려는 속셈이었다. 허둥지둥 도망갈 채비를 할 무렵, 마침 호숫가 갈대 더미에서 작은 어선이 눈에 들어왔다. 손짓을 보내자 어선도 기다렸다는 듯 금방 주신호의 곁으로 다가왔다. 그는 얼른 어선으로 뛰어올라 서둘러 떠나자고 어부를 채근했다. 어부는 두말없이 그를 싣고 움직였다.

그러나 어선이 당도한 곳은 바로 왕양명의 지휘선, 이 모든 것이 왕양명이 파놓은 함정이었다. 주신호가 이렇게 생포되자 연이어 그의 핵심 참모 이사실·유양정 등도 생포되었다. 왕양명은 사방으로 흩어진 적을 하나도 남김없이 모조리 잡아들이라는 명령을 내렸다. 28일, 마침내 주신호의 잔

만안萬安 지현知縣 왕면王冕이 영왕을 체포하여 헌상하자, 왕양명은 두 지휘사를 시켜 찬원察院에 가두라고 명했다. 사람들이 둘러서서 이를 보면서 천지가 진동할 만큼 환호성을 질렀다.

당도 일망타진되면서 전투는 관군의 완벽한 승리로 막을 내렸다.

포박된 채 왕양명 앞으로 끌려온 주신호가 말했다.

"왕 선생, 내 호위들을 모두 평민으로 강등시켜버리면 되겠소?"

생포된 뒤에도 주신호는 이처럼 기세등등했다.

"본관은 국법대로 처리할 것이다."

남창 성내로 압송되어 온 주신호는 위세당당한 왕양명의 군대를 보고도 전혀 기죽은 태도가 아니었다. 오히려 큰 소리로 웃으며 소리쳤다.

"왕 선생, 내가 군사를 일으킨 건 다 우리 집안의 일 때문이오. 그런 터에 왕 선생이 이렇게 꼬장꼬장하게 나올 건 없지 않소?"

그러다가 금방 또 제법 고분고분한 어투로 바뀌었다.

"왕 선생, 부탁이 하나 있소. 왕비 누婁씨는 정말 착하고 현명한 사람이었소. 그 사람은 내가 처음 거병할 때부터 반대하면서 한사코 나를 말렸소. 내가 누씨의 말을 듣지 않은 게 정말 후회되오. 그 사람은 이미 강으로 뛰어들어 목숨을 버렸으니 부디 내 대신 장례를 정중하게 치러줄 수 없겠소? 옛날 상商의 주왕紂王은 여자의 말을 믿다가 망했지만, 이제 나는 여자의 말을 듣지 않아 망하게 되었소. 하지만 이제 와서 후회한들 다 무슨 소용이 있겠소?"

반란의 주모자였지만 주신호에게 한 가닥 양심은 있었다. 주신호가 말한 왕비 누씨는 당시 저명한 유학자 누량婁諒의 딸이었다. 그녀는 현숙하고 단정한 데다 예절과 학문에 두루 밝았다. 처음부터 그녀는 대의명분을 내세우며 주신호의 거병을 만류했다. 그녀의 부친 누량은 30년 전 왕양명이 남창에서 혼례를 치른 후 부인 제諸씨와 함께 고향 여요로 돌아올 때, 상요上饒에 가서 뵌 적도 있는 인물이었다.

당시 왕양명은 누량과 함께 주희의 격물치지설에 대해 토론을 벌이기도 했다. 중국 법도대로 하자면 사실 누랑은 왕양명에게 스승인 셈이다. 왕비 누씨가 투신하여 죽었다는 소식을 들은 왕양명은 즉시 사람을 시켜 호수에서 그녀의 시신을 건져냈다. 그녀는 종이끈으로 자신의 전신을 꽁꽁 묶은 채 투신했기에 단아한 복장 그대로였다. 왕양명은 정중하게 누씨의 명복을 빌어주었고, 상례에 따라 후한 장례를 치러주었다.

주신호의 이번 반란은 조야를 뒤흔들 만큼 엄청난 사건이었지만 왕양명의 치밀한 전략 덕분에 신속하게 평정되었다. 주신호의 거병일은 6월 14일(양력으로는 1519년 7월 10일), 그가 생포된 날은 7월 26일이므로 도합 41일간의 반란이었다. 왕양명이 남창 공격을 개시한 것은 7월 20일, 따라서 주신호의 생포는 단 7일 만에 이루어진 셈이다. 반군이 완전히 평정된 것은 7월 28일이니 이 또한 불과 열흘이 채 되지 않는다.

여기서 주목해볼 사실이 하나 있다. 그것은 바로 왕양명이 반란을 평정하는 전 과정에서 동원한 군대 규모다. 그가 동원한 군대는 강서 지역에서 임기응변식으로 모집한 2~3만 정도에 불과하다. 그의 말을 빌리면 "1만여 명의 오합지졸로 강적 10만 명을 격파한" 셈이다. 그야말로 군사 작전의 기적이라 하지 않을 수 없다. 반란군이 종횡무진했던 40여 일 동안 조정에서는 어떤 군대도 파견하지 않았고, 왕양명이 지원을 요청했던 인근 지역의 군대 역시 그림자조차 찾아볼 수 없었다. 그나마 복건성에서 지원에 적극 호응했지만 그들이 원군을 파견했을 때는 이미 평정이 끝난 뒤였다. 그래도 왕양명은 관례대로 복건 군사들에게 큰 상을 내렸고 그들을 인진하게 돌려보냈다.

주신호가 거병했을 당시, 왕양명의 신분은 단지 반란 지역을 통과하는 관리에 불과했다. 따라서 조정으로부터 그 어떤 군사적 명령을 받은 것도 아니었다. 말하자면 '조정의 명령 없이 자발적으로 이룬 공로'였다. 사실 그로서는 명철보신하면서 반란을 모른 척할 수도 있었다. 물론 그건 왕양명의 성격상 있을 수 없는 일이었다.

여러 차례 언급했듯이 왕양명은 지행합일의 제창자이자 적극적인 실천자였다. 평소 자신의 사상·관념·지식을 철저히 실천에 옮긴 인물이다. 항상 백성의 삶을 최우선시했고 높은 도덕성을 유지해온 지조 있는 선비로서 그가 주신호의 모반을 좌시할 리 만무했다. 자기 희생을 마다 않는 대장부의 기백, 탁월한 군사적 지략과 전술로 주신호의 무장봉기를 신속하게 평정함으로써 그는 결정적인 순간에 명 왕조의 명운을 확 바꾸어놓았다. 한때 그는 스스로를 '수족이 마비된 폐인'으로 묘사한 적이 있다. 하지만 백척간두의 위기에 처한 다급한 상황에서 명 왕조라는 거대한 난파선을 구출하여 마침내 순풍 질주를 도운 것도 결국 이 '수족이 마비된 폐인'이었다.

7월 30일, 왕양명은 반란 평정의 과정을 소상하게 서면으로 작성하여 조정에 올렸다.「금획신호첩음소擒獲宸濠捷音疏」, '주신호의 생포를 전하는 승전보'였다. 이와 함께 그는 반군 평정의 공로자 명단을 작성하여 포상을 요청하기 위해 조정으로 관원을 파견했다.

과거 여러 차례의 전투에서도 그랬듯이 조정에 승전보를 올림과 동시에 왕양명은 즉각 전후 복구 사업에 착수했다. 현지 주민에 대한 지원, 임시 조직된 군대의 해산 등 그는 최선을 다해 남창 성내의 주민들이 조속히 일상생활로 복귀할 수 있도록 조처했다. 또한 주신호를 비롯하여 생포된 포로의 명단을 작성하여 조정에 올릴 채비를 갖추었다.

하지만 바로 이 무렵, 조정으로부터 천만뜻밖의 소식이 날아들었다.

"황제께서 친히 반군 토벌에 나서기로 결정했다!"

이게 무슨 말인가. 왕양명이 파양호 전투에서 주신호를 생포한 것이

7월 26일, 주신호의 잔당들이 일망타진되어 반란 평정을 선포한 것이 7월 28일, 주신호 생포의 승전보를 전할 관원을 조정으로 파견한 것이 7월 30일이 아닌가. 그런데 황제는 8월 하순에야 병부에 회의 소집을 지시했다. '주신호 토벌 계략'을 논의하라는 명령이었다. 황제의 조서 내용은 다음과 같다.

"강서 지역 영왕이 모반을 꾀하다니 이는 참으로 중대한 사태가 아닐 수 없다. 병부에서 이미 군대 동원을 논의한다고 하는데 이번에는 짐이 직접 군대를 통솔하여 토벌에 나설 것이니, 별도로 다른 장수들은 동원하지 말라!"

이때 황제 주후조가 스스로에게 붙인 봉호_{封號}는 '봉천정토 위무대장군 진국공 奉天征討威武大將軍鎭國公'이었다. '하늘의 뜻을 받들어 반군을 직접 토벌하겠다'는 의지가 담긴 봉호였다. 그는 태감 장영張永·장충張忠, 장수 허태許泰 등에게 명하여 1만여 명으로 군대를 조직하라고 했다. 이렇게 그는 위무 당당하게 북경을 떠나 남방 정벌에 나섰다.

주후조가 군대를 이끌고 막 북경 궁성을 떠나 양향良鄕(지금의 베이징 팡산房山)에 당도했을 때 왕양명이 보낸 승전보가 당도했다. 상식대로라면 황제는 이제 더 이상 친정親征에 나설 이유가 없다. 주신호가 생포되고 반란 평정이 마무리되었으니 말이다. 이 일을 천하에 고하고 군사를 돌려 의기양양하게 북경으로 귀환하면 그만이었다. 다만 몇 가지 후속 처리만 제대로 하면 되는 상황이었다.

하지만 주후조의 생각은 달랐다. '황제로서 어렵사리 친정의 기회를 잡았는데 어찌 여기서 그만둘 수 있단 말인가.' 그는 여전히 친정을 계속하겠다고 고집했다. 그가 눈 하나 깜짝하지 않고 내세운 명분은 이랬다. "원흉 주신호는 이미 생포되었지만 그 잔당은 여전히 소탕되지 않았다. 그자들을 깡그리 없애지 않는 한 반드시 후환이 있을 것이다." 이유야 어쨌든 친정은 꼭 필요하다는 말이었다.

주후조의 이런 태도가 얼마나 황당한 것인지는 더 말할 나위도 없다. 실제 황제의 이런 황당한 일 처리로 말미암아 후일 일련의 정치적 난국이 초래되었고 왕양명이 말 못 할 곤경에 처한 것도 사실이다.

그렇다면 왜 황제 주후조는 굳이 친정에 나서겠다고 고집했을까?

이 일로 인해 왕양명이 곤경에 처한 이유는 무엇일까?

제 13 장
황당무계한 황제

왕양명은 주신호의 반란을 완전히 평정한 다음, 전투에
동원된 각지의 군대를 원래대로 복귀시켰다. 또 남창 백성의 안락한 생활
을 회복시키기 위한 노력도 게을리하지 않았다. 그는 반란 평정의 전 과정
을 소상하게 기록한 「금획신호첩음소」라는 이름의 상소문을 긴급히 조정
에 올려 보내기도 했다.

바로 이런 상황에서 황제 주후조가 1만 대군을 결성하여 친정에 나서
겠다고 했다. 황제는 왜 이런 얼토당토않은 발상을 했을까? 그의 이런 고
집은 어디서 나왔을까? 정말 그는 반군의 수괴 주신호를 자신이 직접 처
단해야 한다고 생각했을까?

거듭 말하지만 주후조의 일거수일투족은 도무지 황제의 처신이라고 보
기 어려울 정도로 너무나 엉뚱했다. 그가 재위한 16년은 명 역사상 가장
암울하고 혼란스러운 시기였다. 당초 그는 환관 유근을 총애한 나머지 다
른 충신들을 모함하거나 축출하는 등 조정 전체를 암흑의 도가니로 빠뜨
렸다. 유근이 주살된 다음에도 그는 아무런 교훈을 깨닫지 못한 채, 이번
에는 전녕錢寧·강빈江彬 등을 총애했다. 그는 예전처럼 그들과 한데 어울

려 사방으로 유람을 다니면서 사치와 방탕을 일삼았다. 북경에 잘 머물지도 않았지만 북경에 머물 때도 조정이나 후궁에 있지 않았다. 그는 대부분의 시간을 표방豹房에서 보냈다. 언뜻 들으면 이 표방이 마치 표범을 기르는 곳인가 오해할 수 있겠지만, 기실 이곳은 향락과 유희를 즐기는 장소였다. 주후조가 전녕을 시켜 정덕 2년(1507)에 건립한 표방은 황제의 위락장이나 다름없었다.

이 전녕이란 자는 한마디로 무뢰한이었다. 사료에는 그의 출신이나 출생지에 관한 기록이 없다. 원래의 성씨도 알 길이 없다. 다만 그는 아주 어린 나이에 전능錢能이라는 한 태감 집안에 하인으로 팔려왔다고 한다. 워낙 꾀가 많아 주인의 환심을 샀고 마침내 전씨 성까지 얻게 되었다. 전능이 죽은 다음에는 그의 '아들'로 입적되었고, 조정의 은덕을 입어 금의위錦衣衛가 되었다. 또 그는 온갖 교묘한 수단을 동원하여 유근의 환심을 사 황제의 시중을 드는 임무까지 맡게 되었다.

그는 꾀 많고 아첨을 잘 하는 데다 언변이 뛰어났고 무엇보다 그에게는 남다른 재주가 하나 있었다. 궁술이었다. 그는 왼손, 오른손을 가리지 않는 활쏘기의 명수였다. 이 빼어난 궁술로 인해 그는 황제 주후조와 죽이 잘 맞았다. 두 사람은 어디를 가든 항상 붙어 다닐 정도로 가까워졌다. 그를 총애하던 주후조는 결국 그를 양자로 맞았다. 전녕으로서는 그야말로 횡재였다. 하루아침에 오리에서 봉황으로 변신한 셈이다.

소인배의 신분이 이렇게 상승했으니 그 기세가 어떠했는지는 불문가지다. 그는 '황제의 서자'임을 자칭하며 도처에서 사기 행각을 벌였고, 때로 황제의 특사를 사칭하기도 했다. 그는 황제의 비위를 맞추는 데는 귀재였다. 방중술에 뛰어난 라마승, 가무에 능한 미녀, 기교가 탁월한 악공 등 어디에선가 이런 자들을 끊임없이 황궁으로 끌어들였다. 주후조 역시 이들을 더없이 반겨주었다. 바로 이런 자들을 모아 두려고 전녕은 황제를 꼬드겨 궁내에 특별 공간을 하나 마련했다. 이게 바로 표방이었다.

황제는 표방에서 밤마다 별별 방중술을 즐겼고 피로를 잊은 채 온갖 가무와 향락, 사치에 탐닉했다. 공차기, 격투, 음주가무, 오락에다 은밀한 성애 등 온갖 못된 짓들이 표방에서 벌어졌다. 취생몽사란 바로 이를 두고 한 말이 아닐까. 주후조의 표방은 그야말로 표범 같은 짐승에게나 어울릴 법한 장소였다.

술에 취한 황제의 놀이 방식은 다양했다. 표방에서 미녀와 태감들은 번갈아가며 황제에게 술을 억지로 먹이기도 했다. 술 취한 황제가 전녕을 베개 삼아 잠들었다가 잠에서 깨어나면 또다시 번갈아가며 술을 먹이기도 했다. 입조한 대신들은 해가 중천에 오르도록 황제의 용안을 볼 수가 없었다. 어쩌다 대신들은 전녕이 표방에서 나오는 걸 목격하기도 했는데 그 뒤를 따라 나오는 게 늘 황제였다. 유근이 주살된 후 그의 전 재산이 몰수되었지만 그게 모두 국고가 아닌 표방으로 들어갔다. 황제의 명이었다.

유근이 처형되자 전녕은 자신에게도 재앙이 미치지 않을까 노심초사했다. 이에 입지를 확고하게 다지기 위해 왕족들과의 관계를 한층 돈독히 하는 데 정성을 쏟았다. 한때 영왕 주신호가 자신의 '호위' 재건을 위해 여러 대의 수레에 은전을 가득 싣고 북경 도처에서 뇌물을 뿌리고 다닐 때, 전녕이 그를 적극적으로 도와준 것도 이런 이유에서였다. 이런 점에서 주신호의 반란은 사실 전녕과 어느 정도 연관성이 있다고 할 수 있다.

전녕이 이런 인물이었다면 주후조의 또 다른 총신 강빈은 어떤 인물이었을까.

강빈의 출신지는 선부宣府(지금의 허베이성 장자커우張家口 쉬안화宣化구)로 전녕을 통해 황제 주후조와 관계를 맺었다. 그는 변방 장수 출신으로 건장한 체구에 힘이 장사였고 병법에 정통했다. 바로 이 때문에 그는 황제로부터 총애를 받아 무시로 표방을 들락거렸고 황제와는 거의 침식을 같이할 정도로 친했다. 황제 곁을 붙어 다니면서 그는 황제의 유별난 취향을 하나 알아냈다. 표방에서의 여러 가지 유희 중에서 황제가 유독 스케일이 큰 놀이를 좋아한다는 사실이었다. 예컨대 '군대 놀이' 같은 것이었다.

황제의 취향인 군대 놀이는 바로 강빈의 주특기이기도 했다. 그는 황제를 부추겨 변방 군대를 경성으로 불러들여 궁내에서 훈련을 한번 시켜보자고 제안했다. 황제의 비위를 맞추는 데 이보다 더 좋은 게 있을까 싶었다. 과연 황제는 흔쾌히 이 제안을 수용했다. 실로 흥미로운 놀이가 될 듯했다. 즉각 변방 군대를 자금성으로 불러 훈련하라는 황명이 떨어졌다. 황제는 직접 갑옷을 차려입고 준마를 탄 채 강빈과 함께 군대 행렬 사이를 내달렸다. 뻔쩍이는 갑옷, 위풍당당한 위용, 황제 스스로 생각하기에도 너무나 멋진 광경이었다.

그 후 오래지 않아 황제는 아예 궁중 태감들을 모두 집합시켜 부대를 하나 조직했다. 이름하여 '중군中軍'. 황제는 매일 자신이 직접 중군의 훈련을 지휘했다. 황성 도처에서 천지가 울릴 듯 그들의 구령 소리가 넘쳐났다. 치렁치렁 늘어뜨린 전포戰袍, 길다란 깃을 꽂은 차양모, 완벽한 장군의 형색을 한 황제는 자못 의기양양했다. 강빈은 군대 놀이에 흠뻑 빠져든 황제에게 한 마디 거들었다.

"폐하, 소신의 고향 선부로 한번 가보시지요. 그곳에는 도처에 미녀가 넘쳐나고 솜씨가 빼어난 악공도 부지기수입니다. 또한 군사를 동원하여 실전 배치도 해보실 수 있습니다. 준마를 타고 내달리시면 금방 그곳에 당도하실 텐데, 어찌 이 갑갑한 황성에 갇혀 매일 저 대신들 얼굴이나 바라보고 계십니까? 폐하, 이참에 직접 한번 그곳으로 행차하시지요?"

듣고 보니 그럴싸했다. 황제는 강빈의 제안에 흔쾌히 동의했다. 쇠뿔도 단김에 빼라고, 서둘러 변복으로 갈아입은 황제는 은밀히 황궁을 빠져나왔다. 창평昌平을 지나 거용관으로 빠져나갈 생각이었다. 그러다 그만 순무어사巡撫御史 장흠張欽에게 발각되고 말았다. 장흠은 완강하게 저지했고 황제는 할 수 없이 발길을 돌려야 했다. 화가 머리끝까지 치밀었지만 별 도리가 없었다.

며칠 후 황제는 야음을 틈타 재차 미복을 하고 황궁을 나왔다. 결국 이번에는 거용관을 거쳐 선부에 도착하는 데 성공했다. 강빈이 혼신을 다해 황제를 모신 것은 불문가지. 먼저 그는 황제를 위해 대저택을 하나 마련하여 '진국공부鎭國公府'라고 명명했다. 왜 이런 이름을 붙였을까? 과거 군대놀이를 즐기던 황제가 곧잘 장수를 자처하면서 스스로를 '위무대장군 진국공 주수威武大將軍鎭國公朱壽'라고 했기 때문이다. 주수는 황제가 스스로에게 붙인 별명이었다.

진국공부를 건립한 다음 강빈은 원래 표방에 있던 모든 미녀와 악공, 금은보화를 전부 그곳으로 옮겨왔다. 그리고 자신도 황제와 함께 기거했는데, 걸핏하면 민가로 나가 미녀들을 대거 잡아들이곤 했다. 주후조는 이곳에서의 생활이 너무나 마음에 들었다. 조정의 일은 깡그리 잊은 채 향락에 빠져 마치 자기 집이라도 되는 양 진국공부에만 머물렀다. 어쩌다 황궁에 '들러도' 민간의 미녀 사냥에 골몰했는데, 유부녀든 임신부든 닥치는 대로 끌어들였다.

당시 황제가 특별히 총애한 미녀 유劉씨는 원래 산서성 진晉 왕부의 악공으로 있던 양楊씨의 아내였다. 또 마馬씨 여자는 지휘指揮(치안을 담당한 명대의 관리. 지휘사라고도 한다.) 필춘畢春의 아내로 황제에게 끌려올 당시 이미 임신한 몸이었지만 사정을 봐주지 않았다. 또 황제는 사방 수천

리 길을 순유하고 다녔는데 그때마다 강빈은 양가 규수를 납치해왔다. 그 수가 어찌나 많았던지 순유 길에 동행한 여자가 수백 명에 이르렀다. 더욱 황당한 것은 황제가 이 여자들이 탄 수레에 스님을 동승시킨 일이다. 황제는 모든 여자의 손에 공을 하나씩 들려주고 수레가 들썩일 때마다 공이 스님의 머리를 때리도록 배치해두었다. 그러고는 그런 모습이 재미있다는 듯 가가대소했다.

이렇게 황당무계한 행동을 즐기는 황제를 둔 것은 명조의 불행이자 왕양명의 불행이기도 했다. 주신호가 반란을 일으킨 초기에는 태연자약 향락에만 몰두하던 황제가 왕양명이 주신호를 생포하고 나니 그제야 표방에서 강빈 등 간신배들과 '반군 토벌 계략'을 의논하려드는 형국이었다. 황제의 생각은 이랬다.

'지금이야말로 군대 놀이를 제대로 해볼 천재일우의 기회가 아닌가. 전에는 황궁에서 놀이로만 즐겼고, 변방에서는 먼발치에서 구경만 하지 않았던가. 이제 실제로 군대를 한번 신나게 지휘해볼 수 있게 되었으니 이 어찌 기쁘지 않을쏜가!'

이에 황제는 다른 장수들의 출정을 막은 채 '분연히' 친정을 선포한 것이다. 다시 말하면 주후조의 친정은 반군 토벌을 목표로 한 게 아니었다. 이 시기의 친정은 원천적으로 불필요한 행동에 지나지 않았다. 그는 위풍당당하게 깃발을 높이 한번 치켜들고 싶었다. 강남의 산수를 노닐며 그곳의 번화, 그곳의 미녀들을 눈으로 직접 확인하면서 한껏 군대 놀이를 즐기고 싶었던 것이다.

왕양명이 아무리 상상력이 풍부하단들 황제의 이런 심리 상태를 어떻게 짐작하겠는가. 이런 생각도 들었다. '혹 조정에 올린 「금획신호첩음소」가 도중에 지체되어 아직 조정에 도달하지 않은 건 아닐까? 황제 폐하께서

사정을 전혀 모르고 친정을 계획한 걸 아닐까?'

8월 17일, 황제가 친정을 위해 남하할 것이라는 소식을 들은 왕양명은 다시 상소문을 올렸다. 「청지친정소請止親征疏」, '부디 친정을 중지하시라!'는 상소였다. 반군 평정은 이미 성공리에 마무리되었고 주신호와 그 핵심 참모들은 모조리 생포되었으며, 그 잔당마저 소탕하고 자신이 직접 포로를 압송하여 경성으로 갈 것이라는 내용이었다. 그러나 일은 왕양명의 기대와는 전혀 다른 방향으로 전개되었다. 모든 상황을 소상히 설명했음에도 황제의 명령은 엄중했다. '포로 압송을 중단하고 짐이 도착할 때까지 기다려라!'

그제야 왕양명은 사태의 심각성을 깨달았다. 온전한 상식으로는 도저히 납득할 수 없는 사태였다. 과거 자신이 경험했던 그 어떤 전투보다도 더 복잡하고 더 살벌한 정치 투쟁의 와중으로 빠져들고 있는 느낌이 들었다. 상대는 산속의 도적 떼도, 아무런 명분 없이 모반을 획책한 영왕도 아니었다. 바로 황제였다. 자신의 지략과 용맹이라면 도적 떼는 거뜬히 제압할 수 있고, 창졸지간에 일어난 반란이라 할지라도 한 치 오차 없이 평정할 수 있었다. 하지만 황제의 친정, 그것도 상황이 완전히 종료된 이후에 기획된 친정이라면 그로서는 더 이상 손 써볼 방법이 없었다.

노심초사, 왕양명은 몇 날 몇 밤을 뜬눈으로 새웠다. 그는 황제를 수행하여 남하할 태감 장충·장영·허태·강빈 등 간신배들의 됨됨이를 너무나 잘 알고 있었다. 황제의 총애를 뒷배로 그동안 그들이 저질러온 전횡과 비리는 하늘을 찌르지 않았던가. 호랑이, 이리 떼가 어디 따로 있던가. 최근 다년간 강서 지역은 전쟁이 끊이지 않았고 특히 남창은 막 전투가 끝났으니 백성의 참혹한 생활은 최고조에 달하지 않았는가. 백성이 어떻게 더 이상 고통을 버텨낼 재간이 있겠는가. 황제가 군대를 이끌고 남창에 주둔하는 날, 강서 백성에게는 그것이 대재앙이 될 게 불 보듯 뻔했다.

이제 왕양명으로서는 어떻게든 황제의 친정을 저지하는 것, 강빈·허태의 무리가 북방 군대를 이끌고 남창에 진주하는 걸 저지하는 것이 초미의 관심사이자 지상 최대의 난제가 되었다.

그러나 황제는 강서 백성의 고초가 극에 달했다는 사실은 추호도 고려하지 않았다. 그저 즐기고 싶은 대로 하면 그만이었다. 강빈·허태·장충의 무리 또한 남하 도중 내내 마구잡이로 재물을 약탈했다.

10월, 마침내 황제의 친정 부대가 남경에 도착했고 남경 일대는 온통 아비규환이 되었다. 그 일행의 약탈 행위는 형용하기 어려울 정도로 잔혹했다. 하지만 현지 관리들로서는 속수무책, 그 누구도 대항할 엄두를 내지 못했다. 당시 이런 사례들이 있었다.

강빈 일행이 남경에 도착한 다음, 날마다 횡포를 부려대자 백성은 고통을 견딜 수가 없었다. 이때 교우喬宇란 인물이 나섰다. 당시 그는 남경 병부상서 겸 참찬기무參贊機務로 있었는데 시와 문장으로 유명했고, 과거 젊은 시절의 왕양명과도 친밀한 교유를 나눈 적이 있는 인물이었다. 강빈의 무례한 행동을 본 교우는 그에게 본때를 한번 보여주겠다고 생각했다. 변방 장수 출신인 강빈은 체격도 건장했고 힘이 장사였는데, 교우는 일부러 신체는 왜소하되 무술에 뛰어난 민간 무술인 몇 명을 선발했다. 강빈과 무술인을 훈련장에 불러다 무술 시합을 시켜볼 생각이었다. 신체는 건장하지만 동작은 다소 굼뜬 강빈, 반면 왜소한 체격이지만 동작이 민첩한 무술인들의 시합, 결과는 강빈의 패배였다. 몇 차례의 시합에서 강빈은 연거푸 쓰러졌고 흠씬 두들겨 맞기도 했다.

응천부應天府의 부승府丞 구천서寇天敍와 관련된 이야기도 있다. 그는 교우와 동향으로 산서 사람이었는데 남달리 유머 감각이 뛰어났다. 신체는

건장했지만 근시였다. 강빈 등이 하루가 멀다 하고 사람을 보내 재물을 요
구해오자 그는 이 간신배를 제대로 한번 골려주자는 생각이 들었다. 관아
에 나갈 때마다 그는 일부러 자기 머리에 전혀 맞지 않는 작은 모자를 쓰
고, 턱없이 작은 옷을 입었다. 재물을 갈취하려온 관원이 나타나도 일부러
못 본 척하기 일쑤였다. 원래 근시이기도 했지만 상대를 인정하지 않겠다
는 의도였다. 바짝 다가와 말을 걸면 그제야 아주 공손하게 상대를 '흠차
대인'이라고 치켜세우며 말했다.

"아이고, 나리! 이곳 백성은 정말 살기가 어렵습니다. 창고 곡식도 다 거
덜 났고요, 소관도 명색이 응천부 부승인데 관아에 나설 때는 이렇게 초라
한 복장을 할 수밖에 없답니다."

그는 앞서 교우가 강빈을 혼내준 사실을 잘 알고 있었기에, 자기 역시
몸집이 왜소하면서도 무술에 능한 현지인들을 불러 모았다. 그리고는 매
일 거리를 돌아다니며 강빈 일당이 재물을 약탈하거나 소란을 피우면 바
로 격투를 벌여 혼내주었다. 그 후부터는 그렇게 기세등등하던 강빈 무리
도 남경에서는 더 이상 기를 펴지 못했다.

양주 태수 장요蔣瑤도 있었다. 그는 성품이 강직하고 유머가 넘치는 인
물이었다. 황제의 배가 양주를 지날 때 강가에 위치한 민가를 철거하라는
명령이 떨어졌다. 밧줄로 배를 끌기 쉽게 하려는 목적에서였다. 이에 장요
가 항의했다.

"황제께서 강가의 민가를 찾으시는 건 아니지 않은가. 굳이 배를 끌려면
강둑을 이용하면 되는데, 왜 민가를 철거해야 한단 말인가? 절대 불가하
다. 이 일로 벌을 받는다면 태수인 내가 책임지겠다."

한번은 강빈이 장요에게 양주에 사는 부호들을 알려달라고 하자 이렇게
대답했다.

"우리 양주는 소읍이라 부잣집이라곤 단 네 곳밖에 없습니다."

"그 네 곳이 어딘가? 어서 말해보라."

"첫째는 양회전운사兩淮轉運司, 둘째는 양주부揚州府, 셋째는 양주 초관주사鈔關主事, 넷째는 강도江都입니다. 양주 백성은 다들 살기가 어려워 그 외다른 부호는 없습니다."

그가 지목한 부호는 모두 조정의 관아였다. 그는 이런 식으로 강빈을 비꼬았다.

강빈은 또한 황명을 빙자하여 '수녀繡女'를 뽑겠다고 했다. 수녀란 궁녀로 충당할 어린 여자를 가리킨다. 일종의 예비 궁녀인 셈이다. 장요가 대답했다.

"태수인 저에게 딸이 셋 있습니다. 조정에서 꼭 궁녀를 선발하시려면 제딸을 데려가시지요. 민간에는 그런 여자가 없습니다."

강빈은 그저 어안이 벙벙해질 뿐이었다.

이런 사례에서 보듯이 황제가 친정에 나서는 순간, 가는 곳마다 현지에서는 상상치 못할 민폐가 극심했다. 그런데도 강빈·허태 일당은 아랑곳하지 않고 황제의 권위를 등에 업고 살기등등하게 현지 백성에게 위협을 가했다. 하지만 교우·구천서·장요처럼 기개 있게 자기 방식대로 그들에 맞설 수 있는 관리란 아무래도 극소수에 지나지 않았다.

만약 황제의 친정이 실제 남창에까지 이른다면 백성의 고통이 어떠할지 왕양명은 너무나 잘 알고 있었다. 이 때문에 그는 기를 쓰고 '포로 압송을 중단하고 짐의 도착을 기다려라!'는 황명을 무시하리라고 작심했다. 그는 병든 몸을 이끈 채 강서 지역의 전후 질서 회복에 주력했다.

주신호의 반란을 평정한 직후인 7월 30일, 그는 강서 전역의 세금 감면을 상소했다. 생산력 회복이 급선무라는 판단에서였다. 반란 초기, 주신호는 강서 지역 각 관아의 관인을 회수해간 적이 있다. 또 상당수의 관리가 여러 가지 이유로 실제 반군에 동조한 예도 있다. 그러다 보니 반란이 평정된 다음에도 한동안 강서는 혼란 상태를 넘어 마비되다시피 할 정도까지 이르렀다. 반란이 평정된 후 왕양명은 반란에 연루된 관리들에게 사안별로 각기 다른 처분을 내렸다. 죄는 있지만 잠시 관직을 부여한 경우가 있는가 하면, 아예 신임 관리로 교체한 경우도 있었다.

이렇게 강서 지역의 질서는 신속하게 회복되기 시작했다. 어느 정도 수습 조치가 끝난 9월 11일, 왕양명은 주신호를 비롯한 포로를 압송하여 남창을 출발했다. 수로를 타고 북경으로 올라갈 계획이었다. 황제가 친정의 깃발을 치켜든 이상, 이제 다른 방법은 없었다. 주신호 일당을 직접 황제에게 보여준다면 더 이상 황제도 친정을 고집할 이유가 없을 것이었다.

하지만 상황은 그렇게 만만치 않았다. 그가 포로를 압송하여 광신廣信(지금의 상라오上饒)에 도착했을 때, 강서 안찰사로부터 문서가 전달되었다. 흠차제독 군무어마감 태감장欽差提督軍務御馬監太監張, 즉 태감 장충의 명의로 된 공문이었다. 공문에서 장충은 오만하기 짝이 없는 어투로 왕양명을 질타했다.

"아직 혼란한 와중임에도 불구하고 왕양명은 남창의 치안이나 정무를 외면한 채 직접 포로를 압송하겠다고 고집을 부리고 있다. 게다가 포로 중에는 영왕부의 부녀자도 있는데 이들을 지방 관리가 압송하고 있으니 이 얼마나 큰 잘못인가? 만약 저들이 함부로 행동한다면 그 죄는 누구에게 물을 것인가? 왕양명은 서둘러 포로를 데리고 남창으로 귀환하여 황명을 기다려라!"

장충의 이 '공문'은 어투가 지극히 오만할 뿐 아니라 왕양명에 대한 모종의 악의적 공격까지 포함되어 있었다. 실로 살벌한 의도가 엿보였다. 장충의 공문을 받은 왕양명은 바로 대응에 나섰다. 그는 우선 강서 안찰사에게 편지를 썼다. 장충의 공문이 안찰사를 통해 전달되었기 때문이다. 서신에서 그는 주신호 일당이 포로로 잡힌 상황을 설명했고, 특히 부녀자 포로는 장군부將軍府 휘하의 내관들이 지키고 있으니 전혀 위험할 게 없다고 설명했다. 또한 그는 자신은 결코 이 공문 때문에 다시 남창으로 되돌아가지 않을 것이며, 계속 포로를 압송하여 남경으로 갈 것이라고 밝혔다.

한편 왕양명은 병부에도 서신을 보내 장충이 쓴 공문의 진위를 가려달라고 요청했다. 사실 그는 장충의 이른바 '공문'이 당연히 가짜가 아니란 건 알고 있었다. 하지만 그래도 진위 여부를 가려달라고 했다. 굳이 이렇게 나온 이유는 병부에 정확한 상황을 보고함과 동시에 자신의 확고한 입장을 보여주려고 했기 때문이다.

더 황당한 일도 있었다. 장충은 왕양명이 광신에 머물고 있으며, 자신의 요구를 거절한 채 주신호 일당을 압송하여 남창으로 복귀하지 않으려 한다는 사실도 이미 다 알고 있었다. 그럼에도 그는 광신까지 사람을 보내 왕양명이 즉각 포로를 데리고 강서로 돌아가도록 압박했다. 한술 더 떠 그는 포로들을 파양호로 석방시키라고까지 했다. 황제 폐하가 친정할 구실을 만들어주라는 황당한 요구였다. 주신호 일당을 석방시키면 그때 가서 황제가 직접 반군을 잡아들이겠다는 것이다. 이런 황당한 결정은 물론 황제의 아이디어에서 나왔을 것이다. 제아무리 간 큰 장충이라 할지라도 어떻게 감히 이런 결정을 할 수 있겠는가.

이런 점에서 볼 때, 왕양명이 장충의 요구를 거절한 것은 그야말로 어지간한 담력이 아니고는 도저히 불가능한 일이었다. 당시 왕양명은 장충의 얼토당토않은 요구를 일언지하에 거절했다. 그래도 장충은 포기하지 않고 재차 광신으로 사람을 보내왔다. 더 큰 분란을 막으려면 왕양명으로서도 이젠 별 수 없이 포로들을 압송하여 광신을 떠나야 했다. 그는 강을 따라 동쪽으로 옥산玉山과 초평역草萍驛을 거쳐 절강 경내로 들어섰다.

10월 초, 왕양명이 항주에 당도했다. 이 무렵 태감 장영은 이미 일단의 군사를 거느리고 미리 항주에 도착해 있었다. 장영은 그나마 정직한 편에 속한 인물이었다. 그는 간신 유근을 주살하는 과정에서 공을 세운 적도 있어서 왕양명은 항주에 도착하자마자 그를 만나야겠다고 생각했다. 사실 장영은 황제의 친정에 동행자로 나섰는데 그 선발대 자격으로 항주에 온 것이었다. 그러니 그 역시 황제와 생각이 같아서, 왕양명이 주신호 일당을 파양호로 석방시키면 그때 황제가 직접 잡아들이는 게 최선이라고 여기고 있었다. 왕양명이 찾아 갔을 때 장영은 그림자조차 보이지 않았다. 문지기를 향해 왕양명이 고함을 질렀다.

"나는 왕수인이다. 장 대인과 중대한 국사를 의논하러 왔거늘 어찌 숨어서 나오지 않으시는가?"

이 기개 넘치는 말에 장영이라고 해도 기가 질리지 않을 수 없었다. 장영을 만나자 왕양명은 자기 심정을 솔직하게 토로했다. "강서 백성은 오랫동안 영왕의 전횡에 시달려왔다. 게다가 이제 막 반란까지 겪은 터라 더이상 버틸 재간이 없다. 그러니 장 대인은 부디 황제께서 군사를 이끌고 황궁으로 귀환하시도록 권유하라"는 당부였다. 장영이 들어보니 과연 명분이 분명했다.

"이번 출정은 황제 곁에 있는 소인배들이 부추긴 게 사실이오. 그러니 나는 최대한 묵묵히 황제를 보필할 것이며, 허투루 귀하의 공을 채가려고도 하지 않을 것이오. 만약 황제께서 귀하의 뜻을 받아들이신다면 일이 제대로 풀릴 것이오. 하지만 황제께서 귀하의 뜻을 받아들이지 않으시거나 소인배들의 충동질이 지속된다면 아마 일이 쉽게 해결되지 못할 것이오. 그러니 상황을 보아가며 때를 기다립시다."

10월 9일, 왕양명은 다시 장영을 찾아갔고 두 사람은 전당 강변으로 산책을 나갔다. 장영이 주신호를 가둬둔 배를 가리키며 말했다.

"저자를 나에게 맡기시오."

"그러시지요. 내게도 아무 쓸모없는 존재요."

왕양명은 그 자리에서 장영에게 주신호 일당을 넘겨주기로 결심했다. 장영이 나서서 주신호 일당을 남경으로 압송해가도록 할 셈이었다.

주신호 일당을 장영에게 넘기고 나자 왕양명은 심신의 피로가 한꺼번에 몰려왔다. 그간 그는 줄곧 건강이 좋지 않았다. 선천적으로 병약한 데다 다년간 전투까지 치렀기에 이젠 거의 쓰러지기 일보 직전이었다. 그는 항주 정자사淨慈寺로 들어갔다. 그곳에서 치료와 요양을 하면서 황제의 북경 귀환 소식을 기다릴 참이었다. 황제가 친정에 나선 최종 목적은 어쨌든 주신호 일당을 체포하는 것, 이제 장영에게 저들을 넘겨주었으니 장영이 남경에 도착하는 순간 황제도 북경으로 귀환할 것이었다.

하지만 그 생각이 참으로 순진했다는 걸 확인하는 데는 그리 많은 시간이 걸리지 않았다. 얼마 후 그는 황제의 이동 소식을 들었다. 그러나 목적지는 북경이 아니었다. 황제가 계속 남하하여 이미 양주에 도착했다는 소식이었다. 소식을 들은 왕양명은 병든 몸을 이끌고 서둘러 항주를 출발하여 운하를 따라 진강鎭江으로 향했다. 황제를 배알하여 직접 아뢸 생각이었다. 그러나 그가 진강에 막 도착했을 때 돌연 교지가 하나 내려왔다. 그를 강서 순무로 겸직 발령했으니 바로 임지로 나가라는 명령이었다. 어쩔 수 없이 그는 진강을 떠나 양자강을 거슬러 올라 남창으로 다시 돌아왔다. 그때가 11월이었다.

이 시기, 남창은 또 한 번 대재앙 속에 허덕이고 있었다. 강빈·허태 일당이 통솔하는 수만 명의 북방 군대가 남창에 진주하여 성 안을 휘젓고 다닌 것이다. 큰길이든 골목이든 군인과 말이 넘쳐나 길을 걷기조차 불편할 지경이었다. 이 엄청난 규모의 군대가 진주해 있는 이상 남창 백성의 생활이 얼마나 고달플지는 불문가지였다. 강빈·허태 일당은 주신호의 잔당을 색출한다는 구실로 마구잡이로 양민을 학살하고 재물을 갈취했다. 그야말로 공포의 도가니였다. 이들은 또 가당치도 않은 공을 세운답시고 사방에 유언비어를 퍼뜨리고 다녔다. 왕양명을 무고하는 헛소문도 거침없이 쏟아냈다.

"왕양명은 원래 주신호와 한통속이다. 황제께서 친정을 선포하시고 황군이 대거 몰려올 걸 알고서야 하는 수 없이 주신호를 생포했다. 그러니 왕양명이야말로 반란의 주모자이자 공로를 조작한 최고 수괴다."

강빈·허태 일당은 심지어 이 날조된 '죄명'을 내세워 왕양명을 체포하려고까지 했다. 당시 왕양명은 강서 순무 부임길에 있었기 때문에, 우선 그들은 길안 지부로 있으면서 반란 평정에 큰 공을 세운 오문정(반란 평정 후 그는 강서 안찰사로 승진했다)부터 체포하여 혹독한 고문을 가했다. 황제의 권세를 등에 업은 그들의 행패는 이렇듯 남창을 온통 공포의 분위기로 몰아갔다.

진강에서 남창으로 되돌아온 왕양명, 그가 목도한 현장은 최악의 상황이었다. 전쟁이 끝나자마자 남창 백성은 다시 한 번 도탄에 빠져들었다. 강빈·허태·장충 등이 날치며 짓밟고 다니는 세상은 주신호의 반란 때보다 훨씬 더 처참했던 것이다. 장충 무리의 사주를 받은 북방 병사들은 왕양명을 만날 때마다 대놓고 욕설을 퍼붓거나 시비를 걸었다. 심지어 일부러 몸을 부딪치는 경우도 있었다.

하지만 이 모든 모욕에 대해 그는 말없이 꾹 참으며 꿈쩍하지 않았다. 백성을 생각해서라도 어쨌든 대범하게 대처할 필요가 있었다. 오히려 그는 북방 병사에게 예의를 차리며 한결 더 살갑게 대해주었다. 때로 먼저 저들에게 말을 걸면서 안부를 묻기도 했다. 어쩌다 병사 중에 사망자가 생기면 원인을 철저히 규명해서 그 지인들에게 위로를 보내기도 했다. 이렇게 얼마간 시간이 흐르자 북방 병사들은 하나같이 왕양명의 언행에 감동을 받았다. '왕 대인께서 이렇게 따스하게 보살펴주시는데 어떻게 우리가 그분에게 무례를 범할 수 있는가?' 그들은 점차 왕양명에게 존경심을 갖기 시작했다.

왕양명이 당면한 급선무는 어떻게 이 북방 군대를 남창에서 철수시킬지, 또 어떻게 한시바삐 남창 백성의 일상생활을 정상화시킬지였다. 북방 군대로부터 인심을 얻은 다음, 왕양명은 그들을 철수시킬 방안에 대해 고심을 거듭했다. 그는 먼저 남창 백성을 향해 포고령을 공포했다.

"남창 백성들은 북방 병사들의 처지를 잘 이해하고 우호적으로 대하라. 그들은 처자를 버리고 수천 리 떨어진 타향에 왔으니 오랫동안 얼마나 고향이 그립겠는가. 그들이 느낄 고향과 가족에 대한 애틋한 그리움을 여러분은 실감하지 못할 것이다. 더욱이 그들은 무덥고 습기 많은 남방의 기후에도 잘 적응하지 못하고 있다. 산 설고 물 설은 객지에서 생활하는 그들의 고충 또한 이해하지 못할 것이다. 그러니 그들을 원망만 하지 말고 가족과 고향을 떠난 그들의 고충을 최대한 잘 헤아려라."

대개 이런 내용이었다. 이 포고령은 언뜻 보면 남창 백성을 향한 것이지만 기실은 북방 병사들에 대한 설득이나 다름없었다. 그들의 향수를 자극

해보자는 의도였다. 마침 동짓날이 눈앞에 와 있었다. 왕양명은 미리 '제례' 행사를 준비했다. 그는 남창 백성에게 선조와 친척에 대한 대규모 공개 제례 의식을 채비하라고 지시했다. 주신호의 반란, 장충·강빈 일당의 무고한 양민 학살이 일어난 지 얼마 되지 않은 시점이라, 제례 행사가 시작되자 남창 성안은 온통 흰색으로 도배되다시피 했다. 혼백을 부르는 흰 깃발이 도처에 나부끼고 망자에게 보내는 지천紙錢이 하늘을 날아다녔으며 온종일 곡성이 끊이질 않았다.

이 장면을 바라보는 북방 병사들은 가족과 고향에 대한 그리움에 사무쳤다. 뒤이어 귀향을 요구하는 외침도 점차 높아만 갔다. 이런 상황을 본 장충·허태 일당도 더 이상 버틸 재간이 없었다. 군대 내부의 분위기가 완전히 돌아섰다는 걸 확인한 이상 계속해서 남창에 머물 수는 없는 노릇이었다. 하지만 명분 없이 순순히 여기서 물러설 수도 없었다. 그들은 왕양명에게 한 가지 도전을 제안했다. "궁술을 한번 겨루어보자. 만약 우리가 그대에게 진다면 바로 남창에서 철수하겠다." 활쏘기라면 그들의 둘도 없는 장기, 왕양명에게 질 리 없다는 계산이었다. 이 기회에 톡톡히 망신을 주자는 속셈도 있었다.

장충·허태 일당이 궁술 시합을 제안해오자 왕양명은 완곡히 이를 사양했다.

"일개 서생에 불과한 내가 어떻게 궁술로 그대들을 이길 수 있겠소? 그러니 이 제안은 거절하겠소."

하지만 그들은 기어이 시합을 해야겠다고 우겼고 할 수 없이 왕양명도 이를 받아들였다. 훈련장에 도착하자 곧바로 과녁이 설치되었고, 북방 병사들은 이 광경을 구경하려고 사방을 에워쌌다. 왕양명은 침착하게 걸어나가 활시위를 메웠고, 시위를 떠난 화살은 과녁 정중앙에 꽂혔다. 연속세 발이 모두 명중이었다. 화살이 과녁에 명중될 때마다 북방 병사들의 환호성이 천지를 진동했다.

이 순간 장충·허태 일당은 아연실색했다. '왕양명의 궁술이 이토록 정교하단 말인가?' 궁술이 놀랍기도 했지만, 그보다 자기 휘하의 병사들이 그렇게 환호작약하는 것이 더더욱 놀라웠다. 상상조차 못 한 일이었다. '어찌하여 저들이 왕양명의 편을 든단 말인가?' 하지만 이미 약속을 해놓은 터, 남창에서의 철수를 번복할 수는 없었다. 어느새 12월도 다 지나고 있었다.

왕양명의 고매한 인품, 탁월한 정치력, 정교한 궁술 등의 요인이 복합적으로 작용하면서 북방 군대는 부득이 남창 철수를 시작했다. 이로써 남창은 안도의 숨을 내쉬었고 일상의 회복과 전후 복구에 주력할 수 있었다. 그러나 그때까지도 황제 주후조의 친정은 여전히 멈추지 않았고, 왕양명은 치욕을 견뎌가면서 막중한 임무를 수행해야 했다.

제 14 장

치욕 속에 받은
사명

12월, 장영은 포로 주신호 일당을 항주에서 압송하여 남경 부근에 도착했다. 앞서 말했듯 주신호 일당을 일단 파양호로 석방시킨 다음, 황제가 친정을 통해 저들을 재차 생포하게 되어 있었다. 장충·허태 일당이 미리 남창에 주둔한 것도 알고 보면 황제가 주도하는 친정의 분위기를 한껏 고조시키기 위해서였다.

하지만 상황은 황제의 의도와는 전혀 다른 방향으로 전개되었다. 왕양명이 '위무대장군 진국공 주수'라는 명의로 된 황제의 격문을 완전히 무시한 채, 포로를 항주로 압송하여 장영에게 넘겨버렸기 때문이다. 게다가 그는 남창으로 귀환한 후 신속하게 북방 군대의 철수까지 추진했다. 이제 장영이 주신호 일당을 남경으로 압송해온 이상 저들을 파양호로 석방한다는 건 불가능한 일이었다.

그러나 황제가 친정에 나선다는 게 어디 그리 쉬운 일인가. 위풍당당 대군을 이끌고 등장했다가 아무 명분도 없이 그냥 철수한다? 있을 수 없는 일이었다. 이에 황제는 친정의 위용을 과시하기 위해 남경성 밖에서 수십 리 떨어진 널찍한 공터로 직접 군대를 통솔해왔다. 양쪽으로 도열한 질서 정연한 행렬, 번쩍이는 갑옷과 무기…… 친정 부대의 위용은 한껏 도드라져 보였다. 황제 자신도 길게 드리워진 전포를 입고 말을 탄 채 손에는 번쩍이는 장검을 쥐고 있었다. 마침내 장영이 포로를 끌고 나타나자 황제가 명령했다.

"포로들을 모조리 수레에서 끌어내라!"

한 마디 명령과 함께 사방에서 포로를 처단하라는 함성이 하늘을 찔렀다. 주신호 일당이 즉석에서 체포된 건 너무나 당연한 일. 친정 부대 병사들은 한 치의 망설임 없이 다시 포로들을 수레 안으로 가둬 들였다. 뒤이어 우렁찬 개선가와 함께 주신호 일당을 체포한 황제는 위무도 당당하게 남경으로 입성했다.

이 웃지 못할 비극이 여기서 끝났으면 그나마 다행이겠지만, 황제는 그다지 만족스러운 기색이 아니었다. 그는 친정에 대한 공로가 충분히 인정받지 못했다고 생각했고, 그러기에 그 길로 곧장 북경으로 귀환하려고도 하지 않았다. 장충·강빈·허태 일당은 이런 황제의 심리를 누구보다도 훤히 꿰뚫고 있었다. 또 그들은 왕양명에 대한 증오심도 숨길 수가 없었다. 주신호 일당을 소탕한 자신들의 공로를 왕양명이 중간에서 가로챘다고 생각한 그들이 황제에게 아뢰었다.

"왕양명은 진작부터 역심을 품고 주신호와 모반을 공모했습니다. 주신호 일당이 체포되었으니 이제 그자가 반란을 일으킬 게 분명합니다."

황제가 장충에게 물었다.

"그게 무슨 소린가?"

"폐하께서 그자를 한번 소환해보십시오. 틀림없이 거부할 것입니다."

정덕 15년(1520) 5월, 황제는 왕양명에게 남경으로 와서 알현하라는 조서를 내렸고, 성지를 받은 왕양명은 곧바로 남창을 출발했다. 그가 남창을

왕양명은 남경으로 와서 알현하라는 황제의 조서를 받았지만 황제의 측근 장충의 방해로 들
어오지 못했다. 왕양명은 어쩔 수 없이 제자 강학증江學增과 시종도施宗道, 몇몇 승려와 함께 구
화산九華山으로 들어가 명승지를 유람하면서 마음을 수양하고 있었다.

떠났다는 소식을 들은 장충은 사람을 보내 중도에서 그의 앞길을 가로막았다. 남경행을 저지한 것이다. 결국 그는 본의 아니게 반달 남짓 무호蕪湖에 체류하는 신세가 되었다.

오도 가도 못 하고 무호에 머물게 된 왕양명은 정말 분노가 치밀었다. 이걸 누구에게 하소연한단 말인가? 다행이라면 무호의 쾌적한 자연환경, 고즈넉하고 맑은 산수 경관, 자신에게는 무척이나 익숙한 분위기였다. 지난날 입산수도하던 때의 감회가 새롭게 떠올랐다. '그래, 이젠 내려놓자.' 내친김에 그는 구화산에 있는 작은 암자를 찾아들었다. 고요히 마음을 가라앉히고 도술이나 수련해보자는 심산이었다.

한편, 왕양명이 장충의 계략으로 남경에 오지 못하고 구화산에 머물고 있다는 소식이 장영에게 알려지자 그는 바로 황제를 알현했다.

"왕양명은 세상에 둘도 없는 충신입니다. 폐하의 황명을 받고 곧장 이곳으로 달려오던 중에 그만 강제로 저지되었다고 합니다. 그런 사람이 어찌 역심을 품을 수 있습니까. 만약 이런 애국충신에게 이런 식으로 위해를 가하다면 장차 누가 감히 국가대사를 위해 나서겠습니까?"

황제가 물었다.

"지금 왕양명은 어디에 있는가?"

"남경으로 오는 길이 막혀서 구화산에 들어가 수도 중이라고 합니다."

황제가 사람을 보내 내막을 알아보니 과연 왕양명이 암자에서 수도 중이라는 사실이 밝혀졌다. 그제야 그는 황명에 따라 다시 강서 지역으로 발길을 옮길 수 있었다.

강서로 귀환하는 내내 그는 당시의 정치 상황을 세밀하게 분석해보았다. 자못 걱정스럽기만 한 시국이었다.

'지금 황제의 행동은 황당하기 짝이 없다. 게다가 정치적 식견이라곤 찾아볼 수가 없다. 소인배만 총애하면서 자기 고집을 꺾을 줄 모른다. 측근들은 하나같이 중상모략을 일삼고 있다. 이번 친정을 수행하는 자 대부분이 강빈 일당의 부하들인데, 만약 저들이 역심을 품거나 황제를 등에 업고 반란이라도 일으키는 날에는 장차 국가가 어떻게 될 것인가? 어쩌면 주신호의 반란보다 열 배 이상 더 위험할지도 모른다.'

이런 생각에 왕양명의 심경은 더없이 산란했다.

정덕 15년(1520) 2월, 남창으로 귀환하던 중 마침 구강을 지나게 된 왕양명은 그곳에 주둔하는 군대를 집합시켜 열병식을 거행했다. 무언가 대비하지 않으면 안 되겠다는 생각에서였다. 자신이 주신호의 반란에 동조했다는 장충·허태 일당의 비방이나 모함 따위를 따질 계제가 아니었다. 사실 그의 우려는 근거가 충분했다. 기록에 따르면 그해 6월 해프닝이 있었다. 황제가 남경 부근의 우두산牛頭山으로 유람을 나갔다가 한밤중에 어딘가로 사라진 것이다. 시위侍衛들이 대경실색하여 사방을 찾아다닌 끝에 겨우 소동이 가라앉았지만, 당시에는 강빈 일당이 모반을 꾀하기 위해 의도적으로 꾸민 일이라는 소문이 나돌았다.

6월까지도 황제의 친정 부대는 여전히 남경에 주둔했고, 상황은 날로 복잡하게 돌아갔다. 강빈·장충 무리의 왕양명에 대한 모함도 그 도를 더해가고 있었다. 모함의 내용은 왕양명이 주신호의 반란에 참여했고 주신호의 재산을 깡그리 가로챘으며, 조만간 그가 반란을 일으킬 것이라는 거였다.

그런데 바로 이런 상황에서 왕양명은 상식적으로는 이해할 수 없는 군사 훈련을 감행했다. 남창에서 곧장 감주로 온 다음, 그는 감주 지역의 군대를 소집하여 성대한 열병식을 개최했고 직접 군사 훈련과 전법 교육을 지휘하기도 했다. 지극히 비상식적이었다. 유언비어가 충분히 해명되지 않은 상태에서 이런 행동은 남의 의심을 사기에 충분했다. 강빈은 사람을 보내 감주의 상황과 왕양명의 동태를 살폈다. 이에 왕양명의 제자들은 위험을 피하려면 각별히 신중하게 행동해야 하고, 서둘러 남창으로 돌아가는 게 좋겠다고 조언했다. 하지만 왕양명의 대답은 달랐다.

"내가 여기서 아이들과 시를 읊고 예절을 익히는 게 무슨 잘못인가? 과거 내가 성안의 세도가들과 교제할 때는 아무리 위험이 닥쳐도 눈 하나 까딱하지 않았네. 더 큰 위험이 닥친다고 해도 억지로 피할 수는 없지 않은가? 내가 이렇게 하는 데는 나름대로 다 깊은 뜻이 있네."

사실 그가 '아무 거리낌 없이' 군사 훈련과 전법 교육을 실시한 것은 강빈·장충 일당의 반란을 미연에 방지하려는 목적 때문이었다. 의도가 순수하고 행동이 공명정대한 터에 망설이고 꺼릴 이유가 없었다.

정덕 14년(1519) 8월에서 15년 7월까지 장장 1년이 지나도록 황제 주후조의 친정은 멈출 줄 몰랐다. 주신호 일당은 진작 남경으로 압송되어 왔지만 황제는 여전히 자신의 친정에 대한 공적이 확실하게 '인정'받지 못했다고 생각했다. 심지어 당시 장충·강빈·허태 등도 대놓고 왕양명의 공로를 부정하면서 주신호를 생포한 것이 전적으로 자신들의 공로라고 우기기까지 했다. 이에 장영이 나서서 황제에게 아뢰었다.

"저들이 이렇게 나오는 건 말이 되지 않습니다. 지난해 저희가 경성을 출발하기도 전에 주신호는 이미 체포되었습니다. 왕양명은 북상하여 조정에 포로를 넘기기 위해 강서에서 질강까지, 옥산을 거쳐 항주에 다다랐습니다. 이런 왕양명을 직접 본 사람도 부지기수입니다. 그런데도 저들은 자기들의 공로라고 우기면서 왕양명을 무시하고 있으니 가당치도 않은 일입니다."

이건 황제도 다 아는 사실이었다. 하지만 이제 와서 어떡하란 말인가. 대군을 이끌고 어렵사리 친정이 나선 터에 아무 소득 없이 그냥 돌아가라는 말인가. 달리 뾰족한 방법이 없었다. 황제는 왕양명에게 재차 승전에 관한 상소를 올리라고 명했다. 주신호 일당을 사로잡은 과정을 다시 한 번 보고하라는 말이었다.

7월 7일, 왕양명은 지난해에 올린 「금획신호첩음소擒獲宸濠捷音疏」의 내용을 수정했다. 자신이 주신호를 생포할 수 있었던 것은 바로 황제인 '위무대장군 진국공'의 계책을 따랐기 때문이라는 내용이 추가되었다. 또 강빈·장충·허태·장영 등의 이름을 수훈자의 명단에 추가했다. 이렇게 만들어진 것이 「중상강서첩음소重上江西捷音疏」, '재차 강서 지역의 승전보를 올린다'는 의미였다. 왕양명의 재상소를 받아든 황제는 그제야 북경 귀환을 고려하기 시작했다. 이 상소는 물론 국가와 백성의 이익을 우선시하려는 왕양명의 고육지책이자 고매한 인품의 반영이었다. 그는 모욕을 감수해가면서까지 철저히 자신의 임무를 다한 것이다.

정덕 15년(1520) 8월 12일, 황제 일행은 남경을 떠나 9월에는 회안淮安 청강포淸江浦에 도착했다. 여기서 황제는 문득 기발한 소일거리를 하나 생각해냈다. 작은 어선을 타고 어부처럼 고기잡이를 하고 싶었다. 무슨 놀이든 다 해보고 싶던 차에 마침 여태껏 해보지 못한 고기잡이가 생각난 것이다. 그런데 저수지에서 그물을 치던 중에 배가 전복되는 바람에 황제가 그만 물속에 빠지고 말았다. 주변 사람들이 허둥대며 황제를 구출해내긴 했지만 이 일로 그는 병을 얻게 되었다.

10월, 황제는 통주通州에 도착했고, 11월엔 주신호의 모반에 가담한 혐의로 이부 상서 육완陸完, 전녕錢寧 등을 잡아들였다. 12월 5일, 황제는 주신호를 처결하여 그 시신을 화장한 다음 유골은 내다버리라는 황명을 내렸다. 모반을 꾀했으니 주신호야 백번 죽어 마땅한 죄인이었지만 황제의 처결 방식은 당시 예법에는 어긋난 것이었다. 많은 대신이 이 점을 지적하고 나섰다. "주신호를 경성으로 압송하여 그 죄상을 법으로 규명해야 하고, 또 사형을 집행하기 전에 천지와 종묘, 만천하에 고해야 한다"는 주장이었다.

하지만 황제는 이 말을 듣지 않았다. 그는 왜 이렇게 서둘러 주신호를 처결했을까? 사료에는 이렇게 기록되어 있다.

"이 무렵 강빈은 황제가 북경으로 가는 대신 먼저 선부에 있는 진국공부로 가기를 강력히 주장했다. 황제 또한 그걸 간절히 바라던 터라 서둘러 주신호를 처결해버렸다. 그러나 당시 피로에 지친 황제의 건강이 너무 나빠져서 결국 진국공부 대신 황궁으로 귀환했다."

12월 10일, 경성으로 귀환한 황제는 친정을 마무리하면서 성대한 개선식을 거행했다. 수천 명에 달하는 포로와 그 가족의 등에는 자기 이름이 쓰인 백지가 꽂혔다. 이미 처결된 자는 머리를 잘라 대나무 장대에 높이 매달았는데, 그 길이가 자그마치 몇 리나 이어졌다. 전포를 입고 말을 탄 황제는 의기양양 정양문正陽門에 서서 그 광경을 오랫동안 지켜본 다음에야 황궁으로 들어갔다.

정덕 16년(1521) 3월, 황제 주후조가 표방에서 붕이했다. 향년 31세로 황당무계한 삶을 마무리하면서 임종 직전 그는 사촌 동생 주후총朱厚熜에게 황위를 넘겼다. 그가 가정嘉靖 황제다. 가정제가 즉위한 다음 강빈 일당이 처결되었고 조정은 점차 안정을 회복하기 시작했다. 그러나 그때까지도 왕양명은 주신호의 모반에 동조했다는 모함을 벗어나지 못했다.

정덕 16년 6월 16일, 왕양명은 황제로부터 입조하라는 교지를 받았다. 강서 지역의 도적 떼와 주신호의 반란을 평정한 그의 공적을 인정하여 상을 내리겠다는 내용이었다. 6월 20일 왕양명은 남창을 출발했다. 하지만 뜻밖에도 상경 도중에 조정으로 들어올 필요가 없다는 교지가 다시 내려왔다. 왜 이런 조령모개식의 일이 발생했을까? 당시 조정 대신 중에는 강빈 일당의 왕양명에 대한 모함을 진실이라고 믿는 자들이 있었다. 심지어 이런 생각까지 하는 자도 있었다. '왕양명은 조정의 명을 따르지 않고 반란 평정에 나섰다. 명령 없이 자기 마음대로 결정했으니 이는 조정을 우롱한 것이다. 그러니 공은커녕 죄를 물어야 마땅하다.' 조정 내부의 권력 투쟁 때문에 저들은 또다시 왕양명을 희생양으로 삼으려고 했던 것이다.

하지만 왕양명은 조정의 조처에 전혀 신경 쓰지 않았다. 강서·복건·호광·광동 변경에서의 활약, 주신호 반란의 평정 등은 그로서는 본능적인 행동이었고 하등 마음에 거리낄 게 없는 정의로운 행동이었다. 순전히 자기 직분에만 충실했던 결과였다.

성격상 그는 인간 세상의 영욕으로부터 이미 떠나 있었다. 이른바 영욕, 명리란 다 뜬구름 같은 것, 한순간 떠올랐다가 순식간에 형체도 없이 사그라지고 마는 것이 아니던가. 지금껏 살아오면서 겪었던 험난한 고비들과 절체절명의 순간들, 그야말로 산전수전의 인생이 아니던가. 오로지 자기 자신을 믿으면서 본심에 따라 주체적으로 행동해왔을 따름이었다. 광명정대한 본심을 바탕으로 직분을 다하는 것, 그로서는 그게 전부였다. 그가 조정에서 벌어지는 공적에 대한 시비곡직으로부터 초연해질 수 있었던 배경도 바로 그것이었다. 하잘것없는 인간이 벼슬을 탐낸들 그게 다 부질없는 노릇이 아닌가.

다만 한 가지, 그즈음 왕양명의 심사를 어지럽힌 건 바로 가족 문제였다. 집을 떠나 온 정덕 11년(1516) 9월부터 이미 5년의 세월이 훌쩍 지난 지금, 그사이 조모 잠岑씨는 병으로 세상을 떴고 부친 왕화王華 또한 노쇠해졌다. 변경의 도적 떼를 섬멸한 직후 그는 네 차례나 상소하여 가족 방문을 위한 귀향을 요청했지만 번번이 거절당했다.

주신호 일당을 압송하여 항주에 도착했을 때는 집이 불과 수십 리 정도밖에 떨어져 있지 않았지만 가볼 수 없었다. 물론 위기에 처한 국가를 위해 전심전력하려는 일념 때문이었다. 가족에 대한 미안함, 특히 조모는 임종도 지켜보지 못한 터라 안타까움이 더했다. 이런 마음 때문에 그는 상을 받기 위한 상경이 보류되었다는 교지를 받았을 때, 원망보다는 다행이라는 생각마저 들었다. 다시 그는 다섯 번째 상소문을 올렸다. 자신이 이미 절강 지역에 들어섰으므로 이참에 가족 방문을 허용해달라는 내용이었다. 이번에는 가정제의 허락이 떨어졌다.

정덕 16년(1521) 8월, 마침내 왕양명은 다년간 떠나 있었던 집으로 돌아와 가족을 상봉했고, 9월에는 여요余姚로 가서 선조의 무덤에 제사를 올렸다. 12월, 조정으로부터 교지가 당도했다. 강서 도적 떼 평정에 대한 공로를 인정하여 '신건백新建伯'이라는 작위를 내리며, 남경 병부 상서 겸 참찬기무로 제수한다는 내용이었다. 조정 관원이 교지를 들고 내려온 날은 마침 부친 왕화의 생일이었다. 축하객들이 몰려온 자리에 조정의 교지가 날아들었고 왕화의 생일 축하연에는 축제와 환호의 분위기가 더해졌다. 교지가 낭독되고 조정 관원이 돌아가자 왕화가 아들에게 말했다.

"영왕이 반란을 일으켰을 때 나는 네가 목숨을 잃을 거라고 생각했는데 결국 살아남았다. 네가 군사를 통솔하여 영왕과 전투를 벌일 때 그 일이 정말 어렵다고 생각했지만 역시 성공을 거두었다. 강빈 등의 무리가 너를 그렇게도 끈질기게 모함하여 위기가 눈앞에 닥쳤을 때는 재앙을 면치

정덕 16년(1521), 왕양명이 부친의 생신에 맞추어 집을 찾았을 때 마침 조정에서 교지가 내려왔
다. 왕양명에게 신건백이라는 작위와 함께 남경 병부 상서 겸 참찬기무로 제수한다는 내용이었
다. 이때 왕화가 왕양명에게 말했다. "종묘사직과 조정의 은덕으로 공을 이루었으니, 앞으로 이
영예에 자만하지 말고 신중하게 처신하거라."

못하리라고 예상했었다. 하지만 다행히도 이제 승진에다 작위까지 받았고, 또 우리 부자가 이렇게 상봉까지 했구나. 그러나 세상 길흉화복은 돌고 도는 법이니 승진과 작위가 실로 영광스럽다만 늘 신중하지 않으면 안 될 것이다."

이 말을 들은 왕양명은 부친께 큰절을 올리고 대답했다.

"소자, 아버님의 가르침을 명심하겠습니다."

부자의 이런 대화에 주변 사람들도 감동해마지 않았다. '어려움은 견뎌낼 수 있어도 부귀는 감당하기 어렵다!'는 말도 있지 않은가. 사람이란 어려움에 처하면 스스로 발분하여 현실을 바꾸려고 노력한다. 하지만 부귀해지면 마음의 평정을 잃고 사리사욕에만 급급하는 경우가 허다하다. 기고만장해서 사치를 일삼고 못된 짓만 골라 하는 경향이 나타난다. 맹자 또한 "부귀해도 방탕하지 않고, 가난해도 신념을 바꾸지 않으며, 무력으로 협박해도 굴복하지 않는 게 진정한 대장부"라고 하지 않았던가. 왕화는 아들에게 평상심을 잃지 말고 길흉화복에 일희일비하지 말라는 교훈을 던져주었다. 실로 의미 있는 교훈이었다.

이 시기 왕양명은 이미 풍부한 경험을 쌓은 데다 자기 사상 또한 확고하게 갖추고 있었기에, 승진과 작위로 변할 만한 건 하나도 없었다. 게다가 승진과 작위가 하사되긴 했지만 강빈·장충 무리의 근거 없는 모함으로부터 완전히 벗어난 것도 아니었다. 조정의 이런 포상은 다분히 여론의 압력에 따른 불가피한 조처에 불과했다. 오히려 조정에서는 내부의 권력 투쟁을 은폐하여 천하의 이목을 덮어보려는 속셈까지 있었다.

그 근거는 무엇일까. 당시 왕양명을 따라 주신호의 반란을 평정한 관리가운데 길안 지부 오문정만이 부도어사副都御史로 승진했고, 다른 관리들은 전혀 공적을 인정받지 못했다. 심지어 외지로 추방되거나 구속되는 관리도 있었다. 논공행상이 제대로 이루어지지 않은 것이다. 이에 가정 원년 (1522) 1월 10일, 왕양명은 신건백의 작위를 사양한다는 상소를 올렸다. 그가 내세운 네 가지 명분은 이랬다.

첫째, 주신호는 10년 이상을 준비하여 모반을 꾀했으나 일단 거병한 뒤로는 단 열흘 만에 평정되었다. 이는 '하늘이 도운 것'이지 인간의 힘으로는 어찌할 수 없는 일이다. 그러니 내가 만약 작위를 받는다면 '하늘의 공을 가로채는 것'이나 다름없다.

둘째, 주신호가 거병했을 때 조정의 고위 관리들이 이를 알고 바로 결단을 내려주었다. 그러나 그들에게는 작위가 내려지지 않고 나만 후한 상을 받았으니 이는 '타인의 공을 은폐한 것'으로 옳지 못한 일이다.

셋째, 주신호가 거병했을 때 상황이 너무나 위급하여 강서 지역의 많은 관리가 분연히 토벌에 참여했고, 결코 나 혼자 이 임무를 수행한 게 아니다. 하지만 지금 그들의 공적에 대해서는 전혀 거론하지 않고 나 혼자만 상을 받았으니 이는 내가 '타인의 공을 가로챈 것'이나 다름없다.

넷째, 조정을 위해 최선을 다하는 것은 신하로서 당연한 직분이다. 내가 작위를 받는 것은 '내 것이 아닌 걸 차지하는' 셈이니, 그렇다면 나는 수치를 모르는 사람이 아닌가.

마지막으로 왕양명은 이 네 가지 명분을 총괄하여 이렇게 썼다.

"하늘의 공을 가로채는 것은 최대의 재앙이요, 타인의 공을 은폐하는 것은 최대의 죄입니다. 타인의 공을 가로채는 것은 최대의 악이요, 수치를 모르는 것은 최대의 치욕입니다. 이런 재앙, 죄악, 수치는 곧 화의 근원이니 소신은 신건백의 작위를 받을 수 없습니다. 소신이 감히 조정이 베푼 영예를 사양하는 이유는 단 하나, 화를 면하기 위해서일 뿐입니다."

왕양명의 이 상소는 사실 조정의 불공정한 논공행상에 대한 엄중한 항의였다. 모욕을 감내하면서도 기꺼이 책임을 다하겠다는 그의 신념이 여기서도 잘 나타나 있다.

그해 2월, 부친 왕화가 세상을 뜨면서 그는 비통에 잠겼고 지병이 재발하는 심각한 지경에 이르렀다. 부친상을 치르는 내내 그는 모든 방문객을 거부하면서 병 치료에 유념했다. 7월이 되어서야 작위를 사양한 그의 상소에 대한 답변이 내려왔다. "왕수인은 국가를 위해 충성을 다했으니 그 공로가 실로 지대하다. 나라를 위한 충정을 천하에 두루 알리고자 특별히 작위를 내린 것이니 사양하지 말라!" 어쩌면 왕양명은 '나라를 위한 충정을 천하에 두루 알리고자'라는 말이 오히려 더 못마땅했을지도 모른다. '나라를 위한 충정을 천하에 두루 알리려는' 뜻이 진정으로 구현되지 않았다는 게 그의 판단이었다.

병중에도 그는 다시 작위를 사양한다는 상소를 올렸다. 재상소에서 그는 당시 반란 평정에 동참했던 강서 지역 관리들의 불만을 대변했고, 일부 관리에 대한 조정의 체포와 고문을 지적하기도 했다. 그의 다른 문장에서는 좀체 보기 드문 격앙된 목소리였다. 그러나 재상소에 대한 조정의 반응은 냉담했다. 끝내 묵묵부답이었다.

앞서 말했듯이, 그에 대한 조정의 포상은 세상 사람들의 이목을 덮으려는 일종의 제스처에 불과했다. 조정은 그에게 승진과 작위를 하사하고, '국가를 위해 충성을 다했으니 그 공로가 실로 지대하다'는 말로 그를 위로하면서도, 다른 한편으로는 반란 평정에 동참했던 다른 관리들은 깡그리 무시해버렸고 심지어 위해를 가하기까지 했다.

또 하나 놀라운 것은 조정이 그에게 '신건백'이라는 작위를 내렸으면서도 실제 조정의 '철권鐵券'은 내려오지 않았다는 사실이다. '철권'이란 공신의 상훈을 기록한 문서를 말한다. 신건백임을 증명하는 '증서'가 없었던 셈이다. 또 '녹봉 1000석'도 공수표로 끝나버리고 실제 지급되지 않았다. 요컨대 신건백으로서의 실질적인 예우가 전혀 없었던 것이다. 당시 천하에 이름을 떨치던 그였지만 관직을 그만둔 채 집에 머물고 있던 그의 생활은 일반 백성과 조금도 다를 게 없었다.

왕양명이 작위를 사양한다는 상소를 올린 가정 원년, 다른 한편에서는 누군가가 또 그의 작위를 박탈해야 한다는 상소를 올렸다. 당시 어사 겸 강서 순무로 있던 정계충程啓充이었다. "왕양명은 주신호와 마찬가지로 역적이니 마땅히 신건백의 작위를 박탈해야 한다." 상소문이 올라가자 여론이 크게 들끓었고 양왕명을 옹호하는 상소가 빗발쳤다. 그중에는 제자들도 다수 포함되었다. 왕양명은 이들을 설득했다.

"변명하지 말아야 비방도 멈춘다는 말을 듣지 못했는가. 지금처럼 모함과 유언비어가 무시로 몰려들 때 우리가 무엇을 어떻게 해명할 수 있겠는가. 아무리 해명해봐야 소용이 없다. 지금은 오로지 자기 자신을 믿는 길밖에 없다. 본심을 믿고 철저하게 자신의 언행을 반성하면 그만이다. 스스로 심지가 공명정대하다면 모함이든 유언비어든 결국은 다 사그라질 것이고, 언젠가 진실은 반드시 밝혀질 것이다."

여기서 보듯 강빈·장충 무리 외에도 당시 조정에는 걸핏하면 왕양명을 시기하고 모함하는 자가 적지 않았다. 가정 2년(1523), 이번에는 또 왕양명의 강학활동을 비방하는 자가 등장했다. 왕양명이 위학僞學, 즉 거짓된 학문으로 민심을 선동한다는 것이었다. 원래부터 강학과 진리 전파에 관심이 많았던 왕양명은 자신의 사상과 학설을 전파함으로써 천하의 민심이 정정

당당한 대도로 회귀할 거라는 확신이 있었다. 하지만 위학이라는 공격을 받으면서도 그는 여전히 '무변명'의 원칙을 고수했다. 자신감 때문이었다. 한없이 광활하고 원대한 정신세계, 그렇게 빈번한 전쟁을 겪으면서도 전혀 흔들림이 없었던 그것이 어떻게 소인배들의 하찮은 공격에 무너질 수 있겠는가. 그는 한시도 강학을 포기하지 않았다.

이처럼 그에게 강학은 평생 가장 의미 있고 중요한 사업이었다. 주왕 반란을 평정하고 강서 각 지역의 정무 처리에 온갖 정성을 다 기울일 때도, 감주에서든 남창에서든 그는 한 번도 강학활동을 중단하지 않았다. 물론 집에 돌아와 부친상을 지낼 때 잠시 외부인의 방문을 사절한 적은 있지만 그 외에는 추호도 예외가 없었다. 심지어 제자들과 함께 유람하는 중에도 강학의 즐거움만은 포기하지 않았다.

누군가가 "당신은 너무 강학에만 몰두하는데 바로 그게 가장 큰 흠결"이라고 말하기도 했다. 왕양명의 대답은 이랬다. "나에게 세속적인 공적은 없어도 그만이지만 강학만은 결코 놓을 수 없다." 그에게 강학은 온전히 자신으로 돌아갈 수 있는 기회였고, 여유자적 사상세계를 산책하는 시간이었다.

왕양명의 사상이 삶의 궤적을 따라 부단히 변모해왔다는 사실은 의심할 나위가 없다. 생활 범주가 확대될수록 그의 사상 또한 확대되어 갔다. 온갖 고난, 예컨대 반란 평정을 위한 전투라든지 유언비어가 난무할 때 더더욱 인간의 본심이 얼마나 중요한가를 절감했다. 모욕을 감내하면서도 막중한 임무를 수행하던 지난날, 그는 '용장오도龍場悟道' 이후 자신의 사상 체계를 한결 공고하게 다졌다. 이를 두 글자로 요약한다면 바로 '양지良知'. 여기서부터 그는 자신의 완벽한 사상 체계를 구축할 수 있었다.

제 15 장
양지 설 良知說

강남 지역을 '통과'하는 관리라는 권한이 매우 제한된 상태에서 왕양명은 주신호의 반란 소식을 접했고, 즉각 지방 의용대를 주축으로 하는 군대를 조직했다. 아군은 1만여 명의 오합지졸, 반면 적군은 10만에 가까운 대규모 병력이라는 악조건 속에서 그는 열흘이라는 짧은 기간에 신속히 반란을 평정했다.

하지만 누구도 부인하지 못할 암울한 현실에도 불구하고 황제는 황당무계한 처신을 계속했고, 소인배들의 모함과 비방은 끊이지 않았다. 그야말로 본말이 전도되고 진실이 왜곡되는 현실이었다. 왕양명의 일부 제자와 반란 평정에 참여했던 몇몇 관리는 오히려 가혹한 박해를 받았고 심지어 목숨을 잃기도 했다. 날조된 소문에 진실이 철저하게 은폐되면서 더 이상 정의를 찾아보기란 어려웠다. 자고로 충신이나 열사가 수모를 당하는 일은 흔히 일어났지만 왕양명이 겪은 사례는 아마 흔치 않을 것이다.

하지만 이렇게 말하는 게 어쩌면 군자의 뜻을 헤아리지 못한 보통 사람의 넋두리가 될지도 모르겠다. 당시 그는 담담한 심정으로 이 모든 결과를 받아들였다. 추호의 원망도 없었다. "진실은 어쨌든 진실. 결코 타인의 유언비어로 그 본래의 면모가 사그라지지는 않는다. 태양이 잠시 구름에 가려진들 그 빛이 어찌 완전히 소멸되겠는가. 진리의 생명이 영원하듯 정의와 도리는 모든 사람의 마음속에 그리고 이 세상에 영원히 존재하는 법이다. 우리 마음속에는 저마다 나침반이 하나씩 있다. 이 나침반에 따라 매사에 의연하게 대처한다면 결코 방향을 잃지 않을 것이다.”

반란 평정 후, 황제나 소인배와의 갈등 속에서도 왕양명은 사상적으로 한결 성숙해진 모습을 보였다. 그 결과가 바로 그가 제시한 양지설이다. 양지설을 제시함으로써 그는 자신의 사상 체계가 완성 단계에 이르렀음을 보여주었다. 양명학의 확고한 입지도 바로 이 양지설에서 출발하여 중국 고대 사상사의 주요한 학파로 자리잡을 수 있었다. 이로써 양명학은 풍부한 생명력과 자유 의지를 구비한 사상으로 탄생했다.

앞서 말했듯이 왕양명은 '용장오도'를 통해서 처음으로 사상적 기반을 다졌다. 그 핵심은 바로 '성인의 도는 내 본성 안에 갖추어져 있다'는 것이다. 다시 말하면 모든 사람의 본성과 마음속에 이미 성인의 도가 존재하므로, 그것을 파악하려면 자기 내심을 성찰해야 한다는 뜻이다. 내심의 성찰을 통해 본연의 공명정대한 본심을 인식하자는 말이다.

내심을 성찰하려면 어떻게 해야 할까? 일상생활에서의 언행을 철저하게 반성하는 게 중요하다. 그 과정을 거쳐야만 본심이 온전히 드러나기 때문이다. 내심을 성찰하지 않을 경우, 성인의 도가 마치 외부 사물 속에 '객관적'으로 존재하는 것으로 인식하여 외부에서 그것을 찾으려고 한다. 이렇게 되면 오히려 엉뚱한 길로 빠질 거라는 게 그의 생각이었다.

'용장오도' 이후 그는 자신의 관점을 지행합일설로 총괄했다. 그는 진정한 지식은 현실생활에서 실제 행동으로 구현되어야 하며, 또 일상의 모든 실천과 행동은 지식의 활용이자 동시에 근원이라는 점을 강조했다. 따라서 '지'와 '행'은 어떤 경우에도 서로 분리되지 않고 반드시 하나로 통일된다. 지행합일은 지식의 과정을 완벽하게 구현해줄 뿐만 아니라, 그것만이 유일하게 우리 생활이 이성적으로 구현되게 해준다.

왕양명은 지행합일의 제창자이자 동시에 실천자로서, 풍부한 지식을 실제 생활에 충분히 활용했고, 또 실제 생활을 통해서 새로운 지식을 보완하기도 했다. 그가 많은 전투를 경험한 강서 지역에서의 5~6년은 그야말로 구사일생의 험난한 삶이었다. 주신호의 반란을 평정한 후 그는 조정으로부터 포상은커녕 오히려 이로 인해 온갖 수모를 겪었고, 본말이 전도된 채 갖은 모함에 시달려야 했다. 유언비어의 공세, 가족에 대한 그리움, 심지어 가족의 죽음이라는 비통함 속에서도 그는 최선을 다해 복잡한 정무를 처리했고, 백성의 고통을 덜기 위해서 한시도 직분을 게을리하지 않았다. 혼란스럽기만 한 생활, 시도 때도 없이 겪는 정신적 고통은 보통 사람이라면 감내하기 어려웠을 것이다. 집 방문을 갈구했던 그는 네 차례나 상소를 올렸지만 단 한 차례도 허용되지 않았다. 부친의 와병 소식을 들었을 때, 그는 너무나 안타까운 마음에 이런 생각까지도 했다.

'이번에도 조정이 허락하지 않는다면 더 이상 기다릴 것도 없다. 죽음을 무릅쓰고라도 돌아가야겠다!' 하지만 실천에 옮길 순 없었다. 오히려 그는 '죽음을 무릅쓰고' 더 열심히 정무에 몰두하면서 다짐했다. '강서 백성 또한 가족과의 생이별이라는 고통에 시달리고 있다. 나만 예외일 수는 없다. 내가 최선을 다해 백성의 고통을 덜어주는 것, 그게 바로 정의 실현이 아닌가.'

왕양명은 어려서부터 성인의 꿈을 키웠고, 스스로 유가의 학문을 성학聖學이라고 불렀다. 따라서 자신이 성인이 되기 위해서는 유가의 가르침대로 실천하는 게 중요했다. 유가 사상 가운데 '수신양성修身養性'은 중요한 화두다. '스스로 수양하면서 본성을 기른다'는 의미로, 일상생활을 떠나 산림 속에 홀로 은거한다는 뜻이 아니다. 세상사를 경험하고 사람들과의 교제를 통해, 일상에서 실천을 앞세우는 게 무엇보다 중요하다.

맹자도 수신양성이 결코 쉬운 일은 아니라고 했다. 그에 따르면 사람은 끊임없이 "마음을 분발시키고 성질을 굳게 참아야 한다." 이 말이 무슨 의미일까. 왕양명의 경우에 빗대어 알아보자.

과거 그는 엄청난 갈등의 소용돌이에 휩싸였고, 복잡한 정치 상황과 힘든 생활을 겪었지만 사리사욕은 철저히 배제했다. 내심에서 우러나온 정의와 정도에 충실했고 또 그것을 철저하게 자신의 생활에 반영했다. 이게 바로 '마음을 분발시키고 성질을 굳게 참는' 것이다. 이런 가운데 깨달음을 얻었다. "인간의 본심은 사실 무엇이 정의이고 무엇이 사악인지, 무엇이 바르고 무엇이 그른지, 무엇이 선이고 무엇이 악인지를 잘 알고 있다. 이런 본심이 곧 양지다." 그의 양지설은 그가 고난, 죽음과 삶의 문턱을 넘나드는 가운데 생명과 맞바꾸며 깨달은 이치다. 그것은 성인지학의 근본이자 핵심이다.

그는 이렇게 말한다.

"양지는 개개인의 마음속에 원래부터 존재하는 것으로 천부적으로 타고난다. 양지는 독서 등 후천적인 학습이 필요 없다. 그것은 원래 존재하므로 본심이라고 말할 수 있다. 우리가 지식을 얻을 수 있는 이유, 또 생활 속에서 지식을 활용할 수 있는 것은 후천적 독서 때문이 아니라 바로 천부적 본심인 양지가 있기 때문이다."

그의 양지설에 따르면 양지야말로 우리가 인간이 되는 근본이자 본질이다. 과연 어떤 특징이 있을까?

첫째, 양지는 영구불변이다. 그것은 우리가 탄생하면서 선천적으로 생겨났다. 선천적이기 때문에 그것을 '천덕天德' 또는 '천량天良'이라고도 한다. 여기서 '천'은 본래부터 타고났다는 뜻이다. 그것은 영구적이어서 소멸되지 않는다. 아무리 사악한 자라도 그에게 양지는 존재한다.

둘째, 양지는 영원토록 그 자신의 존재를 알고 있으며, 영원토록 외부 세계를 또렷하게 알고 있다. 그것은 '잠들지 않고' 언제나 깨어 있다. 언제나 깨어 있기에 일상생활의 모든 활동에 대한 내부 '감독자'이며, 깨어 있는 우리 내심의 '관찰자'로서 모든 언행을 빠짐없이 관찰한다. 그가 양지의 이런 특징을 설명하자, 한 제자가 질문을 던졌다.

"제가 잠이 들면 외부세계에 대한 감각은 없어집니다. 그땐 양지 또한 잠들 것이니 양지가 존재하지 않지 않습니까?"

왕양명의 대답이 흥미로웠다.

"자네의 양지는 항상 또렷하게 깨어 있네. 그렇지 않다면 왜 다른 사람이 자네를 부를 때 깨겠는가?"

셋째, 양지는 항상 또렷하게 깨어 있기에 언제나 언행 하나하나를 철저하게 감독한다. 그러므로 일상의 행동이 옳은지 그른지에 대해서는 양지가 정확하게 판단해낸다. 왕양명은 이렇게 설명한다.

"양지는 선과 악, 행동의 시시비비를 한 치의 오차 없이 분별한다. 문제는 우리가 이따금 양지의 인도를 제대로 따르지 못한다는 사실이다. 이는 흔히 범하는 오류다. 양지를 거스를 때 여러 도덕적 타락이 나타난다. 도둑이 물건을 훔치려고 할 때 그의 양지는 분명 도둑질이 나쁘다는 걸 잘 안다. 그렇지 않다면 도둑이 왜 남에게 발각되지 않으려고 은밀하게 행동하겠는가. 도둑이 남의 물건을 훔치려는 건 양지의 가르침을 따르지 않았기 때문이다. 양지를 따랐다면 물건을 훔칠 리 없다. 나쁘다는 걸 알면서도 그런 행동을 한다는 것, 이것은 '지'와 '행'의 불일치를 의미한다."

위 세 가지 특징을 이렇게 총괄해볼 수 있겠다.

"양지는 인간으로서의 우리 존재의 근거이자, 생명의 본원이다. 양지는 지식을 획득할 수 있는 근거이자 이성의 본원이다. 양지는 도덕적일 수 있는 근거이자 덕성의 본원이다."

양지가 곧 생명·이성·덕성의 본원이기에 왕양명은 이렇게 말한다. "양지는 우리 본심이며 영혼의 본래의 모습이자 본래의 상태다."

이 정도로 설명했으니 양지에 대한 이해가 좀더 분명해졌을 것이다. 일상에서 자신의 양지에 따라서 행동한다면 지극히 깨끗하고 훌륭한 영혼을 실현하게 될 것이다. 공공질서와 규범을 잘 지킬 것이고, 자발적으로 마음속의 도덕률을 따를 것이며, 의미 있고 떳떳하게 덕성을 발휘할 것이다. 양지가 그렇게 변화시키기 때문이다.

그러나 아무리 양지가 마음속에 영원토록 내재한다고 해도 문제가 전혀 없는 건 아니다. 우리의 눈과 귀, 코와 입, 신체 등 외재적 감각 기관은 무시로 외부 사물과 접촉한다. 그리고 접촉하는 과정에서 감각 기관은 종종 분별없이 제멋대로 작동하기도 하며, 심할 경우 편견과 허위를 오히려 진리인 양 여기기도 한다. 이렇게 되면 양지가 이끄는 데서 멀어지거나 양지가 은폐되어버리기도 한다. 양지가 은폐되면 아주 위험해진다. 이는 생명이 그 기반과 본질을 상실한 거나 다름없기 때문이다. 온갖 욕망과 만족을 추종하다 보면 사람은 도덕적 가치를 상실하고 본질적으로 타락하기도 한다. 잘못을 알고도 방향을 돌리지 않는다면 결국 욕망의 포로가 되어 사람이 아닌 '물건'이 되고 말 것이다. '물건'을 사람이라고 할 수는 없다. 인간은 '물건'이 아니라 감정·이성·덕성을 갖춘 완전한 존재여야 한다.

우리 모두는 어떻게 하면 자신의 본심·본성으로 회귀할 수 있을까라는 문제를 안고 있다. 본심·본성으로의 회귀는 곧 양지로의 회귀를 의미한다.

양지가 생활을 주재하고 인도해야만 우리 심신은 균형을 이루고 인간 존재로서의 완전성을 확보하며, 원만한 인격을 구비하게 된다.

양지로의 회귀, 즉 자기 본심·본성으로의 회귀는 바로 생명 본질로의 회귀를 의미한다. 이것이 바로 왕양명의 관점에서 보는 '치양지致良知'다. '양지의 실현' 또는 '양지의 완성'이라는 의미다. 구체적으로 보면 이른바 '치양지'에는 다음 두 가지 의미가 내포되어 있다.

첫째, 왕양명의 관점에서 볼 때, 양지는 모든 사람에게 다 구비되어 있지만 분주한 일상 속에서 종종 은폐되기도 한다. 그 은폐는 인간의 감각 기관이 욕망의 추구에 쉽게 노출되기 때문에 발생한다. 일단 양지가 은폐되면 일상생활에서 그것은 자기 고유의 기능을 발휘하지 못한다. 따라서 '치양지'의 첫 번째 의미는 "양지가 우리 자신의 진정한 본질임을 자각하자"는 것이다. 우리가 의미 있는 생활을 영위하려면 반드시 자기 내면의 심령을 충분히 드러내어 양지가 새롭게 발현되도록 해야 한다.

왕양명은 양지를 거울에 비유한다. 본래 거울은 깨끗해야만 만물이 그대로 비칠 수 있다. 거울 속에서는 크든 작든, 예쁘든 밉든 모든 사물이 다 원래 모습 그대로 비친다. 그러나 거울을 오래 사용하지 않으면 거기에는 얼룩이 생긴다. 얼룩이 잔뜩 낀 거울은 거울이긴 해도 거울로서의 기능을 제대로 하지 못한다. 양지도 장기간 방치하면, 사리사욕에 사로잡혀 은폐되면 마치 거울에 얼룩이 낀 것과도 같아진다. 우리가 '자각적으로' 성인의 가르침에 따라 자기 수양을 하면서 본성을 기르는 것은 바로 정성을 다해 거울에 낀 얼룩을 닦아내는 것과 같다. 끊임없이 선을 행하고 악을 멀리한다면 양지는 결국 그 고유의 기능을 회복할 수 있다. 그렇게 되면 생활은 지고지선의 광채 속에 드러나며, 생명 또한 더할 나위 없는 광채를 발할 것이다. '치양지'를 위한 노력은 반드시 각 개인이 스스로 감당해서 자신의 양지를 터득해야 한다. '자각'이란 바로 적극적으로 선을 행하고 악을 멀리하는 행동을 하면서, '거울의 얼룩을 닦듯 자신을 수련'하는 것을 의미한다.

둘째, 우리가 만약 자기 양지의 존재를 자각했다면, 그 내재된 양지를 다양한 일상생활에서 실제로 표출할 수 있어야 한다. 이것이 '치양지'의 두 번째 의미다. 이 점을 왕양명은 이렇게 설명한다. "치양지란 자신의 양지를 매사에 반영하는 것이다. 모든 일상사에서 양지가 실현되면 자신의 생존 본질, 가치, 의의 또한 원만하게 실현된다. 다시 거울의 비유를 들어보자. 우리가 사리사욕을 배제한 채 오로지 양지가 인도하는 대로 행동한다면, 양지가 깨끗한 거울처럼 비춰주기 때문에 시비, 선악, 미추를 자연스레 판단할 수 있다. 양지의 인도와 가르침을 따른다면 사물의 원래 면모가 정확하게 드러난다."

이에 따르면 양지의 지시에 따를 때 매사가 완벽하게 처리되므로 더 이상 마음속에서 이해관계를 따지지 않게 된다. 사물은 거울 앞에서 원래의 모습을 그대로 보여준다. 사물이 거울을 벗어나면 거울에는 아무런 흔적도 남지 않는다. 이렇게 해서 우리는 적절하고도 정확하게 일상 업무를 처리할 수 있고, 사물의 구속으로부터도 초연해질 수 있다. 결국 무한히 넓고 자유로운 경지에 이르는 것이다. 도덕이 고상한 이유는 진정한 도덕적 행위에는 사리사욕이 개입되지 않으며 그 어떤 이해타산도 초월해서다.

이것을 맹자의 사례를 통해 설명해보자. 남을 돕는 건 물론 좋은 일이다. 그러나 칭찬을 받기 위해 남을 도왔다면 기껏해야 그것은 인의仁義를 억지로 실천한 것에 불과하다. 궁극적으로 그것을 도덕적 행위라고는 할 수 없다. 진정한 도덕적 행위란 마음에서 우러난 인의를 따라 자연스레 행동하는 것이지 억지로 꾸며서 행하는 게 아니다. 거기에는 그 어떤 공리적 목적도 들어 있지 않다. "인의에 따라 실행할 뿐, 인의를 실행하는 건 아니다'라는 맹자의 말은 이런 의미다. 이것이 바로 진정한 도덕적 행위다.

요컨대 왕양명이 제시한 '치양지'는 개개인이 자각적으로 자기 내면으로부터 양지를 드러내는 것이며, 동시에 이 내면의 양지를 일상생활 속에서 철저하게 관철시키는 것이라고 말할 수 있다. '지'는 반드시 '행'해야 한다. 그러므로 어떤 측면에서 보든 지행합일은 가장 근본적인 원리라고 할 수 있다. 지행합일은 '치양지'의 가장 근본적이고 효율적인 방법이다. 왕양명은 초지일관 이 '지'와 '행'의 통일을 견지해왔다.

하지만 양지설이 제기된 후 지행합일에서의 '지'의 의미에 대해서는 여러 논란이 있었다. '지'는 흔히 말하는 '지식'의 의미와 완전히 일치하지는 않는다. 그것은 양지를 의미한다. 앞에서 양지는 본심이라고 했다. 따라서 '치양지'하려면 개개인의 본심을 일상생활 속에서 충분히 구현할 수 있어야 한다. 이런 점에서 왕양명은 곧잘 '심외무물心外無物' 혹은 '무심외지물無心外之物'을 이야기한다. '마음 밖에는 사물이 존재하지 않는다'는 뜻인데, 더러 이 말을 오해하는 사람도 있다. 흔히 사물은 인간의 의지와는 무관하게 객관적으로 존재한다고들 한다. 물론 맞는 말이다. 하지만 또 다른 측면도 있다. 어떤 '사물'을 대할 때, 그것을 이해하고 받아들이려 해야만 그것이 의식이나 사상 속으로 들어온다. 우리 의식에 들어오지 않는 '사물'은 이해하고 받아들이거나 처리할 수 없다. 이런 '사물의 존재'는 우리에게 아무런 의미가 없다.

풍성에 도착하기 전까지 왕양명은 주신호의 반란이 이미 발생했다는 '객관적 사실'을 전혀 알지 못했다. 이때는 이 사건이 그의 의식 속에 들어와 있지 않았기에 당연히 반란 진압에 나설 리도 없었다. 풍성 현령이 그에게 반란 사실을 알린 다음에야 그는 사건의 구체적 상황을 인지했다. 주신호의 반란이라는 '객관적 사실'이 온전히 그의 의식 속에 들어온 것이다. 그제야 그는 자신의 양지로 그것을 관찰하고 분석한 다음 적절한 조처에 착수했다.

인간은 외부의 사물·사람과 교류하기 마련이다. 소위 '교류'란 서로 작용하고 영향을 주고받는 것이다. 끊임없는 이 교류를 통해 우리는 외부와 관계를 맺는다. 모든 행동이나 사상은 이런 방법을 거친다. 우리 마음 세계가 확대될수록 사상 또한 확대되며, 행동반경이 넓어질수록 생활 또한 확장된다. 개개인이 외부 사물·사람과의 다양한 교류를 통해 구축한 세계는 바로 자기 자신의 것이다. 따라서 그것에 대해 우리는 전적으로 책임을 져야 한다. 이런 점에서 '사물'은 결코 마음 밖에 존재하는 게 아니다.

이와 정반대되는 경우도 있다. 사자성어 중에 '심부재언心不在焉'이란 말이 있다. '마음이 딴 데 있다' 즉, 마음이 '사물' 밖에 있다는 뜻이다. '사물'이 인식세계에 들어와 있지 않으면 어떤 상황이 벌어질까. 『대학』에 이런 말이 있다. "마음이 딴 데 있으니, 보아도 보이지 않고 들어도 들리지 않으며 먹어도 그 맛을 알지 못한다." 이게 바로 마음을 딴 데 둔 결과다. 이런 상황에서 우리가 과연 '사물'을 충분히 이해하거나 적절하게 처리할 수 있을까? 또 이런 '사물의 존재'가 우리 자신에게 어떤 의미가 있을까?

따라서 "마음 밖에는 사물이 존재하지 않는다"는 왕양명의 말은, 다시 말하면 우리 의식에 들어오지 않은 '사물'은 아무런 의미가 없다는 뜻이다. 우리에게 의미가 있는 '사물'은 내 세계의 일부이기에 하나같이 다 내 '관심' 안에 있다. 바로 이런 이유로 그는 개개인이 '치양지'할 것을 요구한다. 또 자기 자신의 인식세계를 최대한 확충하여 자신의 영혼을 무한히 확충할 것을 요구한다.

원래 인간의 영혼이나 양지가 수용할 수 있는 능력은 무한하다. 따라서 만약 천하를 마음에 둔다면 천하의 일체 '만물'이 다 우리와 관련을 맺는다. 천하 만물이 다 내 마음속에 있을 때, 궁극적으로 우리는 '천하 만물이 일체가 되는 인仁의 경지'에 이를 수 있다. 우리 영혼 세계가 무한히 확충되어야만 개인적 사리사욕이 배제되고 생명의 무한한 자유를 누릴 수 있다.

"마음 밖에는 사물이 존재하지 않는다"는 왕양명의 견해는 지금 상황에서도 다소 낯설게 느껴지지만, 당시 직접 그의 강학을 듣는 제자에게도 쉽게 이해가 되지 않는 부분이었다.

어느 날 왕양명이 제자들과 함께 회계산으로 봄나들이를 나갔다. 마침 산 절벽에 만개한 진달래꽃이 눈에 들어왔다. 한 제자가 물었다.

"선생님께서는 평소 '마음 밖에는 사물이 존재하지 않는다'고 하셨는데, 저 진달래꽃은 산중에서 저 홀로 피고 지지 않습니까? 저 꽃이 우리 마음과 무슨 관계가 있습니까?"

이 질문은 지금 우리 입장에서도 충분히 제기할 수 있는 문제다. 왕양명은 어떻게 대답했을까?

"자네가 미처 저 꽃을 보기 전에, 꽃과 네 마음은 각각 일종의 '고요寂' 상태에 놓여 있었지. 하지만 자네가 저 꽃을 보는 순간 네 마음속에서 꽃빛이 선명해지지 않았는가? 그러니 저 꽃은 자네의 마음 밖에 존재한 게 아니라네."

다소 낯익은 에피소드지만, 왕양명이 이렇게 말한 의도를 완전히 이해하는 사람은 그리 많지 않다. 여기서 그는 꽃이 존재한다는 객관적 사실을 부인하지는 않는다. 다만 꽃이 우리의 영혼이나 양지의 관찰 대상이 되기 전, 즉 '객관적 사물'이 의식세계에 들어오기 전에는, 그저 '고요'의 상태로 존재했음을 말하고 있다. '고요'는 사물의 존재 양태다. '고요'의 상태에서는 사물이 명료하게 다가오지 않으므로 그것을 제대로 이해할 수 없다.

우리가 꽃을 보는 순간, 그것은 즉각 우리 마음속의 객체로서 의식세계로 진입한다. 그 색깔·모양·향기 따위에 대해 제대로 인지하게 된다.

이처럼 모든 사물은 의식세계로 진입한 다음에야 그 존재 상태가 명료해져서 정확한 이해가 가능하고, 존재의 의미 또한 제대로 받아들여진다. 그 전에는 그저 '고요'의 상태로 존재할 뿐이다. 그렇게 존재하는 한 우리는 그것을 명료하게 인지하지 못하며 우리에게 아무런 의미도 없다.

이상 양지에 대한 왕양명의 관점을 간략하게 설명했다. 물론 이것이 그의 사상의 전부는 아니다. 정덕 15, 16년(1521)부터 감주에서 시작된 양지설 강학은 그가 부친의 3년상을 치른 기간을 빼고는 가정 6년(1527)까지 줄곧 이어졌다. 강학의 핵심 주제는 양지설이었다. 그가 줄기차게 양지설만을 강학한다는 소식을 들은 한 친구가 그에게 물었다.

"양지설 외에는 강의할 게 없는가?"

"양지설 외에 무엇을 더 강의하겠는가?"

자신에 찬 대답이었다. 그의 입장에서는 독서든 학문이든 입신양명이든 그 근본 목적은 바로 본심, 즉 양지를 밝히는 데 있었다. 양지는 학문의 근본이었고 입신양명의 기반이었다. 양지가 밝혀져야만 학문의 근간이 세워지고, 또 생활의 핵심 가치가 확립될 수 있다. 따라서 그로서는 양지 외에 다른 강학 주제를 찾는다는 건 상상하기 어려웠다.

그의 강학 규모는 역사상 그 유래를 찾을 수 없을 만큼 광범위했고, 강학활동과 함께 학설은 급속도로 전파되었다. '가히 천하를 풍미했다'는 표현이 적절하겠다. 그를 기점으로 중국 사상사의 골격이 바뀌었으니, 그를 중국 역사상 독창성이 가장 뛰어난 철학자·사상가의 일원으로 꼽는 데는 하등 이견이 없다. 그의 양지설은 주희 이후 전래되어온 중국의 사상적 굴레를 완전히 탈피하여 사상계에 또 하나의 참신한 바람을 몰고 왔다. 당시 그의 양지설은 하나의 혁명적 혁신, 거대한 사상 해방이라고 할 만했다.

　강학활동의 즐거움에 몰두했기에 왕양명은 소인배들의 모함이나 조정의 불공평한 예우에 대해서도 초연해질 수 있었다. 관직을 벗어나 집에서 머문 5~6년이 그에게는 오히려 가장 행복한 시기로 여겨졌던 것도 바로 강학 때문이었다.

　그러나 조정은 왕양명을 마냥 내버려두지는 않았다. 가정 6년(1527), 조정에서는 그에게 새로운 임무를 부여했다. 왕양명은 그토록 아끼던 강학의 자리를 떠나 다시금 병든 몸을 이끌고 먼 타지로 나서야 했다.

제 16 장

새로운 임무

가정 원년(1522)에서 가정 5년(1526)까지 왕양명은 주로 소흥과 여요 등지에 머물면서 자신이 좋아하는 강학활동에 몰두했고, 어떤 정치활동에도 참여하지 않았다. 권신·강빈 일당은 이미 처형되거나 유배되었지만, 조정에서는 왕양명에 관한 그들의 모함에서 비롯한 누명을 벗겨주지 않고 있었다. 명목상 그에게 신건백의 작위가 하사되었지만 어디까지나 허울일 뿐, 실질적인 혜택은 없었다. 하지만 그는 이런 현실에 전혀 개의치 않았다. 강학활동이 가져다주는 즐거움 때문이었다.

이 5년 동안 왕양명의 생활에도 어느 정도 변화가 있었다. 가정 4년 (1525) 정월, 부인 제씨가 세상을 뜨면서 상처의 아픔을 경험했다. 그의 나이 쉰 넷이었다. 게다가 건강 상태도 몹시 불안정했다. 젊은 시절 앓았던 기침은 호전될 기미는커녕 오랜 병영생활로 더 악화되어 강학 활동 중에도 요양에 각별히 신경을 써야만 했다. 사료에 따르면 이 무렵 가정 4년 연말을 전후로 하여 그는 장張씨를 새 아내로 맞았고 이듬해 11월에 아들을 하나 얻었다는 기록이 나온다. 원래 전처 제씨와의 사이에는 자식이 없었기에 왕양명은 사촌 동생의 아들 왕정헌王正憲을 양자로 들였는데, 만년에

친아들이 출생하자 큰 위안을 얻었다.

강학활동을 하면서 상대적으로 여유로운 시간을 보내던 가정 6년(1527) 5월, 조정은 다시 그를 불러냈다. 이로 인해 그는 강학활동과 자유로운 사색 등을 부득이 중단할 수밖에 없었고, 나이 어린 아들과도 작별해야 했다. 언제 쓰러질지 모르는 몸을 이끈 채 다시 그는 갑옷을 걸치고 종군에 나섰다.

이때 조정에서 그에게 내린 관직은 도찰원都察院 좌도어사左都御史 겸 총제양광군무總制兩廣軍務(이하 양광 총독으로 지칭), 광서성 사은思恩·전주田州 지역의 정무를 처리하는 직책이었다. 당시 조정은 이 두 지역을 상황이 위급한 '군사 반란 지구'로 간주하여 왕양명에게 진압 명령을 내렸다.

사은(지금의 광시廣西 허츠河池 환장環江 지역으로, 마오난毛南족 자치현이 소재한 곳)과 전주(지금의 광시 바이써百色 톈양田陽에 해당), 이 두 지역은 모두 광서성의 토사土司[토사란 소수민족 거주지에 설치된 관아로, 조정에서는 토착민의 자치를 허용했다. 토사의 최고 책임자인 지부知府를 또 토사 혹은 토관土官이라고도 했다. 이 토사는 토지·백성·군대·작위 등을 대대로 세습할 수 있었다.─옮긴이]에 해당했다. 두 지역에서는 모두 잠岑씨가 지부로 있었는데 원래 그들은 동족이었다. 그러나 오랜 세월이 흐르면서 갈등이 깊어져 당시에는 철천지원수처럼 지내고 있었다. 그 내막은 이러했다.

홍무 2년(1369), 당시의 황제 주원장은 잠백안岑伯顔이란 자를 전주의 초대 지부로 임명했고, 그 직위는 자손 대대로 세습되고 있었다. 잠백안의 3세손이 잠부岑溥였는데, 그에게는 장남 잠효岑猇와 차남 잠맹岑猛이 있었다.

홍치 12년(1499), 잠효는 부친 잠부가 둘째만을 편애하고 자기를 싫어한다고 생각해서 부친을 시해해버렸다. 그러자 잠부의 수하에 있던 황기黃驥와 이만李蠻이라는 두 토목土目(토사 휘하의 소두목으로 품계가 없는 말단 직무관)이 자기 부친을 시해한 잠효를 살해했다. 당시 잠맹은 불과 네 살, 어린 나이였다.

오래지 않아 이번에는 황기와 이만의 사이가 틀어져서 서로 앙숙이 되었다. 이만이 전주를 점거하자 황기는 잠부의 아들 잠맹을 데리고 남녕독부南寧督府로 도망가서는, 조만간 이만이 군사 반란을 일으킬 것이라는 헛소문을 퍼뜨렸다. 이에 남녕독부에서는 사은 지부 잠준岑濬에게 명하여 군사를 보내 잠맹을 전주로 호송해오라고 지시했다. 하지만 이때 이만이 황기와 잠맹의 전주 입성을 저지하는 바람에 황기는 할 수 없이 잠맹을 데리고 사은으로 들어갔다. 원래 황기란 자는 인품이 보잘것없는 인물이었다. 사은에 도착한 황기는 자기 딸을 사은 지부 잠준에게 헌상하고, 잠맹을 구금해버렸다. 그리고는 은밀히 잠준과 모의하여 전주에 있는 잠맹의 토지를 나눠 가지려고 했다.

이 사실을 인지한 도어사 등정찬鄧廷瓚은 잠준에게 즉각 잠맹을 석방하라고 명령한 뒤, 관례에 따라 잠맹에게 전주 지부직을 세습케 한다고 공표했다. 잠준이 이를 거절하자 등정찬은 군대를 동원하여 토벌에 나섰고, 그제서야 잠준은 할 수 없이 잠맹을 석방했다.

홍치 15년(1502), 황기와 잠준이 연합해서 몇몇 토사와 함께 전주를 공략했고 전주는 잠준의 손에 들어가버렸다. 이에 잠맹은 다시 도망칠 수밖에 없었다. 홍치 18년(1505), 조정에서 군대를 동원하여 잠준을 토벌하러 와서 그를 처결했다. 그런 다음 아예 사은의 토사제를 폐지해버리고, 대신 '유관 지부流官知府'를 두어 전주 지부를 겸직토록 했다. 이때 잠맹은 복건福建 평해위천호平海衛千戶로 강등되었다.

잠깐 '유관지부'에 대해 알아보자. 명대 이후 많은 소수민족 거주지에는 토사가 설치되었고, 토사의 통치권은 대대로 세습되었다. 사은이나 전주

역시 잠씨 일족이 통치하는 토사에 해당했다. 당시 조정에서는 조정의 통치를 거부하는 일부 토사에 대해서는 토사 자체를 폐지하고 직접 통치권을 행사하기도 했다. 토사가 폐지된 지역의 최고 책임자는 소수민족이 아닌 한족이 임명되었는데, 이를 '유관流官'이라고 불렀다. '유관'이란 문자 그대로 '흐르는 물처럼 유동적으로 이동하는 관리'라는 뜻이다. 토사가 지역 이동 없이 세습되는 직책이라면, 유관은 임기가 정해진 관리다. 토사의 폐지와 유관의 설치는 역사적으로 큰 의미를 갖는데, 이는 소수민족 집단 거주지에 대한 명조의 통치 책략이 반영된 제도다.

토사를 폐지하고 유관을 설치한다는 조정 방침에 대해 당연히 잠맹은 큰 불만을 품게 되었다. 그래서 그는 평해위천호로 부임하기를 거부했다. 정덕 초기, 잠맹은 환관 유근에게 뇌물을 바치면서 전주 지부라는 자신의 원래 직책을 환원시켜달라고 요청했다. 하지만 잠맹이 마지막으로 받은 직책은 전주부 동지同知 겸 영부사領府事였다. 어쨌든 그 후 그는 전주 통치에 최선을 다했고 점차 세력을 확장해나갔다.

정덕 시기, 강서 지역에 도적 떼가 창궐하자 당시 도어사 진금증陳金曾이 잠맹에게 도움을 요청했다. 군사를 동원하여 도적 토벌에 협조해달라는 요청이었다. 이 일로 공을 세운 잠맹은 전주부 지휘동지指揮同知로 승진했다. 그러나 그의 최종 목표는 옛 직책을 회복하는 것이었기에 '지휘동지'라는 직책이 만족스러울 리 없었다. 마음속 앙금은 쉽게 사그라지지 않았다. 가정 2년(1523), 결국 잠맹은 사성泗城(지금의 광시성 링윈凌雲)을 공격해 들어갔다. 이때 그는 왜 사성을 공격했을까? 이유는 단순했다. 사성이 원래부터 전주의 영지에 속한 땅이었기에 사성을 공략해서 빼앗긴 조상의 자산을 되찾아야겠다는 생각이었다. 하지만 당시 도어사 진금증이 보기에 그것은 곧 반란이었다. 진금증은 즉각 조정에 잠맹을 토벌하기 위한 군대를 파견해줄 것을 요청했다.

가정 5년(1526) 4월, 도어사 요막姚鏌이 관군 8만을 이끌고 전주 공략에 나섰다. 대군이 몰려온다는 소식을 들은 잠맹은 바로 꼬리를 내렸다. 저항은커녕 부하들에게 관군에 대항하지 말라는 명령까지 내렸다. 그런 한편, 그는 또 호소문을 작성하여 요막에게 자신의 고충을 들어달라고 했다. 하지만 요막은 막무가내였고, 계속 공격해 들어오면서 잠맹의 장남 잠방언岑邦彦을 살해해버렸다. 이런 상황에서 잠맹은 군사적 대응을 포기한 채 귀순歸順(지금의 광시성 징시靖西)으로 도망쳤다. 귀순 지주知州 잠장岑璋이 자기 일가였기 때문이다. 하지만 귀순에 도착한 후, 잠맹은 예기치도 않게 잠장에게 독살되고 말았다. 잠장은 잠맹의 머리를 베어 요막에게 헌상했다. 요막은 조정에 반란의 종식을 알리는 상소를 올림과 동시에, 전주의 토사를 폐지하고 '유관 지부'로 바꾸었다.

가정 6년(1527) 5월, 전주 토목土目 노소盧蘇와 사은 토목 왕수王受가 서로 결탁하여 반란을 일으켰다. 그들의 주요 목적 역시 전주·사은의 토사제를 부활하자는 것이었다. 노소는 잠맹이 이미 독살된 사실을 외부에 숨긴 채, 잠맹의 기치를 내세워 수만 명의 군사를 결집한 다음 전주를 점령했다. 같은 시기, 왕수 또한 군사 수만 명을 모아 사은을 점거했다. 그런 다음 노소와 왕수는 도어사 요막에게 투항하겠다는 의사를 표명했다.

하지만 요막은 그들의 투항 의사를 받아들이지 않았다. 오히려 그는 광서 지역의 관군은 물론, 호광의 영순永順·보정保靖 지역의 선위사宣慰司 휘하에 있는 토병, 그리고 강서 감주贛州·정주汀州 등지의 소수민족 군사까지 대거 소집하여 일거에 남녕으로 내달았다. 4개 성의 병력이 총동원되어 노소·왕수에 대한 대규모 토벌이 전개된 것이다. 하지만 유감스럽게도 관군은 대패하고 말았다.

결과가 이렇게 되었으니 이만저만한 낭패가 아니었다. 4개 성에서 대규모 병력을 동원하고도 반군에게 대패했으니 조정의 체면은 말이 아니었다. 조정에서 요막을 비난하는 목소리가 터져 나온 건 당연지사였다. '요막이란 자가 우왕좌왕하다가 일을 다 망쳐놓았다. 이제 왕양명을 양광 총독으로 기용하여 사은·전주의 사태를 해결하게 하는 수밖에 없다.' 이렇게 해서 마침내 왕양명은 요막이 망쳐놓은 뒷일을 수습하는 길로 들어서게 되었다.

　탁월한 정치력과 지혜를 구비한 왕양명. 지난 5~6년간 정치 일선에서 물러나 오로지 강학활동에만 전념해온 그였지만, 조정이 자신을 양광 총독으로 발탁한 의도를 너무나 잘 알고 있었다. 가정 6년(1527) 6월 6일, 병부의 명령을 받자마자 그는 곧바로 조정으로 서신 한 통을 보냈다. 서신의 요지는 두 가지였다.

　첫째, 그는 자신의 건강 문제를 거론했다. 몸이 너무 쇠약해져 한번 기침을 시작하면 거의 혼절할 정도라는 점을 간곡하게 설명했다. "조정에 충성을 다할 마음은 간절하지만 현재의 건강 상태로는 더 이상 전포를 걸치고 전장에 나갈 수가 없다. 단순히 개인적 명리를 위한 일이라면 내 목숨을 잃는다 해도 하등 대수로울 게 없다. 하지만 조정의 대사를 그르칠 경우, 내가 백번 죽는다 한들 어떻게 속죄할 수 있겠는가. 그러니 나의 건강 상태를 감안하여 이 임명을 철회해주기 바란다."

　둘째, 그는 도어사 요막을 극구 칭송했다. "요막은 능력 있고 노련한 관리라 일 처리가 뛰어나다. 비록 이번 전투에서는 실패했지만 이는 병가지상사가 아닌가. 요막에게 대임을 맡기되 너무 조급하게 큰 공을 세우길 기대하지 말라. 그에게 어느 정도 시간을 준다면 분명 최후의 승리를 거두리라 확신한다."

이 간절한 사연을 담은 서신이 조정에 도착했지만 조정에서는 왕양명의 요청을 받아들이지 않았다. 당시 가정제는 이렇게 생각했다. '왕양명이 부임을 거절한 이유는 아마 요막이 승복하지 않을 걸 우려해서일 것이다.' 물론 그가 부임한다면 요막은 자리에서 물러나야 한다. 가정제는 요막을 해임시키고 다시 왕양명에게 명령했다. "이미 요막이 물러났으니 그대는 딴생각하지 말고 곧장 광서로 가서 사은·전주 사태를 해결하라!"

이런 내막을 알고 나면 조정이 그를 양광 총독으로 임명한 이유가 명백해진다. 그것은 조정이 그를 진심으로 신임해서도 아니었고, 주신호 반란 평정 이후 오랫동안 그에게 가해진 모함을 벗겨주려는 것도 아니었다. 그때까지 조정에서는 한 번도 그의 누명을 제대로 규명해준 적이 없었고 그의 건강 상태를 염려해준 적도 없었다. 오로지 한 가지 이유, 그의 재능을 빌려 광서 지역의 난국을 해결해보자는 의도뿐이었다. 조정의 압력이 가중되자 그로서도 더 이상 버틸 재간이 없었다. 병든 몸을 이끌고서라도 광서 지역으로 나가지 않을 수 없었다.

가정 6년(1527) 9월 8일, 왕양명은 조정의 명에 따라 소흥을 떠나 광서로 향했다. 출정에 나서는 심경은 참으로 복잡했다. 그렇게 정성을 쏟았던 강학을 중단하는 아쉬움이 너무나 컸고, 날로 악화되는 건강 상태도 누구보다 자신이 더 잘 알고 있었기 때문이다. 게다가 수천 리 아득히 먼 이번 광서행도 앞날을 예측하기 어려운 터였다. 아마 스스로도 어떤 불길한 예감이 들지 않았을까. 소흥을 떠나기 직전, 그는 그 유명한 「객좌사축客座私祝」('객좌'란 손님을 접대하는 방, '사축'은 개인적인 당부라는 뜻이다. 왕양명은 이 편액에 '외부에서 강학하러 온 학자들은 정도正道로써 학생을 지도하여 그들이 악의 유혹에 빠져들지 않도록 해주십사'라는 당부를 남겼다. 행서로 쓰인 이 편액은 원래 소흥의 양명 서원에 걸렸었는데, 세월이 흐르면서 보정保定 등 여러 지역에서 이를 석각石刻하여 내걸기도 했다.—옮긴이]이라는 친필을 남겼다. 그것을 강단에 걸어두고 강학에 참여했던 학자와 제자에게 자신의 간곡한 당부를 전하고 싶다는 의도에서였다.

장도에 오르기 전날 밤, 제자들이 전송하러 몰려들자 그는 자기 집 정원에 연회를 마련했다. 더없이 상쾌한 가을 공기, 휘영청 밝은 달, 한껏 흥이 오른 그는 제자들과 어울려 악기를 연주하고 시를 읊조렸다. 그 옛날 공자가 제자 증점曾點의 여유자적한 생활을 보면서 "나는 증점이 마음에 든다"라고 말하던 심경을, 이 순간 왕양명은 제대로 실감할 수 있었다.

제자들이 하나둘씩 돌아가고 이제 남은 사람은 애제자 전덕홍錢德洪과 왕기王畿 두 사람뿐. 이때 그는 자신의 사상을 주제로 그 두 제자와 좀더 깊이 있는 토론을 벌였다. 두 제자가 제기한 의문에 대해 왕양명이 답변하면서, 자신의 사상을 거듭 천명하는 형식이었다. 이때 나온 것이 바로 4구로 개괄해놓은 철학 사상, 그 유명한 '사구교四句敎'["선도 악도 없는 게 마음의 본체요, 선도 악도 다 있는 게 생각의 움직임이다. 선악을 알아 분별하는 걸 양지라 하고, 선을 행하되 악을 없애는 걸 격물이라고 한다." 7언 4구로 된 이 '사구교'의 내용에 대해서는 훗날까지 줄곧 찬반양론이 분분했다. 당시 전덕홍은 이 내용을 지지하는 의견을 피력한 반면, 왕기는 비판적인 견해를 보였다. 곁에서 이를 듣고 있던 왕양명은 제자들의 진지한 학문 태도를 크게 칭찬했다고 전해진다.—옮긴이]다. 당시의 이 문답 사건은 양명학 연구에서 매우 중요한 지위를 차지하는데, 이를 흔히 '천천증도天泉證道'라고 부른다. '천천교 위에서 도를 논하다'라는 의미다. 천천교는 왕양명의 집 안에 있던 작은 다리로, 그가 두 제자와 대화를 나눈 곳이다.

이튿날 그가 소흥을 떠나 광서로 갈 때, 전덕홍과 왕기는 스승을 전송하기 위해 부양富陽의 엄자릉 조대嚴子陵釣臺[한대의 은자 엄자릉이 은거한 데

서 유래한 명칭으로, 지금의 저장성 퉁루桐廬 푸춘富春 강변에 위치해 있다. 엄릉
조대嚴陵釣臺라고도 한다.—옮긴이까지 따라 나섰다. 못내 작별을 아쉬워했
던 스승과 제자, 여기에서도 또 한차례 사제 간의 문답이 이루어졌다. 화
두는 '마음心'이었다. 역사에서는 이를 '엄탄문답嚴灘問答'이라고 부른다. 엄
자릉 조대 부근의 한 여울가에서 이루어진 문답이라는 의미다. 왕양명으
로서는 '엄탄문답'이 자기 학술 사상의 핵심 주제를 마지막으로 설파한 자
리였다.

출발한 지 한 달 만인 10월, 마침내 그는 남창에 도착했다. 남창 백성
은 환호와 함께 융숭하게 그를 맞았다. 향을 피워 들고 길 양 옆에 도열한
백성은 서로 번갈아 그가 탄 가마를 받들며 관아로 향했다. 그로서는 이
런 성대한 환영이 감격스럽기만 했다. 8년 전, 영왕 주신호의 반란군과 전
투를 벌일 당시의 호각 소리, 활시위의 울림이 마치 귓전에 맴도는 듯했다.
'세상만사가 끊임없이 변해가건만 인심은 여전하구나!' 감개무량했다. 그는
백성에게 진심으로 감사를 표했다.

왕양명은 남창에 머물면서 공자묘를 참배했고, 그곳 명륜당明倫堂에서
『대학』을 강학했다. 강학은 대성황을 이루었다. 막중한 임무가 내려진 터라
그리 오래 머물지는 못하고 바로 남창 백성과 작별해야 했다. 그는 다시 감
강贛江을 거슬러 올라 길안吉安에 도착했다. 길안에서는 제자 300여 명이
나와 그를 맞이했고, 이곳에서 그는 생애 마지막으로 대규모의 공개 강학
을 주도했다.

11월 20일, 왕양명은 당시 양광 총독부가 있던 광서성 오주梧州에 도착
했다. 도착하자마자 곧바로 사은·전주의 소위 '반란'과 관련된 제반 업무
처리에 착수했다. 사실 그는 강서 경내로 진입하는 순간 이미 노소·왕수
의 '반란' 사건에 대해 철저하게 그 내용을 파악하고 있었다. 이보다 앞서

10월에 그는 이미 강서·호광·광동·광서 4개 성의 각 관아에 공문을 보내 노소·왕수의 '반란' 사건을 면밀히 조사하여, 구체적 상황과 그에 대한 현지 관리들의 의견을 보고하도록 지시해둔 터였다. 이와 동시에 전쟁 발발 가능성을 염두에 두고 나름대로 필요한 대책을 수립해나갔다. 주로 병사 모집과 그들에게 지급할 봉급 문제 등이었다. 또 전임 도어사 요막이 징집해둔 호광 지역의 토병 6000여 명에게는 잠시 오주에 주둔하되 자신이 오주에 당도한 다음 재배치할 것이라고 통보해두었다.

오주에 도착한 이튿날, 그는 양광 지역의 각 병비도兵備道(명대 각 성의 주요 군사 요충지에 배치한 관리. 주로 작전, 병참 등의 업무를 담당)에게 공문을 보내 철저하게 십가패법을 추진하라고 지시했다. 앞서 언급했듯이 십가패법은 왕양명이 고안해낸 독창적인 방식으로, 이미 여러 차례의 시행을 통해 그 효과가 입증된 일종의 호구 조사제였다. 과거 그가 제시한 병법 가운데 이런 항목이 있다. "외적을 방어하려면 먼저 내치가 제대로 이루어져야 하고, 백성을 안정시키려면 반드시 풍속을 개조해야 한다." 그가 추진한 십가패법은 바로 '내치 구축'을 목표로 한 조처였다.

이처럼 왕양명은 신속하게 군사적 대비를 갖추는 한편, 노소·왕수가 거병하게 된 배경에 대해서도 다각도로 조사해보았다. 면밀한 조사를 바탕으로 마침내 그는 그들이 벌인 소위 '반란'의 진상을 규명할 수 있었다. 사은·전주 사건의 전후 맥락을 분석한 결과, 그는 그들을 무력으로 진압하기보다는 설득과 위무慰撫가 상책이라는 결론에 도달했다. 그는 자신의 대응책을 조정에 보고하면서 다음 두 가지를 건의했다.

첫째, 노소·왕수의 이른바 '반란'은 결코 사실이 아니다. 따라서 조정은 그들의 죄를 사면하여 그들 스스로 새로운 길을 개척하도록 유도해야 한다. 만약 조정에서 무력으로 대응한다면 명분은 있을지 몰라도 현지 백성의 지지는 받을 수 없다. 만약 전투가 벌어진다면 장기전이 될 가능성도 높다. 이렇게 되면 조정의 권위를 지키기 어렵고 국가적으로도 불행이다. 막대한 군비가 소요되어 백성의 부담이 가중되고 결국 조정도 민심을 잃을 것이기 때문이다.

둘째, 현지 소수민족의 생활 습관이나 문화적 전통을 감안할 때, 토사제를 폐지하고 한족 관리를 등용하는 '유관流官' 제도가 이 지역에서 꼭 효율적이지만은 않다. 이 지역은 예외적으로 토사제를 시행할 필요가 있다. 이 지역까지 일률적으로 한족 출신 관리를 등용한다면 현지 소수민족에게 실질적인 이익을 주기는커녕 오히려 새로운 문제가 야기될 수도 있다. 따라서 과거처럼 토사를 부활하여 민족 자치를 실시하되, 한족 지부知府를 두어 그들에 대한 관리 감독을 강화하면 된다.

왕양명이 말하고자 한 의도는 명료했다. 한족 거주지에 적용하고 있는 정책을 천편일률적으로 소수민족 거주지에도 그대로 적용해서는 안 된다는 것이었다. 조정이 소수민족으로부터 전폭적인 지지를 얻으려면 일도양단식이 아닌 선별적인 특별 정책이 필요하다는 뜻이다. 이번 사은·전주 사태만 해도 그 직접적인 원인은 토사제의 폐지로 인해 소수민족이 겪는 여러 가지 생활상의 불편 때문이었다.

사정이 이런데도 전임 도어사 요막은 현지인의 '고유한 정서'에 대해서는 전혀 이해하지 못했다. 고압적인 태도로 걸핏하면 무력을 휘둘렀기에 그들의 반감을 샀다. 실제로 노소·왕수 역시 결코 조정에 저항할 의사가 있는 건 아니었다. 오히려 요막이 상황을 오판하여 우왕좌왕하면서 과잉 반응을 보였기에 수습이 불가능할 정도로 일이 꼬이고 만 것이다. 이렇듯 근본적인 잘못이 조정에 있는 한, 그걸 개선해서 더 이상의 실수를 막는 게 중요했다. 다시 말하면 노소·왕수를 설득해서 사태가 더 이상 악화되는 걸

방지하는 게 상책이었다. 조정의 권위를 회복하고 백성을 안정시키려면 그 길밖에 다른 방도는 없었다.

사료에 따르면, 왕양명의 이런 건의가 전달되자 조정 관리들 사이에서는 의론이 분분했다고 한다. 하지만 결국 병부는 왕양명의 건의를 받아들였다. 조정은 "왕양명의 대책에 동의하니 알아서 처리하라"는 명을 하달했다. 이와 함께 12월 2일, 그에게 양광 순무를 겸직하라는 교지가 내려졌다.

당시 양광 순무로 있던 요막과의 업무 인수인계가 마무리되자마자 왕양명은 서둘러 사은·전주의 이른바 '반란' 건을 처리했다. 그가 다방면으로 의견을 수렴해보니 예상대로 노소·왕수를 설득하여 투항토록 하자는 여론이 지배적이었다.

12월 하순, 그는 광서 우포정사右布政使 임부林富(후일 삼일교三一敎[삼일교는 명 중엽에 발흥한 민간 종교로서 창시자는 복건 출신 임조은이다. 유불도를 통합한 사상 체계를 가진 삼일교는 명말 청초에 크게 성행했는데, 푸젠·타이완 및 동남아 일부 국가에서는 오늘날까지도 전파되고 있다. 삼교三敎 또는 하교夏敎라고도 한다.—옮긴이]를 창시한 임조은林兆恩의 조부)에게 명하여 당초 요막이 징집해둔 3개 성의 군대를 완전 해산하여 그들이 제때 농사를 지을 수 있도록 하라고 지시했다. 이렇게 불과 며칠 사이에 왕양명은 수만 명 규모의 군대를 해산시켰다. 귀향 병사의 여비를 해결하기 위해 병사들 각자가 소유한 말이나 무기 따위를 파는 걸 허용했다. 동시에 공금을 동원하여 그것을 모두 관아에서 사들였다.

왕양명은 각 성 출신의 병사들은 해산시켰지만, 호광 보정保靖 지역 토사에서 징발한 토병에 대해서만은 잠시 해산을 보류했다. 광서에서 호광까지의 거리가 너무 먼 데다, 토병들의 기강이 너무 해이해서 통과하는 지역의 백성을 곧잘 괴롭혔기 때문이다. 이에 왕양명은 그들이 통과하는 지역의 관아와 사전에 연락을 취해서 그들의 양식을 미리 준비해두라고 한 다음 내보냈다.

거듭 말하지만 노소·왕수는 애초부터 조정에 반역을 꾀할 생각은 없었다. 그들이 현지인을 결집하여 산속으로 숨어든 것은 자신의 생명을 보전해야겠다는 자구책이며 부득이한 행동이었다. 각 성에서 징발된 군대를 해산시키는 왕양명의 조처를 본 그들은 여기서 한 가닥 갱생의 희망을 갖게 되었다. 이에 가정 7년(1528) 1월, 노소와 왕수는 자기 휘하의 두목을 왕양명에게 보내 투항하겠다는 의사를 표시했다. 투항 의사를 밝히러 온 두목을 융숭하게 접대한 다음, 왕양명은 노소와 왕수에게 군대를 이끌고 자진 투항하라고 통보했다. 대개 이런 내용이었다.

> "너희에게 큰 죄는 없지만 그렇다고 전혀 죄가 없는 건 아니다. 수만의 군사를 결집하여 산속으로 잠입해 들어갔으니 이로 말미암아 수만 가정의 가족이 뿔뿔이 흩어지는 결과를 빚었다. 게다가 조정이 많은 군사를 동원하게 함으로써 3개 성의 안정을 크게 훼손했으니 이게 바로 너희의 죄목이다. 본관은 너희가 산속으로 잠입한 의도가 순전히 목숨을 부지하기 위해서였다는 점을 충분히 이해한다. 그러니 이 통보를 받은 후 20일 이내에 부하들을 이끌고 와서 자진 투항하라. 그렇지 않으면 군대를 동원하여 깡그리 섬멸하겠다. 이는 자업자득이 될 것이다."

이 통보를 받은 노소·왕수는 너무나 반가웠다. 그들은 즉각 병사를 이끌고 투항하기로 결정했다. 왕양명은 그들에게 부하를 철저히 단속하여 각 지역을 통과할 때 백성을 괴롭히는 일이 없도록 하라고 지시했다. '백성의 재물은 풀 한 포기라도 절대 건드리지 말라'는 요구였다.

가정 7년(1528) 1월 26일, 노소 휘하의 4만여 명과 왕수 휘하의 3만여 명이 모두 남녕에 당도하여 성 외곽에 주둔했다. 이튿날 노소와 왕수는 스스로를 포박한 다음 왕양명에게 투항서를 들고 나타났다. 두 사람이 제 발로 투항해온 건 가상했지만 이들 때문에 지난 2년여간 이 지역이 공포에 떨었던 걸 생각하면 어쨌든 처벌은 불가피했다. 왕양명은 두 사람에게 곤장형을 내렸고, 그들 또한 전혀 원망하는 내색 없이 이 처분을 달게 받아들였다.

　노소와 왕수가 투항하자 왕양명은 그들에게 군대를 해산하고 병사들은 귀향시켜 농사를 짓게 하라고 명했다. 한때 온 나라를 떠들썩하게 했던 소위 '사은·전주의 반란', 4개 성의 병사를 총동원하여 수차례 토벌에 나섰지만 아무런 효과도 거두지 못했던 이 사건을 왕양명은 단 한 명의 병사도 동원하지 않은 채 신속하게 마무리함으로써 사태를 원만하게 해결했다. 현지 백성이 환호작약한 건 당연지사였다. 2월 13일, 그는 사건의 처리과정을 소상하게 담아 조정에 보고했다.

　왕양명의 사건 처리과정을 한번 살펴보자. 우선 그는 치밀하게 현실 상황을 파악했고 사심 없이 정석대로 일을 처리했다. 애당초 조정에서는 수차에 걸쳐 노소·왕수를 공격했지만 아무런 성과가 없었다. 그런 상황에서 왕양명을 광서로 파견한 것은 그의 군사적 재능을 빌려 무력으로 평정하겠다는 의도였다.

　하지만 왕양명의 판단은 달랐다. 원래부터 노소와 왕수는 조정에 반기를 들 생각이 전혀 없지 않았던가. 오히려 조정의 정책 실패, 현지 관리의 오판과 과잉 반응 때문에 일이 더 엉망진창으로 꼬여버린 게 아니던가. 그는 조정이 천편일률적으로 토사를 폐지하고 한족 관리를 임명한 것이 소수민족의 민족 정서를 훼손했다고 판단했다. 그래서 그는 과감하게 민족 자치 정책을 지속적으로 추진하는 쪽으로 방향을 선회했다. 백성과 대립하기보다는 우선적으로 그들의 입장을 배려했고, 또 국가 이익을 고려했다. 후대에 혹자는 노소·왕수에 대한 왕양명의 회유책이나 소수민족 자치 허용 정책을 비판하기도 하지만, 이는 동의하기 어려운 비판이 아닐 수 없다.

특수한 환경에서는 특수한 생활 방식이 조성되고, 이는 또 특수한 문화적 전통으로 이어진다. 정치적 관리 체계나 방식은 이런 특수한 문화적 전통에 부합해야만 제대로 효과를 거둘 수 있다. 왕양명은 사은·전주 사태를 해결한 다음, 토사제를 재도입했고 현지 소수민족의 소원대로 그들의 풍속, 생활 양식, 문화 전통을 존중해주었다. 또 그는 한족 출신이 맡는 '유관'을 두어 소수민족의 자치를 관리 감독하도록 했다. 이렇게 되면 조정 정책은 일관성을 유지하기가 용이하고, 소수민족 또한 중앙 정권에 충성을 다할 수 있다. 이런 점에서 왕양명의 책략에는 탁월한 정치적 식견과 진보성이 담겨 있다.

당시 사람들 사이에서는 사은·전주와 같은 소수민족 집단 거주지에서는 조정의 통치력이 제대로 미치지 않는다는 인식이 지배적이었다. 왕양명은 그 원인을 낙후된 교육에서 찾았다. 교육이 낙후되면 백성의 도덕심이 결여되고 그것은 직접적으로 통치 효과에도 영향을 미칠 거라고 판단했다. 이에 그는 사은·전주 사태가 마무리되자 곧바로 그곳에 학교를 건립했다. 또 빈주賓州에는 빈양賓陽 서원을, 남녕에는 부문敷文 서원을 각각 설립하여 자신이 직접 강학을 담당했다. 학교와 서원 건립은 도덕을 최우선시한 그의 정치 철학을 구현하는 것이면서 동시에 한족 문화를 소수민족에게 전파하는 촉매제가 되기도 했다.

하지만 당시 광서 지역에는 또 다른 위협이 하나 도사리고 있었다.

바로 단등협斷藤峽과 팔채八寨 등지에 할거하고 있던 지방 무장 세력이었

왕양명이 남녕부에 도착한 후, 도적 수괴 노소와 왕수가 투항 의사를 밝히면서 스스로를 결박
한 채 그를 찾아왔다. 왕양명은 그들을 참수하지 않고 곤장형에 처함으로써 그 죄를 용서했다.

다. 왕양명은 그들 때문에 줄곧 마음을 놓지 못하고 있었다. 당시 그들은 조정의 정치적 안정을 저해하는 심각한 불안 요소로 부각되고 있었다. 양광 총독 겸 양광 순무의 직위를 맡은 왕양명에게 지역 안정, 생활 및 정치 질서 유지는 당연한 책무였다. 그는 단등협과 팔채에 할거하는 무장 세력을 소탕함으로써 정치적 안정과 조정 정책의 일관성을 유지해야겠다고 판단했다.

그러나 이 소탕전은 그의 생애 마지막 전투가 되었다.

제 17 장
최후의 전투

단등협과 팔채에 할거하는 무장 세력 소탕전을 설명하기에 앞서 몇 가지 사항을 이해해둘 필요가 있다.

(1) 단등협의 위치 : 단등협은 검강黔江 하류에 위치하고 있는데 그 길이가 40여 킬로미터로, 협곡 대부분은 지금의 광시성 구이핑桂平에 위치한다. 광서 지역에서는 길이가 가장 길고 험난한 협곡이다. 명대에는 단등협 주변에 주로 소수민족인 야오족瑤族과 좡족壯族이 거주했는데, 그들의 생활 습관이나 문화는 한족과는 판이했다.

(2) 단등협의 명칭 : 원래 단등협은 대등협大藤峽이라고 불렀다. 들리는 말로는 이 협곡의 강 언덕에 덩굴 식물인 등나무가 자라고 있었는데 그 줄기가 강을 가로지를 정도로 매우 굵었다고 한다. 이 등나무가 낮에는 주로 수면 아래 가라앉아 있다가 밤이면 수면 위로 떠올랐기에 현지 주민들은 이것을 이용해서 강을 건너기도 했다. 명 성화成化 연간(1465~1487), 대등협 일대에 소수민족 무장 세력이 할거하여 지역 사회를 어지럽히는 사태가 빈발했다. 이에 한옹韓雍이라는 관리가 군대를 이끌고 와서 이 큰 등나무를 잘라버렸는

데, 이때부터 대동협의 명칭이 단등협으로 바뀌었다. 정덕 연간, 당시의 도어

사 진금陳金이 현지 소수민족에게 검강을 통과하는 상선에 대한 통과세 징수

권을 부여하면서부터는 다시 영통협永通峽으로 바뀌었다. 요즘 들어서는 다

시 대등협이라고 부른다.

(3) 팔채 : 팔채는 산속에 있는 도적 떼의 근거지인 산채를 가리키는데, 8개

산채의 명칭을 일일이 다 밝히기는 어렵다. 또 세월이 흐르면서 더러 지명이

바뀌기도 했기에 일부 산채의 위치가 정확히 어딘지도 지금으로서는 알 길이

없다. 하지만 이 산채들은 대부분 지금의 광시 좡족 자치구 내 상린上林과 신

청忻城 경내에 위치하고 있었다.

이상에서 보듯, 단등협과 팔채는 모두 지형이 아주 험준한 광서성 오지

에 위치했다. 즐비하게 늘어선 험산과 급류, 까마득히 높은 절벽 등으로 인

해 교통도 불편했고 외부와의 교류도 거의 차단되다시피 했다. 외부인이

그곳으로 진입하기란 더더욱 어려웠다. 단등협을 지나 서쪽으로 나가면 바

로 팔채로 통할 정도로 두 곳은 서로 이웃해 있었다.

단등협·팔채에 거주하는 소수민족은 명 초엽부터 이미 무장 세력을 조

직하여 자주 관아를 습격하거나 양민의 재물을 약탈했다. 그래서 그들은

조정과 양민 모두에게 심각한 골칫거리였고, 조정에서는 일찍이 명 초엽부

터 이 지역의 무장 세력을 무력으로 진압하고자 노력해왔다. 사료에 따르

면 성화 연간에 한옹이 동원한 병력은 최대 16만 명에 달했다고 한다.

정덕 연간(1506~1521)에 들면서 이 지역의 무장 세력이 다시 활개를 치

기 시작했고, 가정嘉靖 5년(1526) 이후부터는 조정의 병력 동원이 끊이지

않았다. 노소·왕수를 중심으로 한 소위 '사은·전주의 반란'이 있었고, 또

단등협·팔채에서도 지속적으로 무장 세력이 준동했다. 그들은 서로 결탁

하여 약탈을 자행했기에 그야말로 한시도 편할 날이 없는 혼란의 연속이었다.

왕양명이 보기에도 단등협과 팔채의 폐해는 여간 심각한 게 아니었다. 그는 당시의 상황을 이렇게 표현했다. "도적 떼의 소굴이 수백 리 연이어 있고, 그들의 횡포로 인해 백성의 피해가 막심하다. 그러나 여태껏 소탕다운 소탕은 한 차례도 이루어지지 않았다. 양광 지역 도적 떼의 온상을 없애지 못한다면 도적 떼는 결코 사그라지지 않을 것이다." 이에 왕양명은 가정 7년(1528) 2월, 노소·왕수를 굴복시켜 사은·전주 사태를 마무리한 다음, 곧바로 단등협·팔채의 무장 세력에 대한 토벌을 계획했다.

앞서 보았듯이, 사은·전주 사태를 마무리한 다음 왕양명은 전임 도어사 요막이 징집한 3개 성의 군대를 해산시켰지만, 호광 지역의 토병만은 그대로 남겨두었다. 왜 그들만은 즉각 귀향시키지 않았을까.

당시 그가 공개적으로 표방한 이유는 이러했다.

"호광 출신 토병들은 자그마치 6000여 명이나 된다. 그들이 귀향하려면 우선 광서에서 호광까지의 거리가 너무 멀다. 게다가 토병은 기강이 너무 해이해져 통과 지역의 백성을 괴롭히는 일이 잦았다. 따라서 지역 관아에 사전에 연락을 취해 그들을 엄격하게 통제할 필요가 있다."

하지만 당시 왕양명이 그들을 곧바로 귀향시키지 않은 이유는 따로 있었다. 이 6000여 명의 호광 토병을 단등협 토벌의 주력 부대로 편성할 생각이었다.

한편, 왕양명의 회유를 받아들여 자진 투항한 노소와 왕수는 조정에 보은하는 뜻으로 왕양명의 지휘를 따르겠다는 의사를 표시했다. 그때 왕양명은 두 사람에게 일단 군대를 해산하여 병사들에게 3개월의 휴가를 주라고 명했다. 농사를 지을 수 있게 해주려는 배려였다. 그리고 3개월이 지나 노소·왕수의 병사들은 다시 팔채 토벌의 주력 부대가 되었다.

먼저 단등협 전투에 대해 알아보자.

가정 7년(1528) 2월 하순, 왕양명은 공개적으로 호광 영순·보정 출신의 토병들에게 광서에서 철수할 것을 명령했다. 이때 그는 토병이 통과하는 지역의 관아에 공문을 보내 그들을 엄격하게 감독하라고 지시했다. 해당 지역 백성을 괴롭히거나 재물을 절대 빼앗지 말라는 내용이었다. 이와 동시에 그는 또 호광 토병의 지휘관, 즉 영순·보정의 두 선무사宣撫使에게는 별도로 비밀 군령을 하나 내보냈다. "철군하는 토병은 관군과 협조하여 단등협을 공격하라!"는 군령이었다. 이렇게 볼 때, 호광 토병의 철군은 명목상으로는 '철군'이었지만 실제로는 비밀리에 진행된 대규모의 군사 작전이나 다름없었다.

단등협을 공략하기 위해 왕양명은 우선 정탐병을 내보내 주변 산채의 도로 상황을 면밀히 조사했고, 또 만일에 대비해서 단등협 전투를 두 단계로 분리했다. 그 첫 단계는 우창牛脹·육사六寺·마도磨刀에 위치한 산채 공격, 두 번째 단계는 선대仙臺·화상花相의 산채에 대한 공격이었다.

첫 단계에서는 호광 토병을 여섯 부대로 분산하여 포위 작전을 폈다. 3월 하순, 그는 각 노선의 부대를 배치하면서 그들에게 기강을 엄격히 준수할 것을 지시하는 한편, 다음과 같은 특별 명령을 하달했다.

"이번 작전의 최종 목표는 도적 떼를 토벌하여 백성을 평안케 하는 것이다. 도적의 수괴는 도륙하되 살상은 최대한 자제하라. 마을을 통과할 때 절대 소동을 피우지 말고 백성의 재물을 건드리지 말라. 이 군령을 어기는 자는 그 자리에서 참수하겠다. 각 부대가 정해진 위치에 도착하면 해당 지휘관은 도로의 방향, 적병의 규모, 마을의 상황 등을 미리 잘 파악해두어

라. 양민이 거주하는 마을에는 깃발을 꽂아 표시하고, 전투가 시작되면 아군은 팔뚝에 누런 띠를 매어 식별이 가능하도록 하라. 적의 퇴로를 차단하여 도망치는 자가 한 명도 없도록 하라."

　단등협을 공격하기 전까지, 왕양명은 자신이 군사 행동을 개시한다는 그 어떤 흔적도 노출하지 않았다. 기습 공격을 노린 것이다. 그 자신은 시종 남녕에만 머물면서 전투의 낌새를 전혀 내보이지 않았다. 남녕에 주둔했던 호광 토병의 '철수' 작전도 공개리에 시끌벅적하게 진행됐다. 겉으로 보면 분명 철군인데, 어떻게 이것이 사실상의 '진군'이 될 수 있었을까. 원래 토병이 호광으로 귀환하려면 반드시 계평桂平을 통과해야 했다. 따라서 군대가 계평으로 이동하는 것은 철군의 당연한 수순이었다.
　또 그들이 남녕을 떠날 때는 전마, 주요 무기, 군량미 등을 완전히 은폐하고 있었기에 전투에 나서는 낌새가 추호도 노출되지 않았다. 결국 토병이 계평으로 이동했지만 단등협의 산채에서는 이들의 움직임에 대해 전혀 주목하지 않았다. 이뿐 아니라 왕양명이 계획한 토병과 관군 간의 연합 작전도 비밀리에 진행되었기에 이 역시 적의 경계심을 불러일으키지 않았다.
　4월 2일 새벽, 여러 갈래로 나뉜 부대는 전광석화처럼 단등협의 주요 산채를 습격했다. 아무런 방비를 하지 못했던 적진은 순식간에 혼란의 도가니로 빠져들었다. 철저하게 준비한 군대와 아무런 방비도 없었던 느슨한 적, 이 양자의 전투에서 누가 기선을 제압할지는 물어보나 마나였다. 적이 완강하게 저항하긴 했지만 관군의 전투는 비교적 순조롭게 진행되었다. 4월 10일, 마침내 1단계 작전이 성공리에 마무리되어 우창·육사·마도 이 세 산채의 적이 일망타진되었다.

왕양명은 곧바로 2단계 작전 돌입을 명령했다. 4월 11일 심야, 그는 선대·화상의 산채를 공략하기 위한 전략을 새로 마련했다. 관군·토병의 임무와 진격 노선을 재설정한 다음, 4월 13일 새벽을 기해 일제히 공격해 들어간다는 전략이었다. 이 무렵 선대·화상의 산채에서는 이미 어느 정도 방비를 갖추고 있었다. 이 때문에 왕양명은 앞서 우창·육사·마도 등지에서의 전투 때보다는 훨씬 큰 어려움을 겪었다. 하지만 이번에도 마무리는 순조로운 편이었다. 4월 24일, 마침내 이 지역 산채의 적들이 완전히 소탕되면서 열흘간의 전투가 종료되었다. 이로써 단등협 토벌은 기본적으로 마무리된 셈이었다.

　팔채 토벌전은 단등협 전투에 비해 상대적으로 어려움이 많았다. 팔채가 위치한 지역이 광활한 데다 지형이 아주 험난했고, 산채의 수도 더 많았기 때문이다. 소위 팔채란 규모가 큰 것만 여덟 개, 각 산채의 병력은 1000여 명에 달했다. 그들은 험난한 요새를 점거하고 있는 데다 세력 자체가 막강했다. 팔채는 각기 독립적으로 생활했지만 평소 서로 연락은 취하고 있었다. 도처에서 노략질할 때는 독자적으로 움직였지만, 관군의 공격 등 일단 경계령이 떨어지면 신속하게 결집하여 하나의 조직으로 변신했다. 그들에 대해 왕양명은 이렇게 분석했다. "팔채는 겉으로 보면 여덟이지만 실은 하나의 조직체다. 저들의 세력이 워낙 막강하다 보니 지금껏 관군이 제대로 섬멸할 수 없었다."

　총체적으로 볼 때 단등협과 팔채에서의 전투는 서로 긴밀하게 연결된 하나의 고리로 볼 수 있다. 그러나 관군 입장에서는 주력 부대가 서로 다르고 또 토벌 대상이 달랐기에 두 전투에서 왕양명이 수립한 전략이나 작전 방식 또한 다를 수밖에 없었다. 그는 팔채 전투를 단등협 때와는 다른 독립된 전투라고 판단했다. 3월 하순 전투 계획을 세우고, 4월 초순 전력

배치, 4월 하순 작전 개시, 그리고 6월 중순에 진압하기까지 팔채 토벌전의 모든 과정은 한 달 보름 정도가 소요되었다.

앞서 말했듯이 단등협 전투가 마무리된 후 호광 토병은 남녕에 주둔하고 있었다. 이때 팔채에서는 왕양명의 군대가 언제 급습해올지 몰라서 한시도 경계심을 늦추지 않고 있었다. 하지만 그 후에 벌어진 일련의 조짐을 보고 나서 그들은 어느 정도 안심해도 좋겠다는 판단을 하게 되었다. 예컨대 대규모로 진행된 관군 해산, 노소·왕수의 투항과 그 조직의 해산, 호광 토병의 철수 등이 그것이었다. '제아무리 연전연승으로 천하에 이름을 떨치는 왕양명이라고 해도 감히 우리를 어쩌진 못하겠지.' 애당초 그들이 품었던 경계심은 이렇게 느슨해지기 시작했다.

이런 상황에서 팔채에서는 소규모 인원을 동원하여 슬금슬금 약탈 행위를 시작했다. 자신들의 이런 행동에 대해 과연 왕양명이 어떤 반응을 보일지 궁금했던 것이다. 왕양명의 반응은 의외였다. 보고도 못 본 척하고 제멋대로 날뛰어도 아무런 대응을 하지 않았다. 이에 팔채는 점점 더 대담해졌다. 처음에는 전투태세를 다소 느슨하게 하더니 급기야 아예 방비할 기미조차 보이지 않았다.

하지만 이 모든 것은 허허실실법이었다. 은연중에 그들은 왕양명이 파놓은 함정 속으로 깊숙이 빠졌다. 이때까지만 해도 팔채의 수괴들은 의기양양해서 대담하게 도처에서 약탈을 자행했다. 이제 그들은 도망치려야 도망칠 수도 없는 지경에까지 이르렀다. '하늘이 준 기회를 어찌 놓칠쏘냐.' 이제 시기가 무르익었다고 판단한 왕양명은 4월 초순, 광서 우포정사 임부 등을 소집하여 비밀회의를 열고, 팔채 공략의 구체적인 전략을 제시했다.

그런 한편 또 노소·왕수에게도 비밀리에 군대를 결집하여 팔채 공략에 대비하라는 명령을 하달했다. 다행히도 노소·왕수가 지휘하는 군대는 모두 현지인으로 조직되었기에 팔채의 지형에 대해서는 누구보다 익숙했다. 그들은 전투 경험도 많았고 특히 산악 전투에 능했다. 이에 왕양명은 노소·왕수의 군대를 주력군으로 편성하는 한편 관군을 보조 부대로 배치했다. 이와 함께 그는 각 관아에 명령하여 십가패법을 철저하게 시행하여 전투 준비에 만전을 기하도록 했다.

4월 22일, 각 부대는 왕양명의 치밀한 배치에 따라 각기 지정된 전투 위치로 이동했다. 행군은 은밀하게 이루어졌다. 야음을 틈타 이동하되 행군 중에는 입에 하무(옛날 군대에서 병사들이 떠들지 못하도록 입에 물리던 나무 막대기)를 물려 소리를 내지 못하게 함으로써 그들이 지나가는 마을에서조차 눈치채지 못할 정도였다. 이튿날 새벽, 각 부대는 일제히 팔채로 진격했다. 이 급습은 전투 초반부터 엄청난 효력을 발하기 시작했다. 험난한 요새를 순식간에 돌파하여 적을 깡그리 섬멸했고, 각 산채로부터 속속 승전보가 날아들었다.

보름 후, 적의 주요 산채는 거의 대부분 소탕되고 마침내 팔채 전투는 성공리에 마무리되었다. 그런데 왕양명이 전투 성과를 점검하는 과정에서 이상한 현상이 하나 발견되었다. 모든 산채가 소탕되었는데도 산채의 수괴들은 그림자조차 보이지 않았던 것이다. 살해되지도, 그렇다고 포로로 잡히지도 않은 수괴들은 다 어디로 갔단 말인가. 정말 신기한 노릇이었다. 정상적인 상황이라면 산채가 모조리 소탕된 이상, 수괴의 종적은 반드시 드러나게 마련이다. 몇몇이 개별적으로 도망치는 경우도 물론 있을 수 있겠지만 절대 다수의 수괴가 보이지 않는다는 건 이상한 일이었다. 또한 예전과 달리 군대의 사기가 현저히 저하된 것을 발견했다. 전투 전까지만 해도 병사들의 사기는 하늘을 찌를 듯 고조되어 있지 않았던가.

왕양명은 이런 상황을 도무지 납득할 수 없었다. 과거의 경험에 비추어

볼 때 군대 내부에 뭔가 중대한 문제가 발생한 게 분명했다. 어쩌면 일부 병사가 개인적으로 탐욕을 부렸을지도 몰랐다. 산채에 있는 여자와 재물에 욕심이 나서 전투에는 참여하지 않고 몰래 적의 수괴와 내통하여, 그들을 도망시키거나 살려주었을 수도 있었다. 이렇게 되면 내부의 사기가 진작될 리 없고, 위험한 상황으로까지 치달을 가능성도 높았다. 만약 적이 이런 상황을 인지하고 급습한다면 아군이 참패할 수도 있었다.

이에 왕양명은 각 부대 지휘관을 동원하여 내부 조사에 착수했다. 지휘관에게는 부대 깃발과 표지를 휴대하도록 했다. 그리고 설사 여자를 은닉하고 있는 토병을 적발하더라도 당장 처벌을 내리지는 않았다. 그들에게 한 번 더 기회를 주자는 생각에서였다. 그들을 수색대로 내보내 공을 세우고 귀환할 경우 오히려 여자와 재물을 되돌려주기까지 했다. 과거의 죄과를 불문에 부친 것이다. 그러나 토병이 여자와 재물을 차지하고도 부여한 임무를 거부할 때는 그 자리에서 참수함으로써 엄격한 군기를 보여주었다.

왕양명이 이렇게 엄격한 군기를 적용하자, 과연 그 효과가 확실하게 나타났다. 각 부대 지휘관의 독려 속에 6월에 들어서면서부터 각 부대는 속속 승전보를 전해왔다. 적의 수괴들은 줄줄이 생포되거나 피살되었고, 팔채는 거의 소탕되기 일보 직전에 이르렀다. 혼비백산하여 사방으로 뿔뿔이 도망치는 적에 대해서는 한 명도 놓치지 말라는 명령이 떨어졌다. 결국 팔채의 패잔병들은 관군에 쫓겨 횡수강橫水江 강변까지 도망쳤다. 수천 명에 달하는 적은 강을 건너기 위해 앞다투어 배에 올랐지만 배가 전복되는 바람에 수많은 사람이 익사하기도 했다.

당시 폭풍우가 몰아쳤기에 관군은 더 이상의 추격을 포기하고 부대로 귀환할 수밖에 없었다. 폭우는 그 후에도 열흘 이상 지속되었다. 날이 갠 다음 왕양명이 군사를 파견하여 산속을 수색했을 때, 병사들은 더할 나위

없이 처참한 광경을 목도했다. 동굴과 숲속, 절벽 아래까지 수천에 달하는 시신이 부패한 채 나뒹굴고 있었던 것이다.

이에 왕양명은 더 이상 팔채의 잔존 세력이 없다는 판단을 내리고 각 부대의 귀환을 명령했다. 6월 중순, 팔채 전투는 이렇게 종료되었다.

전투가 끝난 후, 왕양명은 관례대로 호광 토병, 노소와 왕수 등을 포상했다. 그리고 7월 10일에는 「팔채단등협첩음소八寨斷藤峽捷音疏」를 조정에 올렸다. 두 지역에 할거했던 도적 떼를 섬멸한 과정을 소상하게 기록한 상소였다. 이틀 후 다시 상소문을 올렸다. 여기서 그는 후환을 우려하며 어떻게 하면 이 두 지역을 효율적으로 통치할 수 있는지에 관한 자신의 견해를 밝혔다.

(1) 남단위성南丹衛城을 팔채(지금의 신청忻城 경내에 위치)로 이전한다. 팔채는 지형이 험난하면서도 서로 연결되어 있다. 남단위성을 팔채에 축조하면 팔채 간의 상호 연락을 막아 설령 일부 산채에 도적이 할거하더라도 남단위성이 방어벽 역할을 할 수 있다. 이렇게 되면 그들을 토벌하기가 훨씬 용이해진다.

(2) 사은부思恩府의 성곽을 황전荒田(지금의 우밍武鳴 경내에 위치)으로 이전한다. 사은부의 성곽은 교리橋利에 있었지만 고산 지대여서 교통이나 주민의 생활이 매우 불편했다. 반면 황전은 이름과는 달리 토지가 비옥한 평지다. 교리에서도 불과 60리 거리이니 교통이나 주민 생활이 아주 편리해진다.

(3) 봉화鳳化현의 관아를 삼리三里에 신설한다. 봉화현은 사은부의 관할지이지만 원래부터 현 관아가 따로 없다. 상림上林현에 속해 있는 삼리는 광활한 평지이니 현 관아를 새로 설치하기에 아주 적합하다. 삼리에 관아가 새로 들어서면 사방으로 교통이 편리해서 사은부와도 소통이 원활해

진다. 이렇게 되면 이 지역을 효율적으로 관리할 수 있고 주민의 생활도 편리해진다.

⑷ 사룡思龍에 '유관流官'이 다스리는 관아를 신설한다. 사룡은 남녕부 선화宣化현에 속하지만 관할 면적이 너무 넓어서 관리하는 데 어려움이 있다. 따라서 사룡에 새로 관아를 설치하여 전주부 관할로 바꾸고, 한족 출신 '유관'을 임명하여 관리를 강화한다.

⑸ 단등협 주변에 있는 오둔五屯에 방어 보루를 증축한다.

이 다섯 건의안은 통치의 효율성과 백성의 생활 안정을 도모하기 위해서였다. 사실 이 두 가지 목적은 서로 긴밀하게 맞물린 과제이기도 했다. 교통이 불편하거나 관아의 통치가 소홀한 지역은 주민들의 삶이 상대적으로 열악해서 걸핏하면 그들이 산림 속으로 몰려가곤 했다. "백성의 삶의 여유는 안락한 환경으로부터 출발한다. 삶의 여유가 있어야 질서도 바로 잡힌다. 안정된 질서를 바탕으로 관리 감독과 도덕 교육을 강화할 때 민심은 더없이 후덕해질 것이다. 풍속을 바꾸고 민심을 교화하는 일이야말로 장기적 안정을 실현하는 첩경이다." 왕양명은 바로 이 점에 유의했다.

단등협·팔채의 전투를 치르고 나자 왕양명의 건강 상태는 이전보다 훨씬 더 악화되었다. 그런 중에도 그는 예전처럼 늘 주변 지형을 시찰하면서 각지의 지리적 상황을 파악하는 데 주력했다. 장기적으로 정치적 안정과 질서 유지, 안락한 삶을 유지하려면 자신이 최대한 지혜를 짜내야 한다는 일념에서였다.

하지만 조정에 올린 왕양명의 이 건의안이 그대로 채택된 건 아니었다. 조정 내부에서 의견이 분분했기 때문이다. 그중에서 실제 시행된 것은 앞의 세 항목이었다. 즉 남단위성을 팔채로, 사은부 성곽을 황전으로 각각 이전하자는 것과 삼리에 봉화현 관아를 신설하자는 건의 등이 그것이다.

왕양명이 이런 시책을 추진함으로써 그 성과는 물론 더없이 좋았다. 하부 행정 조직이 좀더 합리적으로 구획되어 균형감 있는 통치가 이루어졌고, 동시에 행정의 효율성도 크게 향상된 것이다.

9월 초순이 되자 조정에서는 사은·전주 사태를 마무리한 공로를 인정하여 왕양명에게 상을 하사했다. 은 50냥과 비단 4필이었다. 하지만 단등협과 팔채를 토벌한 공적에 대해서는 아무런 언급이 없었다. 9월 20일, 그는 관례대로 상소를 올려 조정에 감사의 뜻을 표했다. 당시 그는 상소문에 자신의 건강 상태를 언급하면서 "병으로 자리에 누운 지 이미 한 달이 넘었고, 병세가 날로 위중해지니 살아생전에 조정으로 달려가 용안을 뵙기는 어려울 것 같다"라고 했다. 불길한 느낌이 드는 상소문이었다.

원래 그는 젊은 시절부터 줄곧 병약했고, 관리로 등용된 후에는 온갖 고난과 위험에 시달렸다. 그의 삶은 대부분 열악한 자연환경, 고달픈 생활과의 투쟁으로 점철된 것이나 다름없었다. 정덕 11년(1516)부터 시작하여 한시도 쉬지 않고 달려온 군영생활, 반군이나 도적 떼를 평정하기 위해 악전고투해온 나날들, 허약한 몸을 이끌고 오로지 승리를 위해 노심초사 외길을 걸어왔다. 영왕 주신호의 반란을 평정한 이후 그는 정치적 갈등에 휩쓸렸고 각종 유언비어, 무고와 치욕을 감내해야 했다. 보통 사람에게서는 찾아볼 수 없는 강인한 정신력을 가졌기에 가능한 일이었다.

중도에 잠시 집으로 돌아와 있을 때는 요양에도 물론 신경을 썼지만 철학적 사유를 위해 더 많은 시간을 할애했다. 그로서는 가장 행복한 시기이기도 했다. 강학활동, 제자들과의 토론, 생동하는 자연 속에서의 여유자적 속에서 그는 고결하고 광대무변한 성인의 도를 깨달았고, 고대 성현과 조우하는 즐거움을 만끽했다. 요양 중에는 한때나마 건강에 차도를 보이기도 했다. 바로 그런 시기에 조정의 부름을 받아 광서 지역으로 나갔다.

낯선 고장, 그는 혼신을 다해 전장을 내달렸고 이로 인해 건강은 더할 나위 없이 나빠졌다. 이 때문에 특히 그가 일찍부터 앓았던 기침병은 악화일로였다.

가정 7년(1528) 9월, 그의 심경은 그런대로 가벼웠다. 광서행의 최대 목표였던 사은·전주 사태를 순조롭게 마무리했고 수십 년간 조정의 골칫거리였던 단등협·팔채의 도적 떼도 섬멸했기 때문이다. 이제는 강학활동이 기다리는 집으로 돌아갈 수 있으리라. 그러나 그토록 그리던 회계會稽의 산수 경관, 몽매에도 잊지 못하던 성인지학의 강단은 결국 혼백으로나 도달할 수 있는 곳으로 변해버릴 줄은 이 무렵의 왕양명은 생각조차 하지 못했다. 그는 주신호의 반란이 평정된 뒤에도 조정 소인배들의 모함이 끊임없이 지속되리라고는 예상하지 못했고, 또 단등협·팔채의 토벌을 소인배들이 자신을 비방하는 꼬투리로 삼을 것이라는 것도 예기치 못했다.

어느덧 왕양명은 그간 한시도 포기하지 않았던 성인의 경지를 향한 자신의 발걸음을 멈추어야 할 시점에 이르렀다.

제 18 장

광명정대한 세상

가정 7년(1528) 8월과 9월 사이, 왕양명의 건강 상태는 너무나 피폐해졌다. 그러나 그는 여전히 주변의 지형 조사를 게을리하지 않았고, 안정을 도모하기 위한 노력을 경주했다. 동시에 그는 단등협·팔채 토벌의 후속 조처에도 심혈을 기울였다.

10월이 되자 건강은 그의 회복이 어려울 정도로 더 악화되었다. 기침이 심하게 도졌을 뿐만 아니라 무더위와 풍토병에도 시달려야 했다. 게다가 연이은 종군생활과 빈약한 의약품 때문에 온몸에 종기까지 부풀어오르는 상황이었다. 기침 때문에 잠을 못 이루거나 음식을 삼키기조차 힘든 경우도 잦아서 미음으로 끼니를 때우는 일도 허다했다. 자신의 건강 상태에 대해서는 왕양명 자신이 누구보다 더 잘 알고 있었다. 한시바삐 귀향하여 고향의 의사에게 치료받는 게 무엇보다 시급하다는 생각이 절실했다.

10월, 왕양명은 횡주橫州(지금의 광시성 헝현橫縣)을 떠나 남녕으로 향했다. 자신이 탄 배가 마침 어느 급류 지역을 지날 때, 그가 뱃사공에게 물었다.

"여기가 어딘가?"

"오만탄烏蠻灘이라는 곳인데, 이곳 강기슭에 복파장군묘伏波將軍廟가 있습니다."

그는 즉시 배를 강기슭에 정박시켰다. 몸은 병으로 고달팠지만 기슭으로 올라가 복파묘를 참배했다. 물론 유람이나 하자는 생각은 아니었고 특별한 이유가 있었다. 그가 열다섯 살 때 꾸었던 꿈이 떠올랐기 때문이다. 당시 그는 꿈속에서 복파장군묘를 참배했고, 시까지 한 수 지은 적이 있다. 첫 2구는 이랬다. "갑옷 벗고 전장에서 돌아온 마복파, 젊어서는 병법에 통달했건만 어느새 귀밑머리 하얗게 세었네." 왕양명은 열다섯에 혼자 집을 나가 거용관 등 변방의 관문을 살피면서, 천하 경영의 웅지를 품은 적이 있다. 어느덧 순식간에 흘러가버린 40년 세월, 이제 자신 역시 '귀밑머리가 새하얗게' 변해 있었다.

그가 복파장군묘 안으로 들어갔을 때 놀랍게도 그곳 광경은 40년 전 꿈속에서 본 모습 그대로였다. 놀랍고도 감개무량한 순간이었다. 그는 장군묘의 벽에 시 2수를 남겼다. 첫 2구는 이랬다. "40년 전 꿈에서도 시를 한 수 지었으니, 이번 걸음은 필시 하늘의 뜻이리니. 이 어찌 사람의 힘이 겠는가." 참으로 묘한 일이었다. 불가사의한 그 어떤 힘이 작용한 것이 아니라면 어떻게 이런 일이 가능하단 말인가.

복파장군, 그는 후한 광무제 시기의 명장 마원馬援을 가리킨다. 병법에 능통했던 마원은 대군을 이끌고 교지交址(당시의 교지는 호남·호북성 대부분과 베트남 중북부를 모두 포함하는 광활한 지역)의 반란을 평정했다. 전해지는 바로는, 마원이 이곳 오만탄을 지날 때 거센 물살과 암초 때문에 배가 지나갈 수 없었다고 한다. 그리자 그는 강기슭으로 병사를 이동시킨 다음 먼저 뱃길부터 뚫었다,

후세 사람들은 복파장군 마원을 기리기 위해 오만탄에 사당을 건립하여 줄곧 제사를 지내오고 있다. 교지의 반란을 평정한 그에게 광무제는

신식후 新息侯라는 작위를 하사했다. 그는 만년에도 조정의 명을 받아 출정했지만 결국 군영에서 병사하고 말았다. 사후에도 그는 소인배의 모함과 비방을 받았고, 광무제는 결국 그의 신식후 작위를 박탈했다. 왕양명은 자신이 사후 어떤 평가를 받을지 전혀 알지 못했다. 하지만 오늘날 돌이켜보면 왕양명과 마원의 처지는 놀랄 만큼 서로 닮아 있다.

복파묘 참배를 마친 왕양명은 마침내 남녕으로 돌아왔다. 10월 10일, 그는 상소를 올려 자신의 건강 상태를 설명한 다음, 집으로 돌아가 병을 치료하고자 하니 서둘러 후임 양광 순무를 보내줄 것을 요청했다. 또한 이 상소에는 병 치료를 더 이상 지체할 수 없어 자신은 이미 집으로 가는 배편으로 이동했다는 설명도 덧붙였다. 남녕을 떠나 광주를 거쳐 집으로 돌아갈 준비를 마쳤다는 뜻이었다.

그는 귀향길에 오르면서 새로 부임할 양광 순무와의 인수인계를 다 준비해두고 있었다. 그로서는 생애 마지막이 될 업무 인수인계였다. 자신의 추정대로라면 광동과 강서의 경계 지역에서 그리 멀지 않은 소주 韶州나 남웅 南雄 일대에 도착할 무렵이면, 신임 양광 순무 역시 그곳으로 도착할 것이었다.

병 치료를 위한 낙향을 허용해달라는 왕양명의 이 상소는 그가 생애 마지막으로 올린 것이었다. 상소문에는 간절한 애원을 담은 진심이 고스란히 배어 있었다. 조정은 흔쾌히 그의 요청을 받아줄 것이라 기대했다. 서둘러 신임 순무를 파견하여 순조롭게 임무를 교대하고, 자신은 집에서 치료받을 수 있게 되리라 예상했다.

하지만 이런 기대는 완전히 어그러졌다. 간절한 애원을 담은 그의 진심은 당시 내각대신이자 이부 상서였던 계악 桂萼에 의해 철저히 외면당하고 말았다. 상소문이 그의 손에 계류된 것이다.

당시 왕양명은 계악이 자신의 상소문을 묵살해버렸다는 사실을 전혀 모르고 있었다. 초조하게, 그러면서도 확신을 가지고 조정의 재가가 떨어지기만을 학수고대했다. 여러 날이 지난 후, 병세가 한층 악화되자 그는 더 이상 기다릴 수 없을 정도로 마음이 다급했다. 광서 우포정사 임부에게 잠시 공무를 맡긴 그는 즉시 남녕을 떠나 동쪽으로 배를 몰았다. 이동하면서 새 양광 순무의 부임을 기다리자는 계산에서였다.

광주에 도착한 후 그는 내친 김에 주변의 증성增城에까지 들렀다. 그곳에서 그는 먼 조상을 모신 사당을 참배했고, 옛 친구 담약수湛若水를 방문했다. 담약수는 왕양명이 나이 서른셋이던 홍치 18년(1505)에 북경에서 만나자마자 서로 의기투합하여 함께 성인의 도를 배우자고 다짐했던 친구다. 두 사람은 친구이자 사상적 동지이기도 했다. 20여 년의 세월이 흐른 지금, 두 사람은 각기 학문에 일가견을 피력했고 사상적으로는 다소 견해가 갈렸지만 두터운 우정만은 그대로였다.

왕양명이 담약수를 찾았을 때 마침 그는 출타 중이었다. 그 아들이 왕양명에게 하룻밤 묵고 떠나길 간곡히 요청했지만 그는 이를 사양했다. 친구 집의 담벼락에 시 한 수를 남긴 그는 곧바로 그곳을 떠났다. 이것이 마지막 방문이었고, 결국 그는 세상을 뜰 때까지 담약수를 더 이상 만나지 못했다.

광주에서 며칠을 보낸 그가 떠날 무렵이 되자 병세는 더 악화되었다. 기침과 부종에다 설사병까지 겹쳤고 혼자서는 앉고 일어서기도 어려울 정도였다. 하지만 이때까지도 그가 초조하게 기다리던 신임 양광 순무의 부임은 감감무소식이었다. 며칠 더 기다려 볼 수밖에 달리 방법이 없었지만, 이후에도 계속 부임 소식이 없다면 그대로 갈 길을 떠날 생각이었다. '신임 양광 순무가 부임길에 올랐을까. 몇 시간 후, 아니면 며칠 후에는 꼭 당도

하겠지. 시간적으로 보면 내가 강서 경내의 남안(지금의 다위大余)이나 감주 쯤에 도착할 때면 그 역시 도착해 있을 테지.'

이런 저런 생각에 몸까지 불편한 터라 그는 몹시 마음이 착잡했다. 이런 심경은 그가 한 친구에게 보낸 편지 구절에도 잘 나타나 있다. "도道도 몸이 건강해야 널리 전파할 수 있는 법이네. 이는 마치 피부가 없으면 우리 몸에 털이 자라나지 않는 것과 같은 이치라네." 공자 또한 이와 비슷한 말을 한 적이 있다. "사람이 도를 전파하지, 도가 사람을 전파하는 건 아니다." 그렇다. 인간은 '몸'이라는 실체로 현실에 존재한다. 몸이 없다면 도의 전파고 뭐고 있을 수 없다. 몸과 도의 관계를 피력한 데서 알 수 있듯이 왕양명은 자신의 건강 상태를 심각하게 우려하고 있었다.

하지만 현실은 냉혹했다. 낙향 치료의 요청을 담은 상소문은 계약이란 자가 이미 묵살해버렸다. 그러니 조정에서 그의 병세에 대해 알 리가 없었고, 새 양광 순무를 보낼 리는 더더욱 없었다. 10월 초에 상소를 올렸으니 벌써 한 달여의 시간이 흘렀다. 신임 관리의 부임을 기다리다 못해 왕양명이 미리 길을 나서긴 했지만 도중 내내 가다 서다를 반복했기 때문에 사실 치료의 시기만 놓친 셈이었다. 이제 더 이상 지체할 수 없다는 판단이 서자, 그는 한층 더 발걸음을 재촉했다.

11월 21일, 대유령大庾嶺을 넘어 강서 경내로 진입했고, 장수章水를 거쳐 11월 25일이 되어서야 마침내 남안에 도착했다.

하지만 이 시기, 몸이 극도로 쇠약해진 그는 거의 위중한 상태까지 이르렀다. 애당초 남녕을 떠날 때는 병으로 기력이 쇠진하긴 해도 한 가닥 희망이 있었다. 신임 순무가 부임하면 업무를 넘겨줄 수 있다는 희망, 한시바삐 고향으로 돌아가 치료를 받을 수 있다는 희망이었다. 그 희망의 끈을 놓지 않고 그는 대유령을 넘어 강서 남안으로 들어왔다. 그에게 그곳은 더

없이 친숙한 땅이었다. 지난날 지형을 살피려고 다녀보지 않은 곳이 없을 정도로 눈에 익은 산과 강, 바로 거기서 전투를 치렀고, 거기서 생활했다. 성인의 도에 대한 깨달음을 얻고 또 사상의 정수를 터득하면서, 생명의 광채를 한껏 발산한 곳이 바로 그 땅이었다. 강서는 그에게 있어 제2의 고향, 마치 고향의 품으로 돌아온 듯 마음이 푸근했다.

가정 7년 11월 29일, 양력 1529년 1월 9일.

마침내 왕양명은 더없이 험난했고 영광스러웠던 삶을 마감했다.

향년 57세, 남안 청룡포靑龍鋪에 정박해 있던 배 위에서였다.

그가 광주를 떠날 때 위중한 병세를 지켜본 제자는 미리 스승의 관을 짤 목재를 배 안에 싣고 따라 나섰다. 남안에 도착한 25일, 현지 추관推官으로 있던 제자 주적周積이 기별을 듣고 달려왔다. 왕양명은 억지로 자리에서 일어났다. 그칠 줄 모르는 기침이 잠시 멎자 왕양명이 물었다.

"근래 공부는 잘 되고 있는가?"

주적은 대답과 함께 스승의 건강을 안타까워하는 마음을 전했다.

"내 병세는 이제 어쩔 도리가 없네. 그나마 한 가닥 남은 원기로 버티고 있는 거지."

한 가닥 남은 원기로 그는 제자의 학문에 관심을 보였고, 제자가 성인의 도를 제대로 실천하고 있는지를 물었다. 29일, 그는 사람을 보내 주적을 병상으로 불렀다. 두 눈을 꼭 감은 채 주적을 맞이한 왕양명은 가쁜 숨을 몰아쉬고 있었다. 얼마간 시간이 흐르자 눈을 뜬 왕양명이 평온한 목소리로 말했다.

"이제 떠나네."

주적이 눈물을 쏟으며 스승에게 더 할 말이 없느냐고 물었다.

"지금 내 마음이 이리도 맑거늘 더 무슨 말을 남기겠는가?"

엷은 미소와 함께 말을 마친 왕양명은 조용히 눈을 감았다.

후임 양광 순무를 끝내 보지 못한 채, 주신호의 반란 평정 이후 몰아쳤던 모함과 비방을 끝내 씻어내지 못한 채, 자신이 줄곧 기대해왔던 조정의 안정을 끝내 보지 못한 채, 그는 이렇게 세상을 하직했다. 맑고 투명한 영혼, 표리부동하지 않고 무한히 광명정대했던 마음, 사심 없이 마냥 후덕하기만 했던 심령을 간직한 채 그는 옛 성인을 만나는 길로 떠났다.

"사람의 마음속에는 저마다의 나침반이 들어 있다"고 했던 왕양명의 말처럼 세상의 모든 정의도 결국은 각자의 마음속에 들어 있는 법. 그것이 어찌 옛 성현의 묘당廟堂 안에 존재하겠는가? 그의 영구는 남안을 떠나 강서 지역 여러 곳을 경유했다. 영구가 닿는 곳마다 제자들은 대성통곡했고, 백성은 향을 들고 예를 올렸다. 도시와 시골, 심지어 심산유곡에서까지 남녀노소 할 것 없이 모두 마치 자기 부모를 잃은 양 소복 차림으로 나와 애도를 표시했다.

가정 8년(1529) 11월 11일, 왕양명의 영구는 소흥 난정蘭亭에서 5리가량 떨어진 청산에 안장되었다. 생전에 자신이 골라둔 장소였다. 분묘는 청산을 뒤로 한 채 녹음이 둘러선 곳에 위치했다. 앞에는 홍계洪溪라는 작은 시내가 흘렀고 더 앞쪽은 광활한 들판이 펼쳐진 탁 트인 곳이었다. 장례는 가족 외에 전국 각지에서 몰려온 1000여 명의 제자들로 엄숙하면서도 장대하게 치러졌다.

한편으로 장례의 분위기는 유난스레 쓸쓸하기도 했다. 그의 죽음에 대해 조정의 반응이 너무나 냉담했기 때문이다. 국가 유공자로서의 특전도 없었고 시호도 내려지지 않았다. 게다가 조정 관원이라곤 한 사람도 참석하지 않아 마치 여느 평민의 죽음을 보는 듯했다. 묘비에는 '왕양명선생지묘'라는 몇 글자뿐이었다.

신임 양광 순무의 부임을 기다리면서 왕양명은 광주에서 대유령을 지나 강서성 경내로 들어왔
고, 장수를 거쳐 남안에 도착했다. 하지만 끝내 후임자는 부임하지 않았고, 왕양명은 결국 가
정 7년(1528) 11월 29일(양력 1529년 1월 9일) 남안 청룡포 부두의 선상에서 숨을 거두었다.

하지만 그가 어찌 일개 평범한 백성에 그치겠는가. 생전에는 소인배의 모함과 공격의 대상이었고, 또 조정 고위층 간에 벌어진 권력 투쟁의 희생양이었다. 그것은 그의 사후에도 전혀 변함없었다. 여전히 저들로부터 비난과 공격을 받는 희생양이었다.

앞서 가정 7년(1528) 10월 10일, 그는 고향에서의 요양을 위해 양광 순무직의 사임을 허용해달라는 상소를 했고, 그것이 이부 상서 계악의 손에서 묵살된 적이 있다. 그의 사후, 계악은 이 상소문을 근거로 왕양명의 탄핵을 주장했다. 왕양명의 직무 이탈이 조정에 대한 모독이라는 것이었다. 또 사은·전주 사태의 처리나 단등협·팔채의 토벌이 모두 조정의 명령을 무시한 자의적 행동이었다고 비난했다. 주신호 반란의 평정 후에도 왕양명이 스스로 공적을 지나치게 과장했다고 공격했다. 이런 여러 가지 '죄목'을 열거하면서 계악은 황제에게 왕양명의 처분을 논의하자고 제안했다. 조정 회의에서의 그의 주장은 이러했다. "왕양명은 줄곧 옛 법도를 무시했고, 남을 스승으로 받들 줄 몰랐다. 새로운 걸 내세운답시고 오만하게도 주희를 비난하고 성인을 부정했다."

이 말을 들은 가정 황제는 대로하여 왕양명에게 내려진 신건백 작위를 박탈하고 세습을 금지했다. 또한 양명학을 '위학傷學'으로 규정하면서 보급을 금지하라고 명령했다.

왕양명이 생전에 겪었던 모함과 비방으로부터 완전히 벗어난 것은 가정제 사망 이후인 융경隆慶 원년(1567), 가정제의 자식 대에 이르러서였다. 각지의 관리가 실상을 제대로 규명해야 한다는 상소를 끊임없이 올린 결과였다. 목종穆宗은 왕양명에게 신건후新建侯의 작위와 문성文成이라는 시호를 추증했다. 왕양명이 세상을 뜬 지 40년이 지난 시점이었다. 이미 초목으로 뒤덮인 무덤, 뒤늦은 조정의 애도가 그에게 무슨 의미가 있을까. 하지만 그에 대한 뒤늦은 예우가 세인에게 주는 교훈은 분명하다. '모함은 언젠가 진실로 밝혀지는 법이요, 진리는 끝내 그 스스로 빛을 발하기 마련이며, 정의는 반드시 천하에 그 모습이 드러나게 되어 있다!'

왕양명의 파란만장한 일생을 돌이켜보면, 삶의 내면에는 공명정대한 인품, 가없이 넓은 도량, 진리 추구의 신념, 자유분방한 생명의 기상, 이 모든 것이 온전히 자리잡고 있음을 실감하게 된다. 그는 어린 시절부터 성인의 꿈을 키웠고, 청소년 시기에는 그 꿈을 실현하기 위해 매사를 철저하게 실천했다. 기마와 궁술과 병법을 연마했고, 도교와 불교를 연구했으며 또 시가와 경전을 공부했다. 이 모든 게 다 성인의 꿈을 실현하기 위한 삶의 일관된 강령이었다. 후인들 중에는 왕양명의 사상이 때로 일관성을 보이지 못했다고도 하고, 또 그가 성인의 도와는 괴리된 잡다한 사상에 천착했다고 비판하는 사람도 있다.

하지만 성인의 꿈을 향한 그의 의지는 단 한 번도 동요된 적이 없다. 젊은 시절, 병법을 연마하지 않았다면 훗날 그가 과연 그 엄청난 군사적 공훈을 이룰 수 있었을까? 도불교의 연구가 없었다면 독특하고도 심원한 그의 심학이 탄생할 수 있었을까? 그의 위대한 공적과 사상이 있었기에 그는 지금껏 '삼불후三不朽'의 명성을 인정받고 있다. 왜 왕양명을 위대한 인물이라고 말하는가? 다양한 사상을 충분히 섭취하고 융합한 다음, 이를 기반으로 자기 고유의 독창적 사상으로 승화시키고 또 그 사상을 충실하게 일상생활에서 실천했기 때문이다.

인간에게 삶의 지향志向은 더없이 중요하다. 삶의 지향이 없다면 그것은 목표를 상실하는 것이요, 그렇게 되면 결국 자아와 삶의 의의마저 상실하게 된다. 지향은 삶의 근거이자 생명 존재의 의미다. 인간은 누구나 끊임없는 실천 속에서 자신이 기대하는 이상세계를 구현하려고 한다. 또 자기 기

왕양명의 운구가 강서 지역을 지날 때 선비와 백성들의 곡소리가 길에 가득했고, 마침 조정에서 과거시험에 참여하고 있던 제자들을 포함해서 사방에서 선비들이 산음 난정의 자홍산紫洪山 장례에 몰려들었다.

대에 따라 자신을 만들어갈 때 비로소 이상세계에 근접할 수 있다. 자신에 대한 기대는 생명이 존재하는 한 영원히 유효하며, 반드시 실현될 날이 오기 마련이다.

맹자는 이렇게 말한다. "누구나 다 성인이 될 수 있다. 요임금이 입었던 옷을 입고, 그가 했던 말을 하고, 그가 이뤘던 일을 실천한다면 우리 역시 요가 될 수 있다." 어려서부터 성인의 꿈을 키웠던 왕양명은 결국 성인의 반열에 올랐다. 만약 우리가 가진 지향이 곧 일종의 '지知'라는 사실을 인지한다면, 왕양명이 말한 지행합일 역시 이미 우리 생활 속에 들어와 있는 셈이다. 이런 점에서 우리가 가진 '지'가 어떤 것인지에 따라 '행'의 모습이 결정된다. 말하자면 '행'은 '지'의 외재적 형식으로 존재하며, 지행합일의 최종 상태는 곧 우리가 생활하는 가운데서 그 모습을 드러낸다.

왕양명은 줄곧 지행합일을 강조했다. 그에게 있어서 지행합일은 성인의 꿈을 실현하는 지고무상의 방도였고, 또 그를 '진정한 삼불후'의 위인으로 만든 절대 가치였다. 세월이 흐르면서 그가 이룬 공적은 연기처럼 역사의 뒤안길로 사그라졌지만, 그의 덕행과 사상은 한 치도 허물어지지 않은 채 영원히 그 빛을 발하고 있다. 세월의 흐름과 함께 사그라지기는커녕 시간이 지날수록 오히려 더 또렷하게 오늘의 우리에게 심원한 가치를 일깨워주고 있다.

그의 '치양지설'은 특히 우리의 내면적 정신 수양의 중요성과 필요성을 강조한다. 인간은 신체라는 물질적 형태를 가졌기에 물질적인 존재임을 부정할 수 없다. 하지만 인간은 물질적 형태뿐 아니라 사상, 의식을 가진 정신적 존재이기도 하나. 인간의 신체가 여러 면에서 오염될 수 있듯이 정신 또한 오염될 수 있다. 신체의 건강을 유지하기 위해 물질적 자양분이 필요하듯이 정신 건강을 위해서는 정신적 자양분이 필요하다. 정신적 상태를 홀시한 채 신체 상태에만 관심을 가진다면, 결국 신체와 정신은 서로 부조화를 이루게 된다. 이 부조화의 정도가 심화된 상태를 '인격 분열'이라고 한다. 부조화가 더 심각해져서 오로지 신체만 존재하고 정신은 부재할 때 인간은 '걸어다니는 시체'가 된다. 인간은 누구든 '걸어다니는 시체'가 되는 걸 원치 않는다. 정신 수양이 필요한 이유가 바로 여기에 있다.

왕양명의 치양지설이 던져주는 메시지는 분명하다. 우리는 각자 양지를 가지고 있으며, 그것은 생명의 본질이자 인간 영혼의 본래 상태다. 양지는 우리의 본심이자 본성이며 진정한 내재적 정신으로, 인간이 다른 동물과 구분되는 본질적 근거이기도 하다. 제대로 된 '살아 있는 인간'이 되려면 반드시 치양지가 필요하다. 즉 자기 본심, 내재적 정신을 행동으로 표출할 필요가 있는 것이다. 양지로써 자신의 일상생활을 주도하고, 또 양지로써 각종 물질적 욕구를 제어할 필요가 있다. 이를 어기고 물질적 욕망만을 추구하면 곧 사리사욕의 포로가 될 것이고, 우리의 생활 상태는 인도적 가치로부터 점점 더 멀어질 것이다.

인간에게 양지가 없다면 의기소침해지고 불안정해져서 욕망의 바다에서 허덕이게 된다. 왕양명이 치양지를 강조한 것은 우리가 내면의 양지를 회복하여 그것을 생명의 주재자로 삼으라는 뜻이다. 이렇게 될 때 생명은 견고한 기반을 가지며 의연하고 정의롭게 생활을 영위할 수 있다. 부끄러움 없는 당당한 개체가 되는 것이다.

우리는 곧잘 조화로운 사회를 꿈꾼다. 한 개인의 심신의 조화는 바로 조화로운 사회를 구축하는 전체이자 초석이다. 한 개인이 심신의 조화를 유지할 수 있는 최선의 방안은 바로 치양지다. 치양지와 지행합일을 견지할 때 생활은 광명정대한 경지로 나아갈 수 있다. 우리는 종종 내면의 상태에 근거하여 사물에 대한 태도를 결정하고, 또 이 태도가 사물의 처리 방식을 결정한다. 사물 처리 방식은 다시 직접적으로 우리와 외부 세계에 존재하는 사람·사건과의 교류를 결정한다. 다시 말하면 우리 자신의 생명 상태란 것도 결국은 자신이 외부 세계와 교류한 결과물이다. 심신이 광명 정대할 때, 이 세상도 그렇게 변한다.

우리 모두에게 광명정대한 세상이 도래하기를……!

후기

이 책은 필자가 중국 CCTV 「백가강단百家講壇」에서 강연한 원고를 수정 보완한 것이다. 왕양명의 사적에 관해서는 정사의 기록, 제자들이 쓴 전기·회고록은 물론 민간에 떠도는 야사까지 있는데 필자는 대체로 정사, 왕양명의 저술, 제자들의 기록물 등을 근거로 이 책을 편찬했다. 독자들에게 왕양명을 더욱 정확하게 알리고 싶은 바람 때문이다.

왕양명, 그는 생활이나 사상적 측면에서 평생토록 성현의 길을 추구해 온 고대 중국의 위대한 인물 중 한 사람이다. 그의 사적을 통해 좀더 깊이 있게 그의 사상과 인품을 이해하는 것은 우리 현대인들이 풍요로운 삶의 의미를 찾는 데 더없이 중요하다.

과거 왕양명의 사상은 '주관적 유심주의'라는 혹독한 비판을 받았지만 사실 그는 사물 존재의 객관성을 부인하지는 않는다. 다만 이 객관성이 우리 의식세계로 진입하기 전에는 일종의 '고요寂' 상태로 존재한다고 보았을 뿐이다. '고요' 상태로 존재하는 한 우리는 그것을 명료하게 이해하고 파악할 수 없다. 따라서 그는 "사물 존재의 객관성은 우리가 실천을 통해 주관적 세계로 편입시켜야만 진정으로 이해할 수 있으며, 그 의미 또한 풍요로워진다"고 말한다. 이런 관점은 본질적으로 '주관적 유심주의'와는 다르다.

마찬가지로 그가 제시한 지행합일설 역시 단편적으로 이해해서는 안 된다. 특히 '지知'를 '행行'으로 간주해서도 안 된다. 여기서 왕양명이 말하고자 한 의도는, 어떤 사물을 이해하든 단순히 '지'의 단계에만 머물지 말고 그것을 실제 생활에 적용할 수 있어야 한다는 것이다. '행'을 통해 '지'를 실천할 때 비로소 '지'는 신뢰할 수 있고 또 효율적일 수 있다. 일상생활에서 우리 행동이 단순한 지식보다 훨씬 더 중요하다는 사실은 영원한 진리다.

양지설을 통해 왕양명은 우리 개개인이 자신의 '본심'을 철저하게 인식하기를 요구한다. 또 그는 우리 '본심'은 원래부터 선하고, 순결하고, 고상하기 때문에 도덕적인 생활을 영위해야만 자신의 '본심'에 제대로 부합하는 것이라고 말한다. 따라서 자신의 '양지'에 대한 경외심, 자신의 '본심'에 대한 경외심을 가질 때 '마땅히 해야 할 직분'을 다 하게 된다. 이것은 모든 도덕 수양의 가장 근본적인 목적이기도 하다. 우리는 일상생활에서 경외심을 가지지 않을 수 없으며, 또 반드시 가져야 한다. 이런 경외심은 자신의 생명 가치에 대한 존중이자 타인의 그것에 대한 존중이기도 하다. 그러므로 우리는 자신의 양지에 대해 충분히 경외심을 표출할 수 있어야 한다.

「백가강단」에서 강연할 때 녜충충聶叢叢·위훙于洪·왕산王珊·멍칭지孟慶吉 등 방송국 담당자들로부터 적극적인 도움을 받았다. 이분들은 원고 내용이나 강의 방식에 대해 세밀하고도 구체적인 의견을 제시해주었다. 이분들의 도움이 없었다면 아마 이 강연을 성공리에 마칠 수 없었을 것이다. 이 기회를 빌려 감사드린다. 이 책의 출판을 맡아준 책임 편집자 차이창훙蔡長虹과 상무인서관에도 깊이 감사드린다. 시간이 촉박했지만 이분들은 한 치의 소홀함 없이 최선을 다해주었다. 거듭 감사드린다.

사건의 서술과정에서 혹 역사적 기록과 어긋나는 부분이 있거나, 필자
의 잘못된 관점이 개입되었을 수도 있겠지만 이는 전적으로 필자가 책임
져야 할 문제다. 독자 여러분의 지도 편달을 바란다.

2010년 11월 19일
저장대에서 둥핑

『칼과 책: 전쟁의 신 왕양명의 기이한 생애』에서는 명대의 사상가 왕양명의 철학과 사적事績을 다루고 있다.

철학적 사유나 개념은 우리에게 으레 낯설고 또 어렵게 다가오기 마련이다. 하지만 둥핑 선생의 이 책은 일단 '낯설고 어렵다'는 편견에서 벗어나게 해준다는 점에서 참으로 고마운 저술이다.

사실 철학은 단순히 이념이나 이론을 능가하는 그 무엇이어야 한다. '그무엇'이란 바로 철학이 지금 내 곁을 함께하는 '생명체이자 생활 그 자체'가 되어야 한다는 의미다. 그렇게 되려면 철학은 어떤 모습이어야 할까. 저높은 서가에서 내려와 우리 생활 가까이에 다가서야 할 것이다.

이런 점에서 『칼과 책』은 왕양명의 철학 사상을 친절하게 우리 곁으로 안내해주는 데 성공했다. 그 성공의 비결은 아마도 저자가 이 책을 통해 일관되게 견지한 논리 정연하고도 세밀한 설명, 그에 더하여 적절한 예시와 비유일 것이다.

저자는 이 책을 편찬할 때 정사의 기록, 왕양명의 저술과 그 제자들의 기록물 등을 주로 참조했다고 한다. 그러나 TV 방송의 교양 강좌를 전제로 한 이상, 한 사상가의 사상 체계를 심층적인 논리 전개로만 일관하기는 어려울 것이다. 그래서 저자는 군사 전략가, 지방 행정관, 문인으로서의 왕양명의 평생 사적을 한 편의 드라마나 소설처럼 엮으려고 한 듯하다. 이 책은 고대 사상가의 평전이되, 흥미와 교양, 거기에 사상 체계의 논리성까지 아우르면서 대중적 눈높이에 잘 맞추어져 있다.

왕양명이 활동했던 명 중엽은 정치 사회적 불안정, 황제의 무능과 방탕, 조정 대신들의 탐욕과 전횡, 백성의 피폐한 삶 등 총체적으로 혼란을 겪은 암흑의 시대였다. 그 속에서 그는 반란 평정과 도적 떼를 섬멸하는 데 생애의 절반을 보냈다. 그는 자신이 지휘한 전투마다 승승장구하며 정국의 안정과 민생의 평안을 도모하는 데 주력했다.

하지만 그의 관료생활은 험난한 가시밭길의 연속이었다. 일평생 병마에 시달리면서 한사코 사양했던 관직에서조차 자기 뜻대로 물러나질 못했고, 그로 말미암아 그토록 염원했던 강학활동과 철학적 사유에 전념할 여유조차 제대로 누리지 못했다. 그 주변에는 무시로 모함과 질시, 좌천과 유배, 조정의 홀대와 박해가 잇따랐다.

그나마 그에게 버팀목이 되어준 동력이라면 올곧은 선비로서의 의지, 벼슬과 재물에 초연했던 무욕 그리고 애민 정신이었다. 양명학의 기틀을 마련할 수 있었던 그의 철학적 사유와 강학활동은 바로 그 와중에 힘겹게 일구어낸 고귀한 성과였다.

왕양명은 유불도에 두루 정통했다. 양명학은 주희의 성리학을 잇는 또 하나의 철학 사상으로, 지행합일설과 양지설로 대표되는 실천 철학이다. 그것은 명 중엽 이후 중국 사상 체계의 전반적 흐름을 바꾸어놓을 정도로 영향력이 컸다. 특히 지행합일설에서 그는 우리에게 '앎[지식]과 실천'을 서로 일치시켜야 한다는 당위론을 일깨워주고 있다. 지식은 실천의 출발점이며 실천은 곧 지식의 완성임을 강조한다. 미국 하버드대 교수인 중국 철학자 두웨이밍杜維明 교수가 "사상과 실천, 이 두 측면에서 두루 찬란한 업적을 쌓은 인물로는, 중국 역사에서 왕양명이 유일하다"고 말한 것도 바로 왕양명 사상의 실천적, 생활 친화적 면모에 근거한다.

두 교수는 또 전통 유학에서 차지하는 양명학의 비중이 마르틴 루터의 종교 개혁에 비견될 만큼 지대하다고 했다. 증국번曾國藩, 량치차오梁啓超, 쑨원, 장제스, 마오쩌둥 등 근현대 중국의 정치 지도자나 사상가로서 양명학의 사상 세례를 받지 않은 이가 없을 정도다. 양명학은 또 일본 사회에도 적잖은 영향을 끼쳤다. 그것은 메이지 유신의 사상적 기반이 되었고, 왕양명의 실천 철학을 정신적 지주로 추앙하는 일본의 정계, 재계 지도자도 적지 않다.

평전은 한 인간의 삶, 한 시대의 역사에 대한 재현이자 재해석이다. 그것은 일회적일 수밖에 없는 우리 삶에 대해 부단히 자기 성찰을 일깨워준다. 그러기에 평전은 지난 역사의 인물과 사건을 다루었을지언정, 그것이 갖는 현재적 유용성 때문에 영원히 매력적이다. 번역을 하면서 왕양명을 통해 말로 하는 언교言敎보다 실천하는 신교身敎가 얼마나 소중한가를 새삼 절감했다.

출판 환경의 여러 가지 어려움에도 불구하고 인문학에서부터 사회과학, 예술 분야에 이르기까지 다양한 교양 도서 출간에 애쓰는 글항아리 강성민 대표님과 편집진 그리고 기획을 맡아 소중한 조언을 아끼지 않은 김택규 박사께 깊이 감사드린다.

2019년 4월

이준식

왕양명 일대기(1472~1528)

1472년(헌종憲宗 성화成化 8년) 절강浙江성 소흥紹興 여요余姚현에서 출생. 아명은 운雲, 자는 백안伯安. 5세 때 수인守仁으로 개명.

1481년(10세) 부친 왕화王華 장원 급제.

1482년(11세) 조부 왕륜王倫을 따라 북경으로 이주.

1484년(13세) 모친 정鄭씨 별세.

1486년(15세) 가출하여 거용관居庸關(지금의 베이징 창핑昌平) 등을 한 달 동안 돌아보면서 기마와 궁술을 연마.

1488년(17세) (효종孝宗 홍치弘治 원년) 당시 강서성 포정사참의布政使參議의 딸 제운諸蕓과 결혼.

1489년(18세) 조부 왕륜 별세.

1492년(21세) 절강성 향시에 급제.

1493년(22세) 북경 회시 낙방.

1496년(25세) 회시 낙방.

1499년(28세) 회시에서 2등으로 급제.

1500년(29세) 형부 운남청리사雲南淸吏司 주사主事에 제수.

1502년(31세) 회계산 양명 동굴에 거주. 자호를 양명자陽明子로 칭함.

1504년(33세) 병부 무선청리사武選淸吏司 주사에 제수(정6품).

1505년(34세) 담약수湛若水와 친교를 맺고 함께 성학聖學 강학을 주도함.
후일 담약수는 왕양명의 묘비명을 씀.

1506년(35세) (무종武宗 정덕正德 원년) 환관 유근劉瑾의 전횡을 비판하는
상소를 올렸다가 투옥되어 곤장 40대를 맞음.

1507년(36세) 귀주貴州성 수문修文현 용장龍場의 역승驛丞으로 좌천됨. 부
친 왕화가 남경 이부 상서로 부임. 유근이 보낸 자객을 피
해 전당강錢塘江에 뛰어든 후 무이산武夷山으로 도피.

1508년(37세) 귀주성 용장에 도착. "성인지도는 내 본성만으로 족할 뿐,
외부 사물에서 이치를 얻으려 하는 건 잘못이다"라는 도리
를 깨달음. 이를 역사에서는 "용장오도龍場悟道"라고 일컬음.

1510년(39세) 강서江西성 여릉廬陵 지현知縣에 제수. 유근이 주살됨. 12월
남경 형부 사천청리사四川淸吏司 주사에 제수.

1511년(40세) 이부 험봉청리사驗封淸吏司 주사에 제수. 10월 문선청리사文
選淸吏司 원외랑員外郎으로 승진.

1512년(41세) 고공청리사考功淸吏司 낭중郎中으로 승진. 12월 남경 태복시太
僕寺 소경少卿으로 승진.

1514년(43세) 남경 홍려시 경鴻臚寺卿(정4품)으로 승진.

1515년(45세) 도찰원 좌첨도어사都察院左僉都御史·순무남공정장등처巡撫南贛
汀漳等処에 제수.

1517년(46세) 1월 감주贛州에 도착. 2월 장남漳南의 도적 떼 평정. 9월 제
독남감정장등처군무提督南贛汀漳等處軍務에 제수. 10월 횡수橫
水·통강桶岡 등지의 도적 떼 평정. 십가패법十家牌法을 실시.

1518년(47세)	3월 대모산大帽山·이두利頭 지역을 평정. 6월 도찰원 우부도어사都察院右副都御史에 제수.
1519년(48세)	6월 풍성豊城현에 도착하여 영왕寧王 주신호朱宸濠의 반란 소식을 듣고 길안吉安으로 돌아가 의용대를 조직. 43일 만에 영왕의 반란을 평정. 8월 무종이 태감 장충張忠·허태許泰 등을 통솔하여 영왕 반란을 친정親征하러 나섰다는 소식을 들음. 조모 잠岑씨 별세.
1520년(49세)	무종이 군사를 이끌고 북경으로 귀환.
1521년(50세)	6월 남경 병부 상서로 승진. 12월 부친 왕화의 생일 축하연에 참석 중 조정으로부터 신건백新建伯의 작위가 하사됨. 광록대부주국光祿大夫柱國·양경 병부 상서兩京兵部尙書를 겸함.
1522년(51세)	(세종世宗 가정嘉靖 원년) 1월 작위를 사양한다는 상소를 올림. 2월 부친 왕화 별세.
1525년(54세)	1월 부인 제운 별세. 10월 월성越城에 양명 서원 건립.
1526년(55세)	둘째 부인 장張씨와의 사이에 아들 정총正聰이 출생.
1527년(56세)	5월 도찰원 좌도어사都察院左都御史(정2품)에 제수되어 광서廣西성 사은思恩·전주田州 사태 진압에 나섬. 12월 양광 순무兩廣巡撫 겸직 발령을 받음.
1528년(57세)	2월 사은·전주 사태 평정. 7월 팔채八寨·단등협斷藤峽의 도적 떼 섬멸. 10월 중병을 이유로 사직 상소를 올리지만 계악桂萼에 의해 차단됨. 11월 귀가 도중 29일(양력 1529년 1월 9일 8시경)에 강서성 남안부南安府 대유大庾(지금의 다위大余) 청룡포靑龍鋪 부두의 선상에서 병사함. 이때 "이 마음 광명 정대하니 무슨 말을 더 하리오?"라는 유언을 남김.

1529년   왕양명이 생전에 정해둔 절강성 소홍 홍계洪溪(오늘날 란팅蘭
                亭)에 혼백을 묻음.

1567년(목종穆宗 융경隆慶 원년) 신건후新建候의 작위와 문성공文成公이라는
                시호가 하사됨.

1584년   공자묘에 봉안됨.

찾아보기

칼과 책

전쟁의 신 왕양명의 기이한 생애

1판 1쇄 2019년 5월 3일
1판 3쇄 2020년 4월 13일

지은이 둥핑
옮긴이 이준식
펴낸이 강성민
편집장 이은혜
마케팅 정민호 김도윤 고희수
홍보 김희숙 김상만 오혜림 지문희 우상희 김현지
독자모니터링 황치영

펴낸곳 (주)글항아리 | 출판등록 2009년 1월 19일 제406-2009-000002호
주소 10881 경기도 파주시 회동길 210
전자우편 bookpot@hanmail.net
전화번호 031-955-2696(마케팅) 031-955-2560(편집부)
팩스 031-955-2557

ISBN 978-89-6735-622-4 03150

글항아리는 (주)문학동네의 계열사입니다.

이 도서의 국립중앙도서관 출판예정도서목록(CIP)은 서지정보유통지원시스템 홈페이지(http://seoji.nl.go.kr)와
국가자료종합목록 구축시스템(http://kolis-net.nl.go.kr)에서 이용하실 수 있습니다.
(CIP제어번호 : CIP2019013404)

잘못된 책은 구입하신 서점에서 교환해드립니다.
기타 교환 문의 031-955-2661, 3580

geulhangari.com